Eerder verscheen van deze auteur:
Zie, Hij komt! ISBN 978-90-5030-852-6
Waarom Israël? ISBN 978-90-8520-075-8
Waarom Jeruzalem? ISBN 978-90-8520-106-9

ds. Willem J.J. Glashouwer

Waarom eindtijd?

BARNABAS

Waarom eindtijd?
ds. Willem J.J. Glashouwer

ISBN 978-90-8520-200-4
NUR 700

Boekverzorging: Buitenspel, Meppel

Vierde druk 2016

Uitgeverij Barnabas is onderdeel van Uitgeversgroep Jongbloed te Heerenveen

www.jongbloed.com

Inhoud

1

Waarom eindtijd?

Je hoort het nogal eens om je heen: we leven in de eindtijd! Eindtijd – Dag des Heren – laatste dagen – laatste dag – laatste uur. Hoe weet men dat? En zo ja, wanneer is die eindtijd dan begonnen? De Bijbel leert dat de eindtijd begonnen is toen Jezus op aarde verscheen, toen het Woord Gods vlees werd, toen de Thora vlees werd.

Johannes zegt in zijn evangelie in het eerste hoofdstuk: '... In den beginne was het Woord en het Woord was bij God en het Woord was God. Dit was in den beginne bij God. Alle dingen zijn door het Woord geworden en zonder dit is geen ding geworden, dat geworden is ... Het Woord is vlees geworden en het heeft onder ons gewoond en wij hebben zijn heerlijkheid aanschouwd, een heerlijkheid als van de eniggeborene des Vaders, vol van genade en waarheid' (Joh. 1:1-3,14).

Johannes gebruikt het Griekse woord 'logos' – in den beginne was de 'logos', 'het woord' – maar hij bedoelt vanuit zijn Hebreeuwse denken: de Thora, gedachtig dat de Eeuwige alle dingen door de eeuwige Thora geschapen heeft. Het heeft de Heilige Geest goed gedacht om het Nieuwe Testament in het Grieks te openbaren. Er zijn weleens geluiden te horen dat de vier evangeliën Matteüs, Marcus, Lucas en Johannes, oorspronkelijk in het Hebreeuws geschreven zouden zijn – of dat er een 'oer-evangelie' in het Hebreeuws geschreven zou zijn – en dat de evangeliën of het evangelie daarvan een latere Griekse vertaling zouden zijn. Van een dergelijk verondersteld Hebreeuws 'oer-evangelie' is echter nimmer een snipper perkament gevonden. Oude Hebreeuwse fragmenten van teksten van het Nieuwe Testament blijken altijd Hebreeuwse vertalingen uit het oorspronkelijke Grieks te zijn.

Grieks

Grieks was de oorspronkelijke taal van de vier evangeliën en van het gehele Nieuwe Testament. De Allerhoogste ging Zich immers door de verkondiging van het Evangelie een volk verzamelen uit de wereld van de heidenen, uit de volken, uit de niet-Joodse wereld. Grieks was toen de wereldtaal in de Romeinse wereld, zoals Engels dat tegenwoordig soms is. Zelfs vele Joden binnen en buiten Israël hadden in Jezus' dagen moeite met het Hebreeuws. Het Hebreeuws was allang geen spreektaal meer, hoewel het wel de taal was waarin het overgrote deel van het Oude Testament geschreven was. Slechts enkele gedeelten in het boek Daniël en het boek Ezra zijn in het Aramees geschreven, de rest in het Hebreeuws. Het Aramees was wel de volkstaal in Jezus' dagen in Israël. Veel Joden hadden moeite met het Hebreeuws. Grieks was de taal van het Romeinse wereldrijk. Vele Joden binnen en buiten Israël gebruikten voor het lezen van de Bijbel de Griekse vertaling van het Oude Testament – de Septuaginta – die door Joodse geleerden gemaakt was rond 250 vóór Christus.

Het Reformatorisch Dagblad meldt over deze kwestie 'Hebreeuws en/of Grieks' op 30 december 2010: 'Joden hebben in de synagogen veel langer de Bijbelse geschriften in het Grieks gelezen dan tot nu toe werd gedacht. Dat meldden onderzoekers van de universiteit van Cambridge. De wetenschappers trekken hun conclusie na bestudering van geschriften afkomstig uit een oude Egyptische synagoge. Deze Cairo Genizah-manuscripten bevinden zich sinds eind 19e eeuw in de universiteitsbibliotheek in Cambridge en zijn gedigitaliseerd. De geschriften geven niet alleen een kijkje in het leven van de Joden in het Byzantijnse rijk, maar laten ook zien dat er veel kruisbestuiving was tussen de Joodse en de christelijke

Bijbelgeleerden in de middeleeuwen. „Dit is een zeer opwindende ontdekking voor mij, want het bevestigt een voorgevoel dat ik bij het bestuderen van Genizah-fragmenten dertig jaar geleden al had", zegt de Engelse onderzoeksleider prof. Nicholas de Lange.
Lang leefde het beeld dat Joden de Griekse vertalingen, zoals de Septuaginta, loslieten en er al snel voor kozen de originele Hebreeuwse teksten te gebruiken voor de voorlezingen in de synagoge en voor privéstudie. Dat beeld blijkt niet te kloppen. In veel synagogen is eeuwenlang in het Grieks voorgelezen. Prof. De Lange vond in de bestudeerde geschriften passages waarin teksten uit de Griekse Bijbel in Hebreeuwse letters zijn geschreven. Andere delen van het manuscript bevatten stukken van een verloren gegane Griekse vertaling van de Bijbelboeken, gemaakt door de tot het Jodendom bekeerde Akylas (tweede eeuw).

Het is volgens De Lange opmerkelijk dat de fragmenten dateren van 1000 jaar na de originele vertaling in het Grieks. Dat bewijst volgens het onderzoeksteam dat de Griekse tekst eeuwenlang is gebruikt in de synagogen in het Byzantijnse rijk en daarbuiten.
„De vertaling van de Hebreeuwse Bijbel in het Grieks wordt een van de meest blijvende verworvenheden van de Joodse beschaving genoemd. Zonder dat zou het christendom zich misschien niet zo snel en zo succesvol hebben verspreid", zegt de Engelse hoogleraar Hebreeuwse en Joodse studies, die ook rabbijn is. De Lange en zijn team vergeleken de Egyptische documenten met die in andere bibliotheken (het AHRC Greek Bible in Byzantine Judaism-project (gbbj.org).
Dankzij de digitalisering van de teksten kunnen de wetenschappers elk woord van de Hebreeuwse tekst, de Griekse vertaling – bekend als de Septuaginta –, de fragmenten van Akylas' vertaling en andere Joodse overzettingen nauwkeurig vergelijken.
Handschriften in andere bibliotheken bevestigden het bewijs van de Cambridge-fragmenten. De onderzoekers ontdekten dat er een verscheidenheid aan Griekse vertalingen in gebruik was onder de middeleeuwse Joden.' Aldus het RD.

De Joodse bijbelschrijvers van het Nieuwe Testament moesten dus hun Hebreeuwse/Aramese gedachtewereld uitdrukken in de Griekse taal. Dat heeft ze moeite gekost en dat was ook niet zonder risico. Immers, de Griekse woorden en begrippen hadden hun eigen gevoelswaarde en 'theologische' en 'filosofische' lading. Die 'lading' van de woorden en begrippen hadden ze gekregen in de eeuwen daarvoor in de Grieks-Hellenistische wereld, en was gevormd door Griekse wetenschappers, wijsgeren en denkers. Maar gelukkig konden de Joodse gelovigen in de vroegchristelijke gemeenten misverstanden die zouden kunnen ontstaan door het gebruikmaken van dit Griekse taalapparaat eenvoudig verklaren door uit te leggen wat vanuit hun Hebreeuwse denken de bedoeling was en vertellen hoe een en ander verstaan en begrepen moest worden. 'Logos' dus, maar ze bedoelden het Joodse begrip 'Thora' en niet het Griekse 'logos-begrip' dat zijn eigen eeuwenoude Grieks-filosofische lading meebracht.

Toen echter het aantal Joodse christenen in de vroegchristelijke gemeenten afnam – en de niet-Joodse heiden-christenen ten slotte de overgrote meerderheid gingen vormen in de vroegchristelijke gemeenten – begon ook meteen een anti-Joods denken in de vroegchristelijke kerk op te komen. Snel zette het Grieks-filosofisch denken in een christelijk jasje door, en kreeg dit christelijk gekleurde Griekse denken steeds meer de overhand. Het Griekse taalapparaat met zijn Grieks-filosofische lading van de Griekse woorden ging overheersen. Het Hebreeuwse denken dat zich had bediend van het Grieks als wereldtaal verdween eerst naar de achtergrond en ten slotte verdween het geheel. Met alle rampzalige gevolgen voor zowel Joodse christenen als voor Joden als zodanig. De wortels van een eeuwenlang voortdurend christelijk antisemitisme ontstonden al vroeg in het christendom.

Laatst der dagen

De schrijver van de Hebreeënbrief begint zijn eerste hoofdstuk met te zeggen dat de Allerhoogste inderdaad 'de wereld geschapen' heeft door het Woord. En dat Woord is vlees geworden en heeft onder ons gewoond: de Zoon. Jezus, geboren in Betlehem, '... En gij, Betlehem Efrata, al zijt gij klein onder de geslachten van Juda, uit u zal Mij voortkomen die een heerser zal zijn over Israël en wiens oorsprong is van ouds, van de dagen der eeuwigheid. Daarom zal Hij hen prijsgeven tot de tijd, dat zij die baren zal, gebaard heeft [inter-testamentaire periode, van 400 voor Christus tot aan de geboorte van Jezus Christus]. Dan zal het overblijfsel zijner broederen terugkeren met de Israëlieten [in onze dagen terugkeer der 2 stammen Juda, de stam waarin Christus geboren werd + 10 stammen van Israël]. Dan zal Hij staan en hen weiden in de kracht des HEREN [Wederkomst + Komst van het Koninkrijk], in de majesteit van de naam des HEREN, zijns Gods; en zij zullen rustig wonen, want nu zal Hij groot zijn tot aan de einden der aarde, en Hij zal vrede zijn' (Micha 5:1-4). Jezus, Gods eniggeboren Zoon. Het diepste woord dat de Allerhoogste kon spreken, heeft Hij gesproken in de Zoon, in Jezus. In de Griekse grondtekst van Hebreeën 1:2 staat het zelfs zonder lidwoord, dus: in Zoon. Zo spreekt ook de apostel Paulus in Kolossenzen 1:15-20 over het scheppingsmiddelaarschap van Jezus. Zijn oorsprong is van ouds, van de dagen der eeuwigheid.

Eertijds sprak de Eeuwige tot Israël, tot de vaderen Abraham, Isaak en Jakob, en in/door de profeten. De boeken van het Oude Testament bevatten dat spreken van God. Van Adam tot Noach, van Abraham tot Mozes en tot aan de laatste 'kleine' profeten, vanaf de Schepping tot aan 400 v.Chr. Daarna brak de zogenoemde intertestamentaire periode aan, waarin er geen spreken van God meer in Israël was. En toen sprak God zijn laatste en diepste Woord: Jezus werd geboren. Het Nieuwe Testament legt daar getuigenis van af.

‘… Nadat God eertijds vele malen en op vele wijzen tot de vaderen gesproken had in de profeten, heeft Hij nu in *het laatst der dagen* tot ons gesproken in [de] Zoon, die Hij gesteld heeft tot erfgenaam van alle dingen, door wie Hij ook de wereld geschapen heeft. Deze, de afstraling zijner heerlijkheid en de afdruk van zijn wezen, die alle dingen draagt door het woord zijner kracht, heeft, na de reiniging der zonden tot stand gebracht te hebben, Zich gezet aan de rechterhand van de majesteit in den hoge’ (Hebr. 1:1-3).

Dat spreken van God in de vleesgeworden Thora, in de Zoon, in het Woord dat vlees werd, in Jezus, vond plaats in de volheid des tijds, zegt de Apostel Paulus. ‘… Maar toen de *volheid des tijds* gekomen was, heeft God zijn Zoon uitgezonden, geboren uit een vrouw, geboren onder de wet’ (Gal. 4:4). Geboren uit de maagd Maria, geboren onder de wet/Thora, geboren in het verbond van de wet dat de Here door Mozes met Israël gesloten had. Op het juiste moment. Grieks: πλήρωμα του χρόνυ – plerooma tou chronou, volheid des tijds. Vanaf dat moment breekt de eindtijd aan. Dan beginnen de laatste dagen. ‘… heeft Hij *nu in het laatst der dagen* tot ons gesproken in de Zoon …’ (Hebr. 1:2).

We leven dus nu al ruim 2000 jaar ‘in het laatst der dagen’, in de eindtijd. Die laatste dagen zullen ook een laatste dag hebben. En die laatste dag zal een laatste uur hebben. De klok staat op vijf voor twaalf. Bijna middernacht. Over dat laatste uur zegt Johannes: ‘… Kinderen, het is *de laatste ure*; en gelijk gij gehoord hebt, dat er een antichrist komt, zijn er nu ook vele antichristen opgestaan, en daaraan onderkennen wij, dat het de laatste ure is’ (1 Joh. 2:18). Dat was kennelijk een gekende zaak in de vroegchristelijke gemeente van Jezus Christus. Eenmaal zou er een antichrist komen; in vele Griekse manuscripten staat zelfs dé antichrist. Die ene, laatste antichrist zou voorafgegaan worden door vele kleinere en grotere antichristen. De strijd tussen licht en duisternis ontbrandde meteen toen het Woord vlees geworden was.

Paulus spreekt er precies zo over. Hij noemt dé antichrist: dé wetteloze, de mens der wetteloosheid, de zoon des verderfs, de tegenstander. Die zal er ooit eenmaal komen. Maar de geest der wetteloosheid, het geheimenis der wetteloosheid is al in zijn dagen in werking, zegt Paulus. De afval begint al in te zetten, zegt hij. '... Maar wij verzoeken u, broeders, met betrekking tot de komst van [onze] Here Jezus Christus en onze vereniging met Hem, dat gij niet spoedig uw bezinning verliest of in onrust verkeert, hetzij door een geestesuiting, hetzij door een prediking, hetzij door een brief, die van ons afkomstig zou zijn, alsof de dag des Heren (reeds) aanbrak. Laat niemand u misleiden, op welke wijze ook, want eerst moet de afval komen en de mens der wetteloosheid zich openbaren, de zoon des verderfs, de tegenstander, die zich verheft tegen al wat God of voorwerp van verering heet' (2 Tess. 2:1-4). En dan zegt hij daarop: 'Want het geheimenis der wetteloosheid is reeds in werking' (2 Tess. 2:7a).

Toverbal

Kent u ze nog van vroeger? Die toverballen? Misschien bestaan ze vandaag ook nog. Het waren die dikke snoepballen die als je eraan likte steeds een andere kleur kregen, en zelfs een andere smaak. Op een stokje. En iedere keer, als je er een tijdje op gezogen had, haalde je hem uit je mond om te zien hoe hij er nu weer uitzag! Dezelfde bal, maar eindeloos veel kleuren en smaken!

Wetteloosheid dringt steeds verder op. Wetteloosheid in allerlei kleuren, geuren en smaken. Maar in wezen een en dezelfde bal. Het Griekse woord voor 'wetteloosheid' dat de Here Jezus gebruikt in Matteüs 24:12, in zijn rede over de laatste dingen, is: ἀνομία, anomia. 'Nomos' is het Griekse woord voor: gewoonte, gewoonterecht, wijze, vast gebruik, wet, zelfs natuurwet. 'Anomia' is wetteloosheid, onwettige daad. Zie voor het gebruik van dit woord 'Anomia' Matteüs 7:23, 13:41, 23:28, 24:12, Romeinen 4:7, 6:19, 2 Korintiërs 6:14, 2 Tessalonicenzen 2:3 en 7, Titus 2:14, Hebreeën 1:9, 10:17 en 1 Johannes 3:4.

Het is de wetteloosheid die maakt dat mensen weggezonden worden, hoewel ze zeggen dat ze '... in uw Naam geprofeteerd hebben en boze geesten uitgedreven, en vele krachten gedaan ...' (Matt. 7:23).
Het is de wetteloosheid van het onkruid dat met vuur verbrand wordt, dat in de vurige oven belandt waar het geween zal zijn en het tandengeknars (Matt. 13:41).
Het zijn de ongerechtigheden van diegenen die, als ze vergeven zijn en hun zonden bedekt zijn, zalig geheten worden (Rom. 4:7).
Het is het kwade waar Paulus tegen strijdt, het kwade dat hij niet wil doen en toch doet, omdat hij het goede dat hij wenst te doen niet kan doen, door de zonde (Rom. 6:19; 7:23).
Het is de wetteloosheid van ongelovigen waardoor je geen gelijk span met ze moet aangaan, want welke gemeenschap heeft het licht met de duisternis? (2 Kor. 6:14)
Het is de wetteloosheid van de mens der wetteloosheid, de antichrist, de tegenstander van God, waarvan het geheimenis alreeds in werking is in Paulus' dagen (2 Tess. 2:7).
Het is de ongerechtigheid waarvoor Christus Jezus zich overgegeven heeft om ons ervan vrij te maken, om voor Zich te reinigen een eigen volk, volijverig in goede werken (Tit. 2:14).
Het is de ongerechtigheid die Gij gehaat hebt, citeert de Hebreeenbrief uit Psalm 45:8, de ongerechtigheden die de Here in het nieuwe verbond niet meer zal gedenken wanneer Hij de wetten in het hart legt en in het verstand schrijft (Hebr. 1:9; 8:12; 10:17).
Johannes zegt: Ieder die de zonde doet, doet ook de wetteloosheid, en de zonde is wetteloosheid (1 Joh. 3:4).

Het zijn de vruchten die de natuurlijke mens, het vlees, voortbrengt. In tegenstelling tot de vrucht van de Geest – Galaten 5:13-23 – die de geestelijke mens voortbrengt. '... Want wie Christus Jezus toebehoren, hebben het vlees met zijn hartstochten en begeerten gekruisigd'.

De wereld is er vol van. En dat des te meer naarmate we de ontknoping van deze fase van de wereldgeschiedenis naderen. De machten der duisternis rukken op. En de nacht zal het zwartst zijn als de komst van de Koning het meest nabij is! Maar dan zal de Zonne der gerechtigheid opgaan en de Morgenster in onze harten in de volkomen vernieuwing van alle dingen! Dat is de christelijke hoop. Daar zien we met verlangen naar uit. Dat geeft ons moed om vol te houden, zelfs als het rijk van dé antichrist zich steeds meer manifesteert. Als de mensen in de Tweede Wereldoorlog van tevoren geweten hadden dat ze in het voorjaar van 1945 bevrijd zouden worden, hadden ze elkaar des te meer moed ingesproken: nog even lijden, nog even strijden, en dan komt de grote bevrijding!

Weerhoudende macht

Voordat het kwaad echter tomeloos kan doorbreken, moet er eerst een weerhoudende macht weggenomen worden, zegt Paulus. Er is dus iets of iemand die de komst van dé antichrist nog tegenhoudt. Dat zal niet altijd zo voortduren. Op een bepaald moment zal die weerhoudende macht weggenomen worden en dan kan het kwaad tomeloos doorbreken en kan dé antichrist op het wereldtoneel verschijnen. '... (wacht) slechts totdat hij, die op het ogenblik nog weerhoudt, verwijderd is. Dan zal de wetteloze zich openbaren; hem zal de Here [Jezus] doden door de adem zijns monds en machteloos maken door zijn verschijning, als Hij komt' (2 Tess. 2:7-8).

Wat of wie is die 'weerhoudende macht'? Daarover zijn door de bijbeluitleggers vele verklaringen gegeven. Om een rijtje op te sommen (maar er zijn nog veel meer verklaringen gegeven):

- De verkondiging van het Evangelie wereldwijd.
- De aanwezigheid van de gemeente van Jezus Christus wereldwijd.
- De aanwezigheid van de Heilige Geest op aarde.
- De voortdurende strijd in de hemelse gewesten tussen Michaël en zijn engelen en de draak/duivel/satan en zijn engelen in de hemelse gewesten.
- De aanwezigheid van het Romeinse Rijk met recht en orde die wetteloosheid beteugelden.

- De instelling van de overheid in het algemeen als dienaresse Gods die de goeden beschermt en de kwaden straft, en daartoe het zwaard niet tevergeefs draagt.

En in al deze verklaringen zit wel een kern van waarheid, lijkt mij. De doorbraak van het kwaad kan niet volledig plaatsvinden zolang de Here bezig is Zich een volk uit de heidenen te verzamelen door de wereldwijde verkondiging van het Evangelie. Zolang zijn gemeente in de wereld aanwezig is, is het zoutend zout bederfwerend aanwezig, schijnt er licht in de duisternis. '... Gij zijt het zout der aarde; indien nu het zout zijn kracht verliest, waarmede zal het gezouten worden? Het deugt nergens meer toe dan om weggeworpen en door de mensen vertreden te worden. Gij zijt het licht der wereld. Een stad, die op een berg ligt, kan niet verborgen blijven. Ook steekt men geen lamp aan en zet haar onder de korenmaat, maar op de standaard, en zij schijnt voor allen, die in het huis zijn. Laat zo uw licht schijnen voor de mensen, opdat zij uw goede werken zien en uw Vader, die in de hemelen is, verheerlijken' (Matt. 5:13-16). De Heilige Geest laat het licht schijnen in de duisternis.

Michaël, bij uitstek de aartsengel die Israël beschermt – Daniël 12:1 – voert onafgebroken strijd tegen de draak en zijn engelen, Openbaring 12:7-12. Totdat ten slotte die machten der duisternis uit de hemel op aarde en op de (volkeren)zee geworpen worden en dan breekt het kwaad in de wereld tomeloos door. '... Wee de aarde en de zee, want de duivel is tot u nedergedaald in grote grimmigheid, wetende, dat hij weinig tijd heeft' (Openb. 12:12).

En zelfs een antichristelijke overheid – in Paulus' dagen waarschijnlijk de beruchte Romeinse keizer Nero die grootscheeps christenen vervolgde zodat er vele martelaren vielen - wordt als Romeinse overheid door Paulus toch beschouwd als dienaresse Gods, die het zwaard niet tevergeefs draagt. '... Want, als iemand goed handelt, behoeft hij niet bevreesd te zijn voor de overheidspersonen, maar wel, als hij verkeerd handelt. Wilt gij zonder vrees voor de overheid zijn? Doe het goede, en gij zult lof van haar ontvangen. Zij staat immers in dienst van God, u ten goede. Maar indien gij kwaad doet, wees dan bevreesd; want zij draagt het zwaard niet tevergeefs; zij staat immers in de dienst van God, als toornende wreekster voor hem, die kwaad bedrijft' (Rom. 13:3-4).

Hoewel wij in onze dagen een verschuiving zien optreden van overheden die dienaresse Gods zijn naar overheden die dienaresse van satan en de machten der duisternis zijn, is de tijd waarin wereldwijd dé antichrist, dé wetteloze, hét beest het geheel voor het zeggen heeft, nog niet aangebroken. Dat zal wel ooit eenmaal gaan gebeuren. En misschien zijn we er in onze dagen hard naar op weg. Over die tijd in de toekomst wanneer het kwaad wereldwijd voor altijd lijkt te gaan zegevieren, zegt Johannes: '... En hem [hét beest] werd gegeven om tegen de heiligen oorlog te voeren en hen te overwinnen; en hem werd macht gegeven over elke stam en natie en taal en volk. En allen, die op de aarde wonen, zullen het (beest) aanbidden, ieder, wiens naam niet geschreven is in het boek des levens van het Lam, dat geslacht is, sedert de grondlegging der wereld' (Openb. 13:7-8). In onze dagen dus een beginnende verschuiving van een overheid zoals bedoeld in Romeinen 13 naar een overheid zoals beschreven in Openbaring 13. Wie weet hoe dicht we die laatste fase van deze periode van de wereldgeschiedenis dan ook reeds genaderd zijn.

Hoe dat alles ook zij, en hoe die 'weerhoudende macht' ook moet worden uitgelegd: één ding is zeker: het is God die weerhoudt. Hij houdt de/een weerhoudende macht in stand. Pas als Hij daarmee ophoudt, kan het kwaad totaal doorbreken en dé mens der wetteloosheid zich openbaren. Pas als de Here de satan toestemming geeft, kan deze duivel Job zijn beproevingen doen toekomen. '... Op zekere dag nu kwamen de zonen Gods om zich voor de HERE te stellen, en onder hen kwam ook de satan. En de HERE zeide tot de satan: Vanwaar komt gij? En de satan antwoordde de HERE: Van een zwerftocht over de aarde, die ik doorkruist heb. Toen zeide de HERE tot de satan: Hebt gij ook acht geslagen op mijn knecht

Job? Want niemand op aarde is als hij, zó vroom en oprecht, godvrezend en wijkende van het kwaad. En de satan antwoordde de HERE: Is het om niet, dat Job God vreest? Hebt Gij zelf niet hem en zijn huis en al wat hij bezit aan alle kanten beschut? Het werk zijner handen hebt Gij gezegend, en zijn bezit is zeer toegenomen in het land. Strek daarentegen uw hand uit en tast alles aan wat hij bezit – of hij U dan niet openlijk zal vaarwel zeggen! En de HERE zeide tot de satan: Zie, al wat hij bezit, zij in uw macht; alleen tegen hemzelf zult gij uw hand niet uitstrekken. Toen ging de satan van des HEREN aangezicht heen' (Job 1:6-12).

Alleen met goedvinden van de Allerhoogste kan Pontius Pilatus Jezus ter dood veroordelen. '... Pilatus dan zeide tot Hem: Spreekt Gij niet tot mij? Weet Gij niet, dat ik macht heb U los te laten, maar ook macht om U te kruisigen? Jezus antwoordde: Gij zoudt geen macht tegen Mij hebben, indien het u niet van boven gegeven ware: daarom heeft hij, die Mij aan u heeft overgeleverd, groter zonde' (Joh. 19:10-11). Tot viermaal toe staat in Openbaring 13 dat het beest 'gegéven werd' om wereldwijd zijn macht en terreur uit te oefenen. '... En hem werd een mond *gegeven*, die grote woorden en godslasteringen spreekt; en hem werd macht *gegeven* dit tweeënveertig maanden lang te doen ... En hem werd *gegeven* om tegen de heiligen oorlog te voeren en hen te overwinnen; en hem werd macht *gegeven* over elke stam en natie en taal en volk' (Openb. 13:5 en 7).

Demonen vrezen het Woord van God

De machten der duisternis weten heel goed hoe het ten slotte met hen zal aflopen. Ze kennen en geloven het Woord van God en ze sidderen. Ze weten dat er voor hen eenmaal een tijd van pijniging zal aanbreken. Als de Here Jezus een aantal van hen uit twee bezetenen verdrijft, dan zeggen deze demonen: '... Nadat Hij aan de overkant in het land der Gadarenen was gekomen, kwamen Hem twee bezetenen uit de grafsteden tegemoet, zeer gevaarlijke, zodat niemand langs die weg kon voorbijgaan. En zie, zij schreeuwden, zeggende: Wat hebt Gij met ons te maken, Zoon van God? Zijt Gij hier gekomen om ons *vóór de tijd* te pijnigen?' (Matt. 8:28-29) Vóór de tijd. Dat gaat dus een keer gebeuren, maar op dat moment nog niet, want de Here Jezus geeft ze op dat moment nog toestemming om in een kudde zwijnen te varen. '... Nu werd er ver van hen een grote kudde zwijnen gehoed. De boze geesten smeekten Hem en zeiden: Indien Gij ons uitdrijft, laat ons dan in de kudde zwijnen varen. En Hij zeide tot hen: Gaat heen! Zij voeren uit en gingen in de zwijnen; en zie, de gehele kudde stormde langs de helling de zee in en zij kwamen om in het water' (Matt. 8:30-32). Nu nog in de 'poel des waters', maar eenmaal in de 'poel des vuurs', bereid voor de duivel en zijn engelen (Matt. 25:41).

Deze boze geesten geloven de Bijbel! Ze kennen de Bijbel en Gods bedoelingen misschien wel beter dan tegenwoordig vele christenen of voorgangers of predikanten of priesters of theologen, hoe knap ook en hoe universitair die soms ook geschoold zijn. De hogere bijbelkritiek heeft aan de theologische faculteiten aan hogescholen en universiteiten al vele jaren, ja, soms zelfs al enkele eeuwen haar verwoestend werk gedaan. Ze heeft vele beginnende predikanten hun geloof soms bijna geheel doen verliezen, met als gevolg dat er een prediking ontstond die de gemeente niet langer voedde in haar geloof, maar veeleer steeds meer twijfel zaaide.

Kerken begonnen leeg te lopen. Een profetisch spreken van de kansels ging steeds meer ontbreken. Een '*zo zegt de Here*' werd en wordt nauwelijks meer gehoord. Een beroep op de Bijbel, als enige volstrekt gezaghebbende bron voor geloof en leven, durfden en durven steeds minder mensen te doen. De Bijbel, tja ... Mooi boek, dat wel, maar alleen voor zover het je nu nog aanspreekt. Tijdgebonden boek. Mooie vrome overleveringen en ervaringen uit lang vervlogen tijden. Historisch ook wel interessant, tot op zekere hoogte. Maar historisch betrouwbaar? Nee, dat niet. Dat heeft de wetenschap inmiddels wel bewezen, zeiden en zeggen de theologen. Wij weten beter dan Jezus en Paulus, zeiden en zeggen theologen. Met rampzalige gevolgen. In Europa is het post-christelijke, het na-christelijk tijdperk aangebroken. De afbraak zet door. De wortel van de hogere bijbelkritiek brengt bittere en giftige vrucht voort. Het geloof in de Bijbel is velen uit handen geslagen. Geloof in wetenschap en techniek en het kunnen van de natuurlijke mens en zijn verstand is ervoor in de plaats gekomen. Dat kan gelukkig overigens niet van alle christelijke voorgangers, predikanten, priesters, dominees en/of gemeenteleden gezegd worden. Er zijn tegenwoordig gelukkig ook nog velen die nog onverkort vasthouden aan de Bijbel als het gezaghebbend Woord van God. Betrouwbaar in alle opzichten. Niet alleen als de Bijbel spreekt over onze ziel en zaligheid, over de hemel en het eeuwige leven, maar ook als de Bijbel feiten noemt aangaande de geschiedenis, de kosmos en de natuur. En aangaande de toekomst: bijbelse profetie is van tevoren geschreven geschiedenis.

Deze boze geesten die het uitschreeuwden tegen Jezus weten van de eindafrekening en de daarmee gepaard gaande pijniging. En ze geloven er heilig in. En ze doen er alles aan om daaraan te ontkomen of om het zolang mogelijk uit te stellen. Maar de eindafrekening staat vast. Ook voor de duivel, dé antichrist, hét beest en dé valse profeet, en allen die níét geschreven staan in het Boek des Levens. '... En ik zag het beest en de koningen der aarde en hun legerscharen verzameld om de oorlog te voeren tegen Hem, die op het paard zat, en tegen zijn leger. En het beest werd gegrepen en met hem de valse profeet, die de tekenen voor zijn ogen gedaan had, waardoor hij hen verleidde, die het merkteken van het beest ontvangen hadden en die zijn beeld aanbaden; levend werden zij beiden geworpen in de poel des vuurs, die van zwavel brandt. En de overigen werden gedood met het zwaard, dat kwam uit de mond van Hem, die op het paard zat; en al de vogels werden verzadigd van hun vlees ... En zij kwamen op over de breedte der aarde en omsingelden de legerplaats der heiligen en de geliefde stad; en vuur daalde neder uit de hemel en verslond hen, en de duivel, die hen verleidde, werd geworpen in de poel van vuur en zwavel, waar ook het beest en de valse profeet zijn, en zij zullen dag en nacht gepijnigd worden in alle eeuwigheden ... En de zee gaf de doden, die in haar waren, en de dood en het dodenrijk gaven de doden, die in hen waren, en zij werden geoordeeld, een ieder naar zijn werken. En de dood en het dodenrijk werden in de poel des vuurs geworpen. Dat is de tweede dood: de poel des vuurs. En wanneer iemand niet bevonden werd geschreven te zijn in het boek des levens, werd hij geworpen in de poel des vuurs ... Maar de lafhartigen, de ongelovigen, de verfoeilijken, de moordenaars, de hoereerders, de tovenaars, de afgodendienaars en alle leugenaars – hun deel is in de poel, die brandt van vuur en zwavel: dit is de tweede dood' (Openb. 19:19-21, 20:9-10, 13-15, 21:8).

Evangelie wereldwijd

Maar zo ver is het nu gelukkig nog niet! Nog mag het Evangelie wereldwijd verkondigd worden en mogen mensen overal ter wereld hun geloof en hun hoop stellen op de Heiland en Zaligmaker Jezus Christus zodat ze mogen weten gered te zijn voor tijd en eeuwigheid! Maar we schuiven wel steeds dieper de eindtijd in, en de tijd van genade voor de heidenwereld en de volkeren begint daarmee langzaam maar zeker tot een einde te komen. Wanneer dat zal gebeuren? Niemand kan het zeggen.

Hoe ver zijn we? Soms vergelijk ik het wel eens met een 'crossfade'. Vele jaren heb ik mogen werken bij de Evangelische Omroep, in diverse functies, bij radio en TV. Ook als regisseur. En als je dan achter de knoppen, de schakelaars en de schuiven ('faders') zit van de regietafel, en je de beelden van alle camera's voor je ziet op de monitoren, kun je het ene beeld laten overvloeien in het volgende beeld. Als je dat langzaam doet, en heel voorzichtig het beeld van de ene camera terugneemt en het beeld van de andere camera omhoog brengt, dan zie je dat op het televisiescherm gebeuren. De beelden overlappen elkaar en langzaam maar zeker vervaagt het ene beeld en wordt het andere beeld steeds meer zichtbaar. Totdat het tweede beeld ten slotte het televisiescherm geheel vult en het eerste beeld geheel verdwenen is. Dat heet een 'crossfade'.

Profetisch zijn we ergens in zo'n 'crossfade'. De genadetijd, de tijd van de wereldwijde verkondiging van het Evangelie gaat nog steeds door tot aan de uitersten der aarde. Maar het begint af te lopen, te vervagen. Dat beeld verdwijnt langzaam maar zeker. Tegelijkertijd begint het beeld van Israël al zichtbaar te worden, en ook het plaatje van de wereld van de eindtijd. Beide beelden overlappen elkaar. Totdat het ene beeld geheel verdwenen is en het andere beeld het gehele 'scherm' vult: eindtijd wereldwijd. De laatste ure en dé antichrist hét beest en dé valse profeet aan de macht. De satan wereldwijd oppermachtig.

Als de 'crossfade' voltooid is en alle hoop vervlogen lijkt te zijn, dan breekt plotseling de volgende fase van de wereldgeschiedenis aan! Dan komt het koninkrijk der hemelen wereldwijd! Niet als een 'crossfade', maar als een 'harde' overgang!

Plotseling komt de steen van de berg en verplettert het complete eindtijdrijk – Daniël 2:34-35, 44-45. Plotseling zal Christus komen in Heer-lijkheid en dé wetteloze doden – 2 Tessalonicenzen 2:8. Plotseling zal de hemel opengaan en verschijnt hét Woord Gods om als Koning der koningen en Heer der Heren Het kwaad te vernietigen – Openbaring 19:11-21.

Waar we ons precies in de 'crossfade' bevinden, kan ik niet zeggen. En evenmin hoe lang de 'crossfade' zal duren. Maar het lijkt steeds sneller te gaan. De rol en betekenis van het christendom vervaagt en verdwijnt steeds sneller, in het bijzonder in het Westen. En de afval en de opkomst van het rijk van dé antichrist ontwikkelt zich ook steeds sneller. Maar Israël is een teken van hoop! Gods trouw aan alles wat Hij aan Israël beloofd heeft – al Zijn met Israël gesloten verbonden – zal de Here ertoe brengen om alles wat Hij aan Israël beloofd heeft ook aan Israël vervullen. (Zie daarover verder mijn boek *Waarom Israël?*) En een van de grootste belofte aan Israël gedaan, is de komst van zijn Koninkrijk en de komst van de Koning van dat Koninkrijk. De eindoverwinning staat vast!

Eindtijdscenario's

Wie over de toekomst nadenkt en geïnteresseerd is in de profetieën van de Bijbel, komt al gauw allerlei 'eindtijdschema's' tegen. Ze maken op mij nogal eens de indruk van legpuzzels, waarbij allerlei bijbelteksten aaneengeregen zijn zodat een logisch kloppend geheel ontstaat. Een schema waarbij men dan laat zien wat 'eerst' komt en wat 'later' aan de orde is in de eindtijd. Een soort spoorboekje. Dan komt een volgende bijbelonderzoeker en zegt: 'dat stukje van de legpuzzel', die bijbeltekst, heb je dáár in het schema geplaatst, maar die tekst moet je later/eerder plaatsen in je schema, want 'dit' komt vóór 'dat'. En dan ontstaat niet zelden een fikse discussie over de juistheid van die diverse 'spoorboekjes'. Meer een discussie over logica met behulp van bijbelteksten, over logische schema's dan over werkelijke geopenbaarde profetische waarheid. Logica heeft echter slechts een beperkt geldigheidsgebied. Bijvoorbeeld in de wiskunde en de natuurwetenschappen. Maar zelfs daar zijn niet alle processen altijd even 'logisch' verklaarbaar, of houden ze zich aan de wetten van de logica. Logische waarheid is nog geen openbaringswaarheid.

Tegen mijn catechisanten zei ik weleens: als je in een gesprek het woordje 'dus' hoort, dan moeten er rode lampjes bij je gaan branden. Er volgt dan een logische conclusie die gepresenteerd wordt als waarheid en dat 'logisch' gesproken soms ook wel is. Maar daarmee is het nog geen absolute waarheid, nog geen geopenbaarde waarheid. Want als die logische conclusie zó niet in de Heilige Schrift terug te vinden is, moet je hem ernstig wantrouwen. Sommige geopenbaarde waarheden in de Schrift lijken soms zelfs niet logisch te zijn. Zoals bijvoorbeeld Filippenzen 2:12-13, waar Paulus schrijft dat wij onze behoudenis met volharding, met vreze en beven, moeten bewerken, wánt God is het die zowel het willen als het werken in ons werkt. Daarin lijkt een logische tegenstrijdigheid te zijn. Wie moet het nu doen? Doet God het, of moeten wij het doen? Toch is het absoluut geopenbaarde waarheid. Omdát

God het in ons werkt, kúnnen en moeten wij het bewerken met volharding!

Na vele van dit soort boeken met eindtijdverwachtingen gelezen te hebben, ben ik eigenlijk tot de conclusie gekomen dat als de Here ons een dergelijk schema zou hebben willen geven, dat Hij dat ons dan wel zo in de Heilige Schrift geopenbaard zou hebben, zodat wij het niet als een legpuzzel van aaneengeregen bijbelteksten zouden hoeven samen te stellen. Maar dat heeft Hij niet gedaan. Het is echter telkens weer ons 'logisch' puzzelwerk in deze theologische boeken dat deze schema's oplevert. En zoals gezegd: 'logische' waarheden zijn nog niet noodzakelijkerwijs ook 'geopenbaarde' waarheden. Die schema's kunnen ons zelfs belemmeren om te zien wat er 'profetisch gezien' op dit moment aan de hand is.

We kunnen namelijk zo bepaalde gebeurtenissen in ons eindtijdschema geplaatst hebben ergens in de toekomst – voor, tijdens, in het midden van, aan het eind van 'de Grote Verdrukking' of het 'vrederijk' of iets dergelijks – terwijl het op dit moment al wel volop aan de orde zou kunnen zijn. Zoals bijvoorbeeld Ezechiël 38 en 39 die spreken over een onverhoedse aanval op Israël. Gog en Magog, die wij in ons schema misschien aan het eind van 'de Grote Verdrukking' geplaatst hadden of aan het einde van het 'millennium', maar die misschien in onze dagen al volop in voorbereiding is en binnenkort uitbreekt. Iran/Perzië is bijvoorbeeld vandaag volop bezig met de opbouw van zijn militaire aanvalsapparaat om daarmee indien mogelijk Israël te treffen of zelfs daarmee Israël te vernietigen, en Rusland levert er de benodigde nucleaire technologie voor. Maar je ziet het niet en je hebt het niet in de gaten, omdat je meer op je schema's vertrouwt dan dat je op het Woord van God bouwt. Wég met de schema's en terug naar het Woord! We moeten weer eenvoudig het Woord van God lezen en bidden om verlichting door de Heilige Geest. Niet hoogmoedig, alsof wij het allemaal weten en het keurig op een rijtje hebben staan, maar nederig, telkens tot correctie bereid. Luisterend naar elkaar, biddend – met de krant naast de Bijbel, om te leren verstaan hoe God tegen de dingen aankijkt. Want Hij heeft beloofd dat Hij geen ding doen zal of Hij openbaart zijn raad aan zijn knechten, de profeten. '... Voorzeker, de Here HERE doet geen ding, of Hij openbaart zijn raad aan zijn knechten, de profeten' (Amos 3:7).

Diadoos

Vroeger hadden we dia's. Als je op vakantie ging, maakte je dia's. Eerste dia: vader pakt de bagage in en zet de kinderen in de auto. Tweede dia: de buren wuiven ons als gezin uit. Derde dia: opzetten van de tent op de camping in Frankrijk. Vierde dia: vult u maar in. Laatste dia: we arriveren zonverbrand weer thuis! En in de weken daarna nodig je de buren uit om eens te komen kijken op een gezellig avondje naar de voorstelling van jouw dia's. Projector, projectiescherm en alle dia's keurig op chronologische volgorde. Maar als je kleine kinderen hebt, kan het gebeuren dat je op een dag thuiskomt, en zie, daar liggen alle diadozen op de grond. En alle dia's op een grote hoop ernaast. En in het midden zit een van je kinderen en zegt triomfantelijk terwijl het met zijn vinger op een dia wijst: kijk papa, dat ben ik!

Het is dan onmogelijk om ooit weer de dia's weer in de juiste dozen terug te plaatsen, laat staan in de juiste chronologische volgorde! Dus ten slotte zet je ze maar weer terug in de diadozen op willekeurige plaatsen en willekeurige volgorde, buiten het bereik van gretige kindervingertjes! Zo is het ook met de profetieën in de Bijbel. Het zijn allemaal echte plaatjes van echte gebeurtenissen die in de toekomst zullen plaatsvinden, met allerlei details. Zo zal ooit eenmaal de situatie zijn, tot in details! Maar wanneer? En wat zal eerst gebeuren en wat later? Als de tijd daar is, zal de Heilige Geest – de auteur van het goddelijk Woord en de profetieën in de Bijbel – dat duidelijk maken. Mijn vader zei weleens: let op de tekenen, maar ga nooit rekenen!

Het kan je in Zwitserland gebeuren dat je in de bergen bent op 1000-2000 meter hoogte. Prachtige blauwe lucht, heerlijke zonneschijn, fantastische sneeuwhellingen en pistes om te skiën, fabelachtige vergezichten op de toppen. En dan kijk je naar beneden en je ziet hoe wolken de dalen in gezakt zijn, van boven schitterend wit beschenen door de zonneschijn die erop valt. Ga je dan met de gondel aan de kabelbaan naar beneden en zak je door de nevel heen en bereik je het dorp, dan blijkt alles grauw, mistig, vochtig en klam te zijn. Je ziet nauwelijks een hand voor ogen, laat staan de heerlijke zon daarboven! Zo bewegen wij ons vaak in de wereld. We zien geen hand voor ogen. Alles is grauw en triest, en moeilijk om in de mist je weg te vinden en je bestemming te bereiken! Pas als we met Gods ogen leren kijken naar de dingen om ons heen, zien we de vergezichten. Hij kijkt van boven naar beneden en ziet het einde van de weg en de afloop van de wereldgeschiedenis al voor Zich.

Hij zegt bij monde van de profeet Jesaja: '... Denkt aan hetgeen vroeger, vanouds, gebeurde; Ik immers ben God, en er is geen ander, God, en niemand is Mij gelijk; Ik, die van den beginne de afloop verkondig en vanouds wat nog niet geschied is; die zeg: Mijn raadsbesluit zal volbracht worden en Ik zal al Mijn welbehagen doen (Jes. 46:9-10). Hij overziet de geschiedenis van het begin tot het einde. Of omgekeerd: Hij overziet vanuit het einde terug naar het heden en naar het begin. Het grote einddoel is de magneet die dwars door alles heen de geschiedenis trekt. Het grote einddoel is de komst van het Koninkrijk. En de komst van de Koning van dat Koninkrijk. Een trekkende en stuwende kracht naar het einde, naar twaalf uur. En daar doorheen naar een nieuwe begin.

Pas als we met Gods ogen leren kijken, gaan we de dingen zien en begrijpen. En we kunnen alleen met Gods ogen kijken als we leren kijken door de bril van zijn Woord, de Bijbel. Daarin heeft Hij Zichzelf en de toekomst van mens en wereld geopenbaard. En zelfs als je in de volle zon staat, op de toppen van de Zwitserse bergen, en je kijkt naar al die bergtoppen om je heen – zover het oog reikt – is het heel lastig om te zien wat voor dalen er tussen de toppen liggen, hoe groot de afstand is van de ene top naar de andere top, ja, zelfs om te zien welke bergtoppen dichterbij en welke verder weg liggen!

Oorlogen des Heren

Het stond er zo simpel, zo koud, zo laconiek: sinds 11 september 2001 zijn er wereldwijd in ten minste 399 (zelfmoord)aanslagen 7085 mensen door moslimgeweld om het leven gekomen. De bron: NRC Handelsblad in 2004, toch echt geen krant die men van stemmingmakerij, ophitserij of wat dan ook zou kunnen beschuldigen. Een kwaliteitskrant, liberaal van insteek, grondig in zijn research en bronnenonderzoek, evenwichtig en deskundig. Maar dus al in 2004 deze cijfers. Hoeveel meer sindsdien tot op heden? Ongetwijfeld vele duizenden meer.

Irak, Pakistan, India, Algerije en Israël, maar ook de EU en Amerika worden getroffen, en samen met Indonesië vielen daar de meeste slachtoffers. Maar eigenlijk is het aantal slachtoffers veel groter. Denk aan Rusland (Tsjetsjeense moslimstrijders), de Balkan, de Filippijnen, Soedan, Ethiopië, Indonesië, Nigeria en ga zo maar door, want het gaat intussen bij moslimgeweld wereldwijd niet slechts om terroristische (zelfmoord)aanslagen, men zou ook de persoonlijke aanslagen van moslimrebellen erbij moeten tellen. En ook de 'kleine' christenvervolgingen in de moslimwereld komen daar nog bij. Honderden, duizenden. Niemand spreekt erover. Uit angst?

Op 31 januari 2011 las ik in de krant dat er wereldwijd 200.000.000 (200 miljoen!) vervolgde christenen zijn. Ik citeer: 'Angelo Bagnasco, voorzitter van de Italiaanse bisschoppenconferentie zei vorige week dat "antichristelijke vervolging in sommige delen van de wereld zodanig toeneemt dat we werkelijk van een echte etnische of religieuze zuivering kunnen spreken."'

Israël moet daarbij vaak spitsroeden lopen. Israël staat nummer één op de prioriteitenlijst van het moslimgeweld. Want het kan niet zo zijn dat een land als Israël dat ooit voor meer dan 1000 jaar onder moslimoverheersing – onder Allah – was, ooit terug zou keren onder godsdiensten die door de islam als een gepasseerd station beschouwd worden, zoals jodendom of christendom. Of dat de derde heilige stad voor de islam – Jeruzalem – in Joodse of christelijke handen zou zijn. Het gaat bij het conflict in het Midden-Oosten dus ten slotte helemaal niet om de vraag of er al dan niet een Palestijnse staat op de Westoever van de Jordaan gevestigd zal worden, met als hoofdstad Oost-Jeruzalem. Het gaat om geheél Israël en om geheél Jeruzalem. Allah zal met minder geen genoegen nemen. Ja, eenmaal zal de gehele wereld onder Allah zijn. Dat heeft Allah beloofd bij monde van zijn profeet Mohammed.

Er zijn voor de vrome moslim eigenlijk slechts twee mogelijkheden: of je leeft in het huis van de oorlog, of je leeft in het huis van de vrede. Het huis van de vrede is daar waar Allah regeert. Het huis van de oorlog is daar waar Allah niet regeert. Als er dus al met Israël over 'vrede' gesproken wordt, dan bedoelt de vrome islamiet: de vrede van Allah. Die wordt Israël aangeboden, maar die houdt in dat heel het grondgebied van Israël terugkeert in de schoot van de islam. En dan kan er voor daar levende Joden of christenen een tweederangs be-staan als tweederangs burgers – dhimmi's – in betrekkelijke vrijheid overblijven. Maar wat die vrijheid inhoudt, moet men eens gaan bekijken in islamitische landen als Saoedi-Arabië, Indonesië, Pakistan en andere landen in (Zuidoost-)Azië, de voormalige Sovjet-republieken die alle islamitisch zijn, in grote delen van Afrika, het Midden-Oosten, en ga zo maar door. (Men leze: *The Dhimmi, Jews and Christians under Islam*, door Bat Ye'or.)

Heilige oorlog

Nederland leeft dus 'technisch' gesproken ook in het huis van de oorlog. Want Allah heeft het hier ook nog niet voor het zeggen. De islamitische 'sharia' wetgeving kan hier nog niet worden ingevoerd. Hoewel in Engeland in bepaalde wijken waar moslims in de meerderheid zijn, die islamitische 'sharia' wetgeving al wel 'onder elkaar' wordt toegepast, ook al leeft men voorlopig als 'gast' onder de Engelse burgerlijke wetgeving.

Betekent dat, dat de 'djihad' – de gewelddadige strijd om de islam te verbreiden – ook in Nederland zou kunnen losbarsten? In principe wel, ook al zal men eerst er de voorkeur aan geven om eerst alle mogelijkheden die de democratie biedt aan te wenden om eigen doeleinden te bereiken. Waarom zulke gewelddadige aanslagen wel in Spanje en niet ook in Nederland? Er is geen principieel verschil tussen Spanje en Nederland wat dat betreft.

Toen ik onlangs in Brussel mocht spreken als erevoorzitter van de 'European Coalition for Israël' in het gebouw van het Europarlement op een symposium van de commissie die zich namens het Europarlement bezighoudt met de betrekkingen van Europa met het Midden-Oosten, heb ik gezegd dat ik de dag zou verwelkomen dat de islamitische massa's in groten getale de straat op zouden gaan om te demonstreren tegen het moslimextremisme. De islam is immers een godsdienst van vrede, zo wordt ons telkens voorgehouden? Zo'n demonstratie is er nooit geweest, en zal er mijns inziens ook nooit komen. Diep in hun hart houden de 'gematigde' moslims deze 'extremisten' van 'Hamas', of de 'Al Aqsa brigades', of de 'Hezbollah', of de 'Islamitische Djihad' of 'Al Qaida', of hoe deze diverse groeperingen zich ook maar noemen, vaak voor de ware moslims, een voorbeeld voor anderen.

In de Koran zijn twee groepen teksten te onderscheiden. Teksten uit de periode dat Mohammed nog de hoop had door Joden en christenen als ware profeet erkend te zullen gaan worden. 'Vreedzame' teksten. Maar de tweede en latere groep teksten kwam er toen Joden en christenen Mohammed afwezen en hem hielden voor een valse profeet. Toen barstte zijn toorn los en ging hij spreken over het doden van alle ongelovige 'honden'. Islamleraren weten dat deze latere groep teksten zelfs meer gezaghebbend zijn dan de eerdere groep teksten, omdat ze 'nadere' openbaringen van Allah zouden bevatten. Maar voor het image van de islam worden vaak eerst de eerdere 'vreedzame' teksten naar voren geschoven. (Lees hierover o.a. *Islam Revealed, a Christian Arab's View of Islam* door dr. Anis A. Shorrosh en *Islam and the Jews* door Mark A. Gabriel, voorheen professor in Islamitische geschiedenis aan de Universiteit van Caïro, Egypte.)

Om Sions wil mogen we over deze dingen niet zwijgen. Ook wij worden verondersteld wachters op Sions muren te zijn, Jesaja 62. Maar wij mogen ook weten dat de eindoverwinning aan de Here Zelf is en niet aan Allah. Er zal nog veel gebeuren, maar eenmaal zal zijn heil over Jeruzalem opgaan, en Zijn vergelding zal voor Hem uitgaan, als Hij komt om alle dingen voor eeuwig nieuw te maken. (Zie daarover verder mijn boek *Waarom Jeruzalem?*)

Vele landen beschikken tegenwoordig over atoomwapens, of doen er alles aan om die binnenkort te verkrijgen, zoals Iran. Ook Israël heeft ter verdediging dergelijke wapens, en het zal zich zeker niet onbetuigd laten als er raketten met ABC-wapens hun kant op zouden komen. Een Derde Wereldoorlog kan zomaar een feit zijn. En zelfs nu Amerika en Engeland met hun bondgenoten en hun oppermachtige wapens en buitengewoon goed georganiseerde strijdmachten een snelle overwinning leken te hebben behaald op het Irak van dictator Sadam Hussein, vraag je je af wat de reactie in de verdere toekomst in de islamitische wereld zal zijn nu de Westerse troepen bezig zijn zich terug te trekken. Hoe loopt het af in Afghanistan? Waar leidt ten slotte de volksopstand van begin 2011 in Tunesië en in Egypte en in andere landen in het Midden-Oosten als Jordanië en Jemen toe? Het grote islamitische rijk strekt zich uit van Indonesië via Azië, o.a. Pakistan, de voormalige Sovjetrepublieken, het Midden-Oosten, Turkije, enkele gebieden van het voormalige Joegoslavië, grote delen van Afrika, en is ook diep doorgedrongen in Europa. Zal de grote islamitische reus steeds verder ontwaken?

Het net sluit zich

'... Maar indien gij de bewoners van het land voor uw aangezicht niet verdrijft, dan zullen degenen die gij van hen over laat, tot dorens in uw ogen en tot prikkels in uw zijden zijn, en zij zullen u benauwen in het land waarin gij woonachtig zijt' (Num. 33:55). Voor Israël zijn het verontrustende ontwikkelingen. Aan de noordgrens lijkt Hezbollah – met in zijn kielzog Iran – de greep op Libanon verstevigd te hebben. En in Egypte laat de Moslim Broederschap – door President Moebarak stevig onder de duim gehouden – zich steeds duidelijker horen en lijkt aan invloed te winnen, 'ondergronds' of 'bovengronds'. Dat is geen goed nieuws voor Israël. Omringd door vijanden van buitenaf en toenemend ook van binnenuit. Zware pressie om het toch al zo kleine land – kleiner nog dan Nederland – in tweeën te delen en een onafhankelijke Palestijnse staat toe te staan, met het oostelijk deel van Jeruzalem als hoofdstad.

Democratische ontwikkelingen zijn nooit een garantie voor veiligheid en stabiliteit. Langs democratische weg kwam Hitler ooit aan het bewind. En waar dat toe leidde, is zondag 30 januari 2011 in vele kerken herdacht. In Europa en in vele landen wereldwijd (niet in moslimlanden) werd de Holocaustherdenkingsdag gehouden. Op zondag 30 januari, de eerste zondag na 27 januari, de datum waarop 66 jaar geleden de bevrijding van het concentratiekamp Auschwitz-Birkenau plaatsvond. De herdenking van de Shoah, opdat zoiets nooit meer zou kunnen gebeuren.

De Uitverkorene lijdt altijd. Het lijkt onvermijdelijk. Israël lijdt. De bij uitstek Uitverkorene van Israël: Jezus lijdt. Gods volk uit de heidenen: de christelijke gemeente lijdt, omdat de duisternis het licht haat. Het is een diep geestelijke worsteling tussen de God van Israël, de God van Abraham, Isaak en Jakob, de Vader van onze Here Jezus Christus en alle andere (af)goden van deze wereld.

Er is geen andere weg dan een smalle weg, een radicale weg, een weg van geloof en vertrouwen. Een weg die ten slotte nooit beschaamd zal worden. Alleen met Hem. Innerlijk sterk. Moedig, ook al lijkt de tegenstander onoverwinnelijk. Een weg met God. Hij zegt van Israël: het is mijn land (Lev. 25:23). Hij heeft Zich met eeuwige verbonden aan Israël verbonden (Ps. 105:7-11). Hij zegt van Jeruzalem: daar zal ik Mijn Naam doen wonen (Deut. 12:13-18; 16:5-6; Ps. 132:13-14). Voor eeuwig (Ez. 43:7). En elk compromis met welke vorm van kwaad dan ook, zal zich ten slotte tegen je keren.

Daarom mag Israël zich sterk weten in de schuilplaats van de Allerhoogste. En wij ook. '... Waarlijk, mijn ziel keert zich stil tot God, van Hem is mijn heil; waarlijk, Hij is mijn rots en mijn heil, mijn burcht, ik zal niet te zeer wankelen. Hoelang zult gij op een man aanstormen?' (Ps. 62:2-4a)

Niemand weet hoe het in de toekomst zal gaan, want wij kijken tegen de buitenkant van de dingen aan. De buitenkant van de geschiedenis, wat radio, TV en andere media ervan zeggen. Hoe er onder de koffie thuis en op het werk over gepraat wordt, wat de deskundigen ervan vinden, dat is allemaal de buitenkant.

Maar er is ook een binnenkant aan de geschiedenis. En er is er maar Een die deze binnenkant kent. Dat is Hij die hemel en aarde gemaakt heeft. Hij heeft de geschiedenis van mens en wereld vast in handen. En Hij doet geen ding of Hij openbaart het zijn knechten, de profeten. Door Israëls profeten heeft Hij gesproken. Zijn Woord is vast en zeker. Hemel en aarde zullen voorbijgaan, zegt de Here Jezus, maar mijn woorden zullen geenszins voorbijgaan. Gods Woord houdt stand in eeuwigheid, zegt Luther, en zal geen duimbreed wijken. In Gods Woord treffen we de binnenkant van de geschiedenis aan. Hoe Hij tegen de dingen aankijkt, en hoe Hij de geschiedenis voortstuwt naar het door Hem vastgestelde doel.

Er zijn Oorlogen des Heren, waarin Hij strijdt aan de zijde van zijn volk Israël. Het Oude Testament is er vol van. Opdat de volkeren zullen weten Wie waarlijk God is: de Heilige Israëls. '... En de Here zal koning worden over de gehele aarde; te dien dage zal de Here de enige zijn, en zijn naam de enige' (Zach. 14:9). '... Ik zal Mij groot en heilig betonen en Mij doen kennen ten aanschouwen van vele volken; en zij zullen weten dat Ik de Here ben' (Ez. 38:23). De dichter in Israël van Psalm 83 bidt over de vijanden van Israël niet in de allereerste plaats om het redden van zijn eigen hachje. Het gaat hem om veel meer. Hij hoopt dat zij door een verpletterende nederlaag zullen gaan ontdekken wie de enig ware God is. Hij zegt: '... Maak hen, hun edelen, als Oreb en Zeëb, als Zebach en Salmunna al hun vorsten, die zeiden: Wij willen in bezit nemen de woonsteden Gods. Mijn God, maak hen als een werveldistel, als kaf voor de wind. Gelijk een vuur dat het woud verbrandt, gelijk een vlam die de bergen in laaiende gloed zet, vervolg hen zó met uw storm, verschrik hen met uw wervelwind; overdek hun aangezicht met schande, *opdat zij Uw Naam zoeken*, o HERE. Laten zij voor immer beschaamd en verschrikt worden, schaamrood worden en te gronde gaan, *opdat zij weten, dat alleen uw naam is: HERE, de allerhoogste over de ganse aarde*' (Ps. 83:12-19).

Nog vijf oorlogen in het Midden-Oosten?

En als we dan naar dat Woord kijken, dan zijn er in de Bijbel nog vele onvervulde profetieën.

Zoals bijvoorbeeld Jesaja spreekt over een volledige verwoesting van Damascus, de hoofdstad van Syrië, dat je bij helder weer vanaf de Golanhoogvlakte in Israël kunt zien liggen. '... De Godsspraak over Damascus. Zie, Damascus wordt weggenomen, zodat het geen stad meer is: het wordt een puinhoop, een bouwval. Verlaten liggen de steden van Aroër, zij zijn voor de kudden, die er legeren zonder dat iemand ze opschrikt (Jes. 17:1-2).

Of Jesaja 19 waar Egypte siddert voor Israël vanwege wat de hand des Heren door het land van Juda gaat doen tegen Egypte '... Te dien dage zullen de Egyptenaren zijn als vrouwen: zij zullen sidderen en vrezen voor de dreigende hand van de HERE der heerscharen, waarmee Hij hen bedreigt; en het land Juda zal voor Egypte een schrik zijn; zo dikwijls iemand het daaraan herinnert, zal het vrezen voor het besluit dat de HERE der heerscharen ertegen neemt' (Jes. 19:16-17). Iets daarvan hebben we al gezien in de oorlogen die Israël ter verdediging heeft moeten voeren, bijvoorbeeld in 1956. Toen vluchtten de Egyptenaren in paniek en stond Israël aan het Suezkanaal. Maar de vervulling van Jesaja 19:23-25 was dat nog niet. '... Te dien dage zal er een heerbaan wezen van Egypte naar Assur, en Assur zal in Egypte komen en Egypte in Assur, en Egypte zal met Assur (de HERE) dienen. Te dien dage zal Israël de derde zijn naast Egypte en Assur, een zegen in het midden der aarde, omdat de HERE der heerscharen het gezegend heeft met de woorden: Gezegend zij mijn volk Egypte en het werk mijner handen, Assur, en mijn erfdeel Israël' (Jes. 19:23-25). Want dan zal daarna ooit Egypte de HERE dienen, zelfs samen met Irak (Assur is Irak/Syrië), en niet langer Allah. En dat is nu nog niet het geval.

Vervolgens Psalm 83 met daarin een eerste ring van (islamitische) landen vlak om Israël heen – met Assur = Irak/Syrië op de achtergrond – die gezamenlijk eensgezind zeggen: 'Komt, laten we hen als volk vernietigen, zodat aan de naam van Israël niet meer gedacht wordt.' '... O God, houd U niet stil, zwijg niet en blijf niet werkeloos, o God. Want zie, uw vijanden tieren, uw haters steken het hoofd op; zij smeden een listige aanslag tegen uw volk en beraadslagen tegen uw beschermelingen. Zij zeggen: Komt, laten wij hen als volk verdelgen, zodat aan de naam van Israël niet meer wordt ge-dacht. Want zij hebben eensgezind beraadslaagd, tegen U een verbond gesloten: de tenten van Edom en de Ismaëlieten, Moab en de Hagrieten, Gebal, Ammon en Amalek, Filistea met de inwoners van Tyrus; zelfs Assur heeft zich bij hen gevoegd, zij zijn de zonen van Lot tot steun' (Ps. 83:2-9).
Of Ezechiël 38 en 39 – Gog en Magog – met daarin een tweede, wijdere ring van landen om Israël heen (Syrië en Egypte worden hier niet meer genoemd!) die Israël plotseling van de kaart willen vegen,

met Turkije en Arabische staten en de voormalige Sovjetrepublieken en Rusland op de achtergrond? Een Islamitische heilige oorlog, een 'djihad', tegen Israël? Of moeten we bij 'Gog en Magog' eerder denken aan Erdogan en Turkije, en de voormalige Sovjet-republieken die tegenwoordig allemaal islamitisch zijn?

Daarna gaat de gehele wereld zich ermee bemoeien. En dan denk je onwillekeurig aan Zacharia 12 en 14 waarin ten slotte alle volkeren, je zou kunnen zeggen in onze dagen: de Verenigde Naties, die lastige steen Jeruzalem zullen trachten te tillen. '... Godsspraak, het woord des HEREN, over Israël. Aldus luidt het woord van de HERE, die de hemel uitspant en de aarde grondvest, en de geest des mensen in diens binnenste formeert. Zie, Ik maak Jeruzalem tot een schaal der bedwelming voor alle volken in het rond; ja ook tegen Juda zal het gaan bij de belegering van Jeruzalem. Te dien dage zal Ik Jeruzalem maken tot een steen, die alle natiën moeten heffen; allen die hem heffen, zullen zich deerlijk verwonden. En alle volkeren der aarde zullen zich daarheen verzamelen ... Te dien dage zal Ik de stamhoofden van Juda maken als een vuurbekken tussen het hout, en als een vuurfakkel tussen de garven; dan zullen zij rechts en links alle natiën in het rond verteren; en Jeruzalem zal blijven voortbestaan op zijn eigen plaats, te Jeruzalem ... Te dien dage zal Ik zoeken te verdelgen alle volken die tegen Jeruzalem oprukken ... Dan zal de HERE uittrekken om tegen die volken te strijden, zoals Hij vroeger streed, ten dage van de krijg; zijn voeten zullen te dien dage staan op de Olijfberg, die vóór Jeruzalem ligt aan de oostzijde; dan zal de Olijfberg middendoor splijten, oostwaarts en westwaarts, tot een zeer groot dal, en de ene helft van de berg zal noordwaarts wijken en de andere helft zuidwaarts; en gij zult de vlucht nemen in het dal mijner bergen, want het dal der bergen zal reiken tot Asel; ja, gij zult de vlucht nemen, zoals gij de vlucht genomen hebt voor de aardbeving in de dagen van Uzzia, de koning van Juda. En de HERE, mijn God, zal komen, alle heiligen met Hem. En op die dag zal er geen kostelijk licht zijn, noch verstijving; ja, het zal één dag zijn – die is bij de HERE bekend – geen dag en geen nacht; maar ten tijde van de avond zal er licht

wezen ... Dan zal dit de plaag zijn, waarmee de HERE alle volken zal treffen, die tegen Jeruzalem zijn uitgerukt: Hij zal ieders vlees, terwijl hij nog op zijn voeten staat, doen wegteren, en ieders ogen zullen wegteren in hun kassen, en ieders tong zal wegteren in zijn mond. Ja, te dien dage zal er onder hen een grote, door de HERE bewerkte, ontsteltenis wezen, en ieder zal de hand van een ander grijpen, en ieders hand zal zich tegen die van een ander verheffen (Zach. 12:1-3,6,9; 14:3-7,12-13).
Maar dat is dan ook het laatste. Dan komt het koninkrijk, ook voor de overgebleven volkeren, zegt Zacharia: '... Allen, die zijn overgebleven van al de volken, die tegen Jeruzalem zijn opgerukt, zullen van jaar tot jaar heentrekken om zich neer te buigen voor de Koning, de HERE der heerscharen, en het Loofhuttenfeest te vieren. Maar wie uit de geslachten der aarde niet naar Jeruzalem zal heentrekken om zich voor de Koning, de HERE der heerscharen, neder te buigen, op hem zal geen regen vallen, en indien het geslacht der Egyptenaren niet zal heentrekken en komen, op wie geen (regen) valt, dan zal toch komen de plaag waarmee de HERE de volken zal treffen, die niet heentrekken om het Loofhuttenfeest te vieren. Dit zal de straf zijn van de Egyptenaren en van alle volken die niet heentrekken om het Loofhuttenfeest te vieren. Te dien dage zal op de bellen van de paarden staan: Den HERE heilig; en de potten in het huis des HEREN zullen zijn als de sprengbekkens vóór het altaar; ja, alle potten in Jeruzalem en in Juda zullen de HERE der heerscharen heilig zijn, zodat alle offeraars kunnen komen en die gebruiken om daarin te koken. En er zal te dien dage geen Kanaäniet meer zijn in het huis van de HERE der heerscharen' (Zach. 14:16-21).

In de Tweede wereldoorlog sprak men over 'Die Judenfrage', het Joodse 'probleem'. Nu gaat het steeds meer over 'het probleem Jeruzalem'. Men zal die blokkade voor de wereldvrede wel even militair menen te kunnen en moeten verwijderen, en dat Midden-Oostenconflict, waarbij Israël als de grote boosdoener en bedreiger van de wereldvrede gebrandmerkt wordt, eens en voor altijd oplossen. Tevergeefs. Het wordt een oordeel over de volkeren omdat ze Israël – land en volk – verkwanseld hebben. '... Want zie, in die dagen en te dien tijde, wanneer Ik een keer zal brengen in het lot van Juda en van Jeruzalem [u en ik zijn daar al meer dan 100 jaar getuige van, en helemaal sinds de oprichting van de Joodse staat Israël sinds 1948], zal Ik alle volken verzamelen en afvoeren naar het dal van Josafat [in Israël], en Ik zal aldaar met hen in het gericht treden [waarom?] ter oorzake van mijn volk en van mijn erfdeel Israël, dat zij onder de volken verstrooid hebben, terwijl ze mijn land verdeelden' (Joël 3:1-2). Al die verdeelplannen van Israël door de Verenigde Naties zullen ooit eenmaal Gods toorn en gericht ten gevolge hebben.

Het is verleidelijk om hierin een 'domino-effect' te zien. Het begint met Syrië. Israël met de rug tegen de muur slaat terug en vernietigt Damascus. Dan voegt Egypte zich erbij, en krijgt ook een klap. Daarna bemoeit de 'eerste ring' rondom Israël zich ermee, en ternauwernood weet Israël te overleven. Maar dan treedt de 'tweede ring' in werking, en tegen zo'n 'djihad', zo'n overweldigende overmacht is Israël niet meer opgewassen. Maar dan strijdt de HERE aan de zijde van zijn volk en wordt de 'macht' van Allah openlijk gebroken. En dan gaat de hele wereld zich ermee bemoeien. Maar opnieuw treedt de Here handelend op ten gunste van zijn volk Israël, opdat de volkeren zullen weten wie waarlijk God is: de God van Israël, de God van Abraham, Isaak en Jakob, de Schepper van hemel en aarde, de Vader van onze Here Jezus Christus, bij wie vergeleken alle andere 'goden' afgoden blijken te zijn.

Ten slotte de komst van de Messias van Israël, de Koning der koningen en Heer der Heren, Jezus Christus, zodat dan in vervulling gaat wat Paulus schrijft: '... Daarom heeft God Hem ook uitermate verhoogd en Hem de naam boven alle naam geschonken, opdat in de naam van Jezus zich alle knie zou buigen van hen, die in de hemel en die op de aarde en die onder de aarde zijn, en alle tong zou belijden: Jezus Christus is Here, tot eer van God, de Vader!' (Filipp. 2:9-11) Eind goed, al goed. Maar je moet wel uitkijken, want op deze manier ben je dan zelf weer bezig een nieuw, 'eigen' eindtijdschema op te stellen!

2

Eschatologische sciencefiction

Wanneer de Here Jezus spreekt over de toekomst en over de tijd die aan zijn komst in Heer-lijkheid vooraf gaat, dan noemt Hij vele *tekenen der tijden* in Matteüs 24-25, Marcus 13, Lucas 12, 17 en 21. Er zijn grote parallellen tussen deze gedeelten in de evangeliën en Openbaring 6, alwaar gesproken wordt over vier apocalyptische ruiters die uitrijden over de aarde. Trouwens, de structuur van de eindtijdredes van de Here Jezus in de evangeliën en het gehéle boek Openbaring komen nauwgezet overeen!

Het enige 'schema' van eindtijdgebeurtenissen dat ik ken, is deze 'rede over de laatste dingen' die de Here Jezus zelf geeft in Matteüs 24 en in vergelijkbare passages bij Lucas 12:35-56, 17:20-37, 21:5-38, en Marcus 13. En deze volgorde van gebeurtenissen loopt dus geheel parallel met het boek Openbaring. Laten we daarom eerst maar eens even 'meelopen' met het boek Openbaring, hoofdstuk 6. Daar wordt het eerste zegel van de boekrol verbroken, en gaan de apocalyptische ruiters uitrijden over de aarde. In deze boekrol die het Lam aanneemt uit de rechterhand van Hem die op de troon gezeten is, staat de afloop van deze fase van de wereldgeschiedenis beschreven. '... En ik zag, toen het Lam een van de zeven zegels opende, en ik hoorde een van de vier dieren [Grieks 'zoa', levende wezens] zeggen met een stem als van een donderslag: Kom! (Openb. 6:1)

Het lijdt geen twijfel 'Wie' waardig is deze boekrol met zeven zegels te openen zoals wordt beschreven in Openbaring 5, waarna de zegels in Openbaring 6 worden verbroken, wat leidt tot het uitrijden van de apocalyptische ruiters. Het is de Leeuw van Juda. '... En ik weende zeer, omdat niemand waardig was gebleken de boekrol te openen of die in te zien. En een uit de oudsten zeide tot mij: Ween niet; zie, de leeuw uit de stam Juda, de wortel Davids, heeft overwonnen om de boekrol en haar zeven zegels te openen. En ik zag in het midden van de troon en van de vier dieren en te midden der oudsten een Lam staan, als geslacht, met zeven horens en zeven ogen; dit zijn de zeven Geesten Gods, uitgezonden over de gehele aarde. En het kwam en heeft (de rol) aangenomen uit de rechterhand van Hem, die op de troon gezeten was. En toen het de boekrol nam, wierpen de vier dieren en de vierentwintig oudsten zich voor het Lam neder, hebbende elk een citer en gouden schalen, vol reukwerk; dit zijn de gebeden der heiligen. En zij zongen een nieuw gezang, zeggende: Gij zijt waardig de boekrol te nemen en haar zegels te openen; want Gij zijt geslacht en Gij hebt (hen) voor God gekocht met Uw bloed, uit elke stam en taal en volk en natie; en Gij hebt hen voor onze God gemaakt tot een koninkrijk en tot priesters, en zij zullen als koningen heersen op de aarde' (Openb. 5:4-10).

Nog even 'tussen haakjes' een tekstkritische vertaalopmerking: De Statenvertaling leest hier in Openbaring 5:9-10: '... want Gij zijt geslacht, en hebt *ons* Gode gekocht met Uw bloed, uit alle geslacht, en taal, en volk, en natie; En Gij hebt *ons* onzen God gemaakt tot koningen en priesteren; en *wij* zullen als koningen heersen op de aarde.' Daarmee wordt gesuggereerd dat het hier bij de vierentwintig oudsten om de verheerlijkte kerk gaat. Toch lijkt de lezing 'hen' en 'zij' meer aannemelijk. Hoe goed de Statenvertaling en de onlangs verschenen Herziene Statenvertaling ook zijn, bij deze vertalingen schuilt mijns inziens toch nog een addertje onder het gras, namelijk de oorspronkelijke Griekse handschriften waarop ze teruggaan. Het vele werk dat sindsdien door bijbelgeleerden die de meer dan vijfduizend handschriften, delen van handschriften, citaten van het Nieuwe Testament bij kerkvaders, nieuw gevonden Griekse handschriften die in de 19e en de 20ste eeuw boven water gekomen zijn, werpen hier en daar toch een ander licht op bepaalde teksten. Kurt Aland en de Griekse Nestle-Aland uitgave Novum Testamentum Graece uit Stuttgart getuigen ervan. De SV en de HSV gaan terug op de *Textus Receptus*. De hertalers van de HSV zeggen dan ook in het voorwoord: 'Uit-gangspunt bij de herziening zijn de door de toenmalige vertalers gebruikte handschriften van de Bijbel.' Dus de grondteksten die in 1637 beschikbaar waren. Maar zoals gezegd: in de 19de en de 20ste eeuw is heel veel nieuws boven water gekomen zodat eigenlijk elke vertaling wereldwijd sindsdien 'hen' en 'zij' vertaalt. De oudsten worden dan beschouwd als engelvorsten die de hemelse legerscharen van miljoenen engelen aanvoeren en die het Lam eer brengen voor het verlossingswerk dat Hij voor mensen gedaan heeft.

De boekrol lijkt op een testament of op een 'lossers-akte', beschreven van binnen en van buiten en verzegeld met de zeven zegels. Deze 'lossers-akte' bevat het eigendomsrecht van de rechtmatige eigenaar, vergelijk Ezechiël 2:9-10 en Jeremia 32. De rechtmatige eigenaar van mens en wereld is de Schepper Zelf. En wie is degene die op grond van dit eigendomsrecht, van dit testament, mens en wereld aan de rechtmatige allerhoogste Eigenaar terugbrengt? Dat is het Lam, de Leeuw uit de stam van Juda, de wortel Davids! Hij is de Enige die waardig is de zegels te verbreken en deze wereld terug te brengen naar de Allerhoogste. Om mens en wereld te leiden naar het koninkrijk van God. Het Lam verbreekt de zegels en de levende wezens/dieren, uit Openbaring 4:6-8 – zij staan als vertegenwoordigers van de schepping bij de troon van God – roepen de apocalyptische ruiters op. En dan gaan deze ruiters uitrijden over de aarde.

Om te verstaan waaraan we moeten denken bij die vier apocalyptische ruiters en bij de verbreking van de zegels in het algemeen, moeten we dus de rede van de Here Jezus die Hij op de Olijfberg gegeven heeft ernaast leggen. Het gaat over de dingen die over de aarde zullen komen aan het einde van deze fase van de wereldgeschiedenis.

Matteüs

We volgen daarbij met name Matteüs 24, aangevuld met de parallelle gedeelten uit Marcus en Lucas. In die rede geeft de Here Jezus antwoord op de drieledige vraag van de discipelen: '... Zeg ons, wanneer zal dat geschieden (dat er van de Tempel geen steen op de andere gelaten zal worden, Matteüs 23:37-24:2), en wat is het teken van uw komst [*parousie*, komst in Heer-lijkheid] en van de voleinding [voltooiing] der wereld' (Matt. 24:3). De vraag van de discipelen gaat over de *sunteleia* van de *aioon*, het tot voltooiing, afsluiting/einde komen van deze vreselijke periode van de wereldgeschiedenis waar mens en wereld doorheen moeten gaan, voordat de volgende *aioon* aanbreekt. Dus niet: wanneer komt het einde der wereld, maar wanneer breekt de volgende fase van de wereldgeschiedenis aan, het koninkrijk van vrede en gerechtigheid.

Uit de vraag blijkt dat zijn discipelen beseffen dat er een andere komst, een tweede komst van de Here Jezus moet zijn, een komst in Heer-lijkheid, zijn *parousie*. Het is nog maar twee dagen voor Pesach ('... En het geschiedde, toen Jezus al deze woorden geëindigd had, dat Hij tot zijn discipelen zeide: Gij weet, dat het over twee dagen Paasfeest is, en alsdan wordt de Zoon des mensen overgeleverd om gekruisigd te worden' (Matt. 26:1-2)), maar dan zal Hij dus overgeleverd worden om gekruisigd te worden. Deze eerste komst zal dus nog niet leiden tot de komst van zijn koninkrijk. Daar is een andere komst voor nodig. Dat beseffen de discipelen nu en daar vragen ze naar. Wanneer zal dat zijn? Dat willen ze weten.

De Here Jezus somt in antwoord op deze drieledige vraag dan een groot aantal 'tekenen der tijden' op die éérst moeten geschieden, voordat Hij komen zal in Heer-lijkheid. Marcus noemt deze tekenen der tijden: het begin der weeën, pijnlijke geboorteweeën:

'... Want volk zal opstaan tegen volk en koninkrijk tegen koninkrijk. Er zullen nu hier, dan daar, aardbevingen zijn en er zullen hongersnoden wezen. Dat is het begin der weeën' (Marc. 13:8). Daaraan voorafgaand spreekt Hij in Matteüs 23:37-24:2, Marcus 13:1-2 en in Lucas 21:20-24 alleréérst over de val van Jeruzalem en de vernietiging van stad en Tempel door de Romeinen in 70 n.Chr.

We hebben alle vier de geschreven evangeliën nodig. Matteüs, Marcus, Lucas en Johannes vormen samen een totaalbeeld. Zij vullen elkaar aan en zijn niet tegengesteld aan elkaar, hoewel de precieze chronologie van de beschreven gebeurtenissen in de vier evangeliën soms moeilijk te bepalen is. Ze lijken soms moeilijk in elkaar te schuiven te zijn. Maar als je de schijnbare tegenstellingen biddend onderzoekt – is mijn persoonlijke ervaring – zal God je vroeger of later altijd leiden naar de oplossing van deze chronologieproblemen of schijnbare tegenstellingen. Dat heb ik ervaren in de afgelopen tientallen jaren van mijn leven als bewust overtuigd christen, ondanks vele argumenten van schriftcritici. Achter deze 'foutjes' – zoals men wel eens zegt – gaat juist soms weleens een diepe betekenis schuil.

Lucas

Het accent in de 'rede over de laatste dingen' bij Matteüs/Marcus verschilt van die bij Lucas als het om Jeruzalem en de Tempel gaat. Zowel Matteüs als Marcus spreken eerst kort over de naderende verwoesting van Jeruzalem in hún dagen. En het gebeurde 40 jaar later. Maar daarna spreken ze vooral over Jeruzalem in een verre toekomst: Jeruzalem in ónze dagen! Terwijl Matteüs en Marcus in de rede van de Here Jezus over de laatste dingen in de vérre toekomst schouwen: een hersteld Jeruzalem (in onze dagen) en een gruwel der verwoesting op de 'heilige plaats' en een 'grote verdrukking' die er nooit zo geweest is en daarna ook nooit meer wezen zal, ziet Lucas in zijn weergave van de rede van de Here Jezus over de laatste dingen vooral de nabíje toekomst (in zijn dagen): de naderende val van Jeruzalem en de wereldwijde ballingschap van het Joodse volk onder de heidense (niet-Joodse) volkeren van de wereld. Het gaat hier om de 'Romeinse' ballingschap, die 40 jaar nadat Jezus deze woorden heeft uitgesproken begon, toen in het jaar 70 stad en Tempel door de Romeinse legioenen met de grond gelijk gemaakt werden.

Dramatisch is het weergegeven op de triomfboog in Rome van de (latere) keizer Titus, die als generaal Jeruzalem innam en stad en Tempel verwoestte. Joodse krijgsgevangenen staan daarop afgebeeld, gebeiteld in steen, met de meegeroofde tempelschatten, waaronder de menora, de zevenarmig gouden kandelaar. Tallozen zijn gedood, tallozen als slaven verkocht. De slavenmarkten werden in die dagen zo overvoerd met Joodse slaven dat de prijzen voor een slaaf dramatisch inzakten. Een 'Romeinse' ballingschap van het overgrote deel van het Joodse volk die bijna 2000 jaar zou gaan duren. Hoewel er altijd een klein gedeelte van het Joodse volk in Israël is blijven wonen in de afgelopen 20 eeuwen.

Jezus spreekt over valse christussen, valse profeten, honger, (besmettelijke) ziekten, aardbevingen, conflicten, oorlogen, revoluties, vervolgingen (tot de dood toe), martelaren, haat van de zijde van alle volkeren, broers staan tegen elkaar op, ouders worden door de kinderen overgeleverd, wetteloosheid, liefdeloosheid, en de verkondiging van het Evangelie van het koninkrijk tot aan de uitersten der aarde.

Gruwel der verwoesting

Dan ziet Hij opnieuw met zijn geestesoog Jeruzalem als stad in de verre toekomst in Matteüs 24:15. Over de val van stad en Tempel had Hij reeds gesproken in Matteüs 23:37-24:2, en Hij herhaalt Zichzelf hier niet, maar kijkt als het ware 2000 jaar vooruit. In die profetische toekomst ziet Hij dan een 'gruwel der verwoesting op de heilige plaats'. Vervolgens spreekt Hij over een korte periode van een 'grote verdrukking' die de aarde nog nooit heeft meegemaakt en daarna ook nooit meer zal meemaken. Vlucht als Jood/Israëli zo snel je kunt, zegt Hij. Bid dat je vlucht niet op een sabbat valt, want dan is er in Jeruzalem geen openbaar vervoer en dat zal dan orthodoxe Joden verhinderen verder te vluchten dan de toegestane sabbatsreis per voet! Opnieuw valse christussen en valse profeten met grote wonderen en tekenen. Trap er niet in! Ter wille van de uitverkorenen zal de tijd ingekort worden omdat anders niemand het zou overleven.

Voor, tijdens of na die 'grote verdrukking' is er dus sprake van een 'gruwel der verwoesting' op de 'heilige plaats'. Meteen daarna zal de zon verduisterd worden en de maan zal haar glans niet meer geven en de sterren zullen van de hemel vallen. En dán zal de Zoon des mensen komen in grote macht en majesteit op de wolken des hemels (de Shechina, de heerlijkheid Gods door wolken omgeven, die Hem ook van de Olijfberg ten hemel had opgenomen en die ook aanwezig was op de berg der verheerlijking) en Hij zal zijn engelen gebieden de uitverkorenen te verzamelen van over de hele aarde. Over de volkeren zal Hij het oordeel vellen met het oog op wat zij Israël en het Joodse volk hebben aangedaan, zie Matteüs 25:31-46. Als je de vijgenboom weer tot leven ziet komen [Israël] dan moet je weten dat het koninkrijk vlak voor de deur staat, zegt Hij. Daar beginnen de eindtijdverschijnselen kennelijk mee.

Over het algemeen hebben de mensen er geen flauw benul van. '... En gelijk het geschiedde in de dagen van Noach, zó zal het ook zijn in de dagen van de Zoon des mensen: zij aten, zij dronken, zij huwden, en zij werden ten huwelijk genomen tot op de dag, waarop Noach in de ark ging en de Zondvloed kwam en allen verdelgde. Op dezelfde wijze als het geschiedde in de dagen van Lot: zij aten, zij dronken, zij kochten, zij verkochten, zij plantten, zij bouwden. Maar op de dag, waarop Lot uit Sodom ging, regende vuur en zwavel van de hemel en verdelgde hen allen. Op dezelfde wijze zal het gaan op de dag, waarop de Zoon des mensen geopenbaard wordt. Wie op die dag op het dak zal zijn, terwijl zijn huisraad in huis is, ga niet naar beneden om het te halen, en wie in het veld is evenzo, hij kere niet terug. Denkt aan de vrouw van Lot! Ieder, die zijn leven zal trachten te behouden, die zal het verliezen, maar ieder, die het verliezen zal, die zal het vernieuwen. Ik zeg u, in die nacht zullen er twee in één bed zijn, de een zal aangenomen, de ander achtergelaten worden. Twee vrouwen zullen samen bezig zijn met malen, de ene zal aangenomen, de andere achtergelaten worden. [Twee zullen op het land zijn, de een zal aangenomen, de ander achtergelaten worden]' (Luc. 17:26-36).

Bij Matteüs wordt er nog sterker de nadruk op gelegd dat het volkomen onverwacht komt, dat niemand iets in de gaten heeft '... Want zoals zij in [die] dagen vóór de Zondvloed waren, etende en drinkende, huwende en ten huwelijk gevende, tot op de dag, waarop Noach in de ark ging, en zij niets bemerkten, eer de Zondvloed kwam en hen allen wegnam, zo zal ook de komst van de Zoon des mensen zijn' (Matt. 24:38-39). Het zal net zo zijn als in de dagen van Noach, vlak voor de Zondvloed. En ook net als in de dagen van Lot. Eten, drinken, trouwen, tot op de dag dat Noach en de zijnen de ark binnen gingen. Daarna was er geen ontkomen meer aan. Twee zijn met hetzelfde bezig, de een wordt aangenomen en meegenomen, de ander niet. Wees er dus klaar voor, want je weet niet wannéér het zover zal zijn. En juist omdat je dat niet weet, moet je er elke dag klaar voor zijn. Dat geldt sowieso voor iedere christen, zelfs als het (nog) niet om de wederkomst gaat waarin Hij tot ons komt om ons tot Zich te nemen. Elke dag kan het immers gebeuren dat Hij Zijn engelen kan uitzenden om ons naar Hem toe te brengen. Niemand heeft een garantie voor de rest van zijn of haar leven.

Aldus in grote lijnen de volgorde der dingen in de rede van de Here Jezus in de evangeliën over de eindtijd en over datgene wat aan zijn komst in Heer-lijkheid vooraf gaat. En Hij spoort ons aan op die tekenen der tijden te letten. Hij verwijt het zijn tijdgenoten zelfs dat ze het weerbericht van morgen wel aardig weten te voorspellen, maar de tekenen der tijden niet. '... Hij antwoordde hun en zeide: [Bij het vallen van de avond, zegt gij: Goed weer, want de lucht ziet rood. En des morgens: Vandaag ruw weer, want de lucht ziet somber rood. Het aanzien van de lucht weet gij te onderscheiden, maar kunt gij het de tekenen der tijden niet?]' (Matt. 16:2-3) Bij Lucas lees je: '... Hij zeide ook tot de scharen: Wanneer gij een wolk ziet opkomen in het westen, zegt gij dadelijk: Er komt regen, en het gebeurt. En wanneer gij de zuidenwind ziet waaien, zegt gij: Er zal hitte komen, en het gebeurt. Huichelaars, het aanzien van aarde en hemel weet gij te onderkennen, waarom onderkent gij deze tijd niet?' (Luc. 12:54-56) Wat de Here Jezus hier zegt, geldt zowel voor zijn dagen als voor de verre toekomst.

Opnieuw blijkt hier het reeds eerder gesignaleerde verschil tussen Matteüs/Marcus enerzijds en Lucas anderzijds. Matteüs spreekt in algemene zin over 'dé tekenen der tijden' – niet alleen toen, maar ook nú, in onze dagen – terwijl Lucas alleen spreekt over 'déze tijd' – in Jezus' dagen. Lucas vermeldt ook nergens een 'gruwel der verwoesting op de heilige plaats', zoals Matteüs/Marcus dat wel doen. Er wás in Jezus' dagen en in de jaren daarna die leidden tot het jaar 70 immers geen 'gruwel der verwoesting' op de heilige plaats.

Wat is die 'gruwel der verwoesting' waarover Matteüs 24:15 spreekt? Een herbouwde Tempel in Jeruzalem waarin dé antichrist gaat zitten, om zoals Paulus zegt in zijn tweede brief aan de Tessalonicenzen 2:4 '... aan zich te laten zien dat hij een god is'? Wie ben ik om een dergelijke mogelijkheid te verwerpen? We moeten altijd met grote voorzichtigheid spreken wanneer het gaat om zicht te krijgen op het profetisch woord en de dingen van de eindtijd, en vele mogelijkheden en visies biddend overwegen, luisterend naar elkaar en biddend om verlichting met Heilige Geest, de auteur van het Woord van God.

Maar het is misschien niet eens nodig om te wachten op de herbouw van een dergelijke Tempel die vervolgens ontwijd gaat worden door dé antichrist. Misschien staat die 'gruwel der verwoesting' er al eeuwenlang. Want op de 'heilige plaats' (op de berg Sion, in het hart van Jeruzalem) staan tegenwoordig twee moskeeën, al vele eeuwen lang. En een derde moskee wordt op dit moment ín de berg Sion gebouwd die daartoe uitgegraven – ‘uitgehold’ – wordt. En alles wat men daar al gravende tegenkomt aan historisch en archeologisch materiaal, wordt rücksichtslos weggegooid. Want naar het besef van moslims heeft daar nooit een Joodse Tempel gestaan. In deze moskeeën wordt ontkend dat Allah een Zoon heeft (gericht tegen ons christenen) en wordt haat gepredikt tegen Gods eerstgeboren zoon Israël, het Joodse volk. De macht die de islam vertegenwoordigt, leidt in toenemende mate tot steeds meer geweld, in het Midden-Oosten en wereldwijd.

(Natuur)rampen

We zagen hierboven dat de Here Jezus allerlei eindtijdtekenen opsomt. Om ze nog even te herhalen: Hij spreekt over valse christussen, valse profeten, honger, (besmettelijke) ziekten, aardbevingen, conflicten, oorlogen, revoluties, vervolgingen (tot de dood toe), martelaren, haat van de zijde van alle volkeren, broers staan tegen elkaar op, ouders worden door de kinderen overgeleverd, wetteloosheid, liefdeloosheid, de verkondiging van het Evangelie van het koninkrijk tot aan de uitersten der aarde en het herstel van de vijgenboom [Israël].

Het trof mij dat ik op teletekst op 3 januari 2011 het volgende bericht zag verschijnen: ‘In 2010 hebben natuurrampen 295.000 levens geëist, veel meer dan gemiddeld in voorafgaande jaren. Er waren 950 natuurrampen, aanzienlijk hoger dan de afgelopen 10 jaar. Toen waren er gemiddeld 785 rampen. Het aantal aardbevingen steeg snel. Negen van de tien rampen waren het gevolg van extreem weer, overstromingen en hittegolven. De schade bedroeg 97,6 miljard euro, volgens Munich Re, een maatschappij waar verzekeraars hun risico’s afdekken.’ Hoewel er rampen in alle eeuwen geweest zijn, lijken de statistieken van deze eindtijdverschijnselen in de vorige en in onze eeuw steeds steiler omhoog te lopen.

Opvallend is echter dat Hij vele van die eindtijdtekenen, waar de kranten meestal bol van staan en die wij ervaren als geweldige (natuur)rampen, zoals aardbevingen, en menselijke wreedheid, zoals oorlogen en martelaren, slechts éénmaal noemt, maar de valse christussen en valse profeten in Matteüs 24 wel driemaal! Dat stempelt kennelijk de tijd vlak voor zijn wederkomst. Valse profeten in allerlei soorten en maten. En ook valse christussen/wereldverlossers. Een van de meest succesvolle van dergelijke profeten lijkt mij Mohammed te zijn. Hij stichtte een wereldgodsdienst in de 7e eeuw n.Chr.: de islam. Dat was dus honderden jaren na de komst van Jezus en het ontstaan van het christendom, en duizenden jaren na Abraham, Mozes en het ontstaan van het jodendom. Het mohammedanisme is de enige grote wereldgodsdienst die ná de geboorte van Jezus Christus en het christendom ontstaan is. Volgens velen als een reactie op jodendom en christendom. In Matteüs 24:15 spreekt de Here Jezus over een 'gruwel der verwoesting'. Heeft dat iets te maken met de islam? We spraken er hierboven in het eerste hoofdstuk al over.

Witte paard

Dezelfde volgorde van gebeurtenissen van de rede van de Here Jezus over de laatste dingen gehouden op de Olijfberg, tref je dus ook aan in Openbaring 6 en volgende hoofdstukken. Na de verbreking van het eerste zegel van de boekrol lees je dan: '... En ik zag, en zie, een wit paard, en die erop zat had een boog en hem werd een kroon gegeven, en hij trok uit, overwinnende en om te overwinnen' (Openb. 6:2). Wie is deze ruiter op het witte paard? Wit staat in het boek Openbaring altijd voor iets dat met God of Christus te maken heeft. Christus Zelf zal later verschijnen op een wit paard, en de bruid van het Lam zal gekleed zijn in blinkend (wit) en smetteloos fijn linnen. De hemelse legerscharen volgen Hem op witte paarden. De schare die niemand tellen kan, draagt witte gewaden. Aan de zielen van de martelaren die geslacht zijn om het Woord van God en om het getuigenis dat zij hadden, wordt een wit gewaad gegeven. Christus belooft aan de overwinnaars een witte steen en witte klederen. Hij wordt gezien met hoofdhaar als witte wol en op een witte wolk, en het laatste oordeel van God vindt plaats voor de witte troon.

Er gebeuren ook geen rampen bij het verschijnen van deze eerste ruiter op het witte paard. Wie is hij? Is het de Here Jezus Zelf? Maar Christus Zelf verschijnt pas in Openbaring 19. Dé antichrist dan? Maar hij verschijnt pas in Openbaring 13. Wie is hij dan, deze ruiter op het witte paard? Hij gaat overwinnend (kroon) en effectief doel treffend (boog) uit over de aarde, als eerste. De sleutel ligt mijns inziens in Marcus 13 waar gezegd wordt: '... En aan alle volken moet *eerst* het evangelie verkondigd worden' (Marc. 13:10). De ruiter op het witte paard is mijns inziens de wereldwijde Evangelieverkondiging. Eérst mag het Evangelie wereldwijd verkondigd worden, tot aan de uitersten der aarde, Matteüs 24:14 en Handelingen 1:8. Hoewel sommigen ook denken aan de valse christussen en de valse profeten vanuit de parallellie tussen Jezus' rede en Openbaring 6, lijkt dat toch niet waarschijnlijk. Wit staat zozeer voor heilig en positief, dat de verleiding die valse christussen en valse profeten teweeg brengen daarmee slecht verenigbaar zijn. Dat goede Evangelie baant zich een weg 'met geweld', Matteüs 11:12. De genade Gods is onwederstandelijk. Zijn pijlen treffen mensenharten om ze voor eeuwig te winnen voor zijn koninkrijk. Ook als Hij ten slotte als Koning overwinnend verschijnt, vergelijk Psalm 45.

Na het witte paard volgen het rossige-rode paard, het zwarte paard en het vale ('chloros' = bleekgroen) paard: dood en verderf, oorlog en honger, massaslachting en zelfs genocide, zwarte markt en besmettelijke ziekten. Daarna volgen de martelaren en dan het 'schudden' van de schepping als een vijgenboom, zodat de machten der natuur wankelen, de zon zwart wordt en de maan als bloed en de sterren van de hemel vallen – Openbaring 8-9 geven daarover nadere details – en zo vindt dan de toorn van God en van het Lam plaats. We komen er hierna nog uitvoeriger op terug.

Het boek Openbaring volgt dus dit 'schema' van de Here Jezus over de eindtijd – de laatste dingen – en telkens worden in dit bijbelboek meer details onthuld. Het boek Openbaring is geschreven in typisch Semitische verteltrant van gebeurtenissen die elkaar opvolgen, maar waarin ook telkens weer teruggegrepen wordt op het voorafgaande om zo steeds meer details te kunnen onthullen. Dat geeft soms een chronologische spanning! Dat zo heen en weer springen in de tijd, in de volgorde der dingen, is wel eens verwarrend voor onze logische westerse breinen! Maar als je eraan gewend bent, aan dit steeds verder 'inzoomen' en ophoudt in logische schema's te denken, is het adembenemend om te ervaren hoe deze intensivering in de verhaaltrant naarmate de het einde nadert en Christus' wederkomst steeds dichterbij komt, je steeds meer en intenser doet verlangen 'tot die dag eens dagen zal, en de Heiland op de wolken weerkomt met bazuingeschal'! Dan is het lijden voorbij. Dan breekt de nieuwe tijd aan. Dan wordt zijn shaloom wereldwijd!

Dus in plaats van het boek Openbaring te lezen in de trant van: eerst zegels 1-7, dán bazuinen 1-7, en dán schalen 1-7, gevolgd door de wederkomst van Christus, kun je het ook lezen als: zegels 1-7, meer onthullingen in bazuinen 1-7 en nog verdere intensivering in schalen 1-7, gevolgd door de wederkomst van Christus. (Zie daarvoor verder mijn boek: *Zie, Hij komt, Het boek Openbaring van dag tot dag.*)

Wie het boek Openbaring leest, kan de schrik om het hart slaan. Wat een geweld komt daarin naar ons toe. Hoewel het boek Openbaring een diep geestelijke boodschap bevat, gaat het niet om de betekenis ervan te 'vergeestelijken' om zodoende de eerste en letterlijke betekenis te ontwijken. Hoewel de taal beeldend is en bij tijd en wijle zelfs symbolisch, is er een eerste laag van letterlijke, historische en profetische betekenis die de lezers ter harte moeten nemen, opdat ze niet zullen worden meegesleurd in de wanhoop van de eindtijd als deze dingen losbarsten. Integendeel. Als deze dingen beginnen te geschieden, zegt de Here Jezus, heft dan uw hoofden omhoog, want uw verlossing komt steeds dichterbij. Laten we niet zijn als de mensen die geen hoop hebben, zegt de apostel Paulus.

Rode paard

Onder het tweede zegel bevindt zich het rossige paard dat gegeven wordt (die macht bezit het niet zelf, het wordt eraan gegéven) om de vrede van de aarde weg te nemen, en dat zij (de mensen) elkaar zouden slachten met een gróót zwaard. Het Grieks heeft hier μαχαιρα – machaira – een groot slagzwaard dat kan duiden op massavernietiging, zelfs genocide. Er is geen sprake van een mogelijk gerechtvaardigde defensieve oorlog, of zelfs maar van een ideologische oorlog. Nee, er worden voorwaarden geschapen, situaties en omstandigheden gemanipuleerd, die tot wederzijdse razernij voeren. Denk aan Cambodja onder Pol Pot, denk aan Rwanda. Denk aan de Franse Revolutie die haar kinderen 'opat' na eerst stromen van bloed onder de guillotine vergoten te hebben. Denk aan de veroveringsoorlogen van Napoleon, Bismarck, Wilhelm II, Hitler. Denk aan de Russische Revolutie en de Chinese Revolutie met miljoenen slachtoffers onder Stalin en Mao Zedong. Denk aan Vietnam en de martelkamers van de junta's in Zuid Amerika. Denk aan de Holocaust van de zes miljoen Joden. Denk aan ... En wat staat ons nog te wachten als de ABC-wapens (Atoom-, Bacteriologische, Chemische wapens) werkelijk gebruikt gaan worden? Een voorproefje daarvan zagen we in de chemische wapens van de Eerste Wereldoorlog en van Irak onder Saddam Hussein, en de bommen op Hiroshima en Nagasaki.

Zwarte paard

Onder het derde zegel bevindt zich het zwarte paard en wordt het voedsel schaars op aarde. In het kielzog van de oorlog, van de wetteloosheid en de revolutie, rijdt altijd de honger mee. En de woekerprijzen van de zwarte (!) markt. Mensen worden roofzuchtige dieren die elkaar zelfs het allernodigste ontstelen. Beschrijvingen van kampbewoners in concentratie- en vluchtelingenkampen vertellen ervan. Ja, zelfs kannibalisme en het eten van kinderen komt voor. In Israël was honger en alles wat erbij hoort een Godsgericht. Er ontstaat een wereld met meer liefde voor genot dan voor God. Een wereld van rijke landen die hun weelderige leven doorzetten ten koste van de arme landen. Een wereld geteisterd door oorlogen, honger en dood.

Vale paard

Onder het vierde zegel bevindt zich het vale (*chloros*, chloorkleurig, groenachtig) paard. In Leviticus 13:49 en 14:37 is het de kleur van de melaatsheid. De ruiter heeft als naam: de dood, en het dodenrijk (Hades) volgt hem. De vier ruiters rijden uit na elkaar en naast elkaar. Deze drie ruiters op hun paarden wordt macht gegeven om een kwart van de aarde te slaan met dood, oorlog, honger, pest, besmettelijke ziekten. De 'wilde dieren der aarde' die genoemd worden, worden door sommigen gezien als bacillen, virussen en andere levende ziektekiemen, de kleinste levende 'wilde' dieren. Oorlog laat een spoor van vernietiging na. Honger is het eerste gevolg en meteen ook besmettelijke ziekten. Dat zijn ook de onmiddellijke gevolgen van natuurrampen als aardbevingen en tsunami's. Hoe teisterden niet tijdens de tien plagen de wilde dieren, kikkers, muggen, steekvliegen, sprinkhanen, de pest en de zweren de bewoners van Egypte?

Martelaren

Onder het vijfde zegel worden de martelaren gezien, die geslacht zijn om het Woord van God en het getuigenis dat zij hadden. Het gaat altijd hand in hand. De mens die als God wil zijn, die het recht in eigen hand neemt, die met tomeloos geweld zijn eigen rijk opricht, zijn eigen new age, zijn eigen nieuwe wereldorde in naam van de mens, de 'stad van de mens', én de vervolging en verdrukking van hen die het niet van zichzelf verwachten, maar die verlangend opzien naar Hem die alle dingen nieuw zal maken. Mensen die leven in de tussentijd, tussen komst en wederkomst. Hoe botste niet reeds de Griekse geest van het hellenisme met de Joodse vroomheid in de strijd onder de Makkabeeën. Stromen van Joods bloed vloeien in de strijd van de Joden om hun vrijheid van godsdienst en tegen de ontwijding van de Tempel. Ze zijn onverzoenlijk: de van nature goede, humanistische mens en de mens die weet zondaar te zijn en afhankelijk van Gods genade en van Zijn geboden als richtsnoer voor het leven. Onder de Romeinen, onder de islam, onder de roomse inquisitie, onder het communisme, onder het nationaalsocialisme, onder dictaturen van links en rechts vallen de slachtoffers. Christenen vaak samen met hun 'oudere familieleden', de Joden. Een vierde deel van de mensheid valt onder de hoeven van het rossige, het zwarte en het vale paard, maar een bijzondere groep vormen de onschuldig afgeslachten.

De schare die niemand tellen kan

In Openbaring 7:9-14 ziet Johannes een schare die niemand tellen kan. Als hij vraagt waar deze vandaan komen, wordt hem gezegd: uit de 'grote verdrukking'. Ze hebben hun kleren wit gemaakt in het bloed van het Lam. Terwijl de wereld om hen heen loeide, terwijl de machten der duisternis oppermachtig leken, terwijl de verleidingen van de eindtijd de begeerten aanwakkerden, zochten ze telkens weer de reinigende kracht van het bloed van het Lam en de kracht om weerstand te bieden door de Heilige Geest. Het is de tijd waarin het beest regeert, dé antichrist, dé wetteloze, waar de kerk tot hoer geworden zal zijn. Alle eeuwen door is de hete adem van het beest, de geest der wetteloosheid, voelbaar geweest. Alle eeuwen door heeft ook de kerk de vorm van de schijnkerk aangenomen en is dronken geworden van het bloed der heiligen. Maar aan het einde zullen de dingen zich definitief toespitsen in de laatste grote geestelijke worsteling. Johannes zal er nog uitvoeriger over spreken in Openbaring 12-18.

In Openbaring 8-9 worden nog meer details onthuld. De zeven engelen maken zich klaar om op hun zeven bazuinen te gaan blazen. Ontzet zullen de aardbewoners gaan ervaren hoe onverbiddelijk en onweerstaanbaar de afbraak van het aardrijk doorgaat. De bulldozers in de hand van de Here der heerscharen effenen de grond voor een nieuwe wereld. De pijnlijke geboorteweeën gaan vooraf aan de geboorte van het beloofde koninkrijk van recht en gerechtigheid en vrede. Alle orde, alle structuur, alle schoonheid verdwijnt. Eerst zal de natuur worden aangetast, afzichtelijk gemaakt; dan bereiken de beproevingen de aardbewoners zelf. Waren de eerste plagen nog beproevingen waaruit de gemeente, Israël en andere groepen gelovigen gelouterd tevoorschijn kwamen, deze bazuingerichten komen over de ongelovige, Godvijandige rest, die zo typerend 'de aardbewoners' genoemd worden, tegenover de mensheid die geborgen is bij God en het Lam. Hoewel zelfs onder de bazuinen bekering niet uitgesloten mag worden geacht, komt het in de praktijk erop neer dat de mensen zich niet bekeren. De tijd der genade Gods en zijn wonderbaarlijke geduld lijken nu toch eindelijk voorbij.

Eerste bazuin

Als de eerste engel de bazuin blaast, komt er hagel en vuur vermengd met bloed op de aarde, en het derde deel van de aarde verbrandde en het derde deel van de bomen en al het groene gras. Natuurwetenschappers hebben de bazuingerichten wel vergeleken met de ontwikkeling van een wereldwijde kernoorlog, waarbij alle moderne wapensystemen successievelijk gebruikt gaan worden, waarbij de ene de volgende als het ware uitlokt. Een kettingreactie van geweld. Of dat zo zal zijn, of dat de rampen die beschreven worden een andere oorzaak zullen hebben – bijvoorbeeld doordat vanuit de ruimte een 'bombardement' van meteoren, kometen (vroeger wel 'staartsterren' genoemd, vanwege de samenstelling uit een kop en een staart die giftige gassen bevat) en/of asteroïden de aarde treft, is niet duidelijk. Misschien wel beide. De rampen zijn net zo echt als de plagen van Egypte waren. Telkens wordt gesproken over de vernietiging van een derde deel. Dat wil zeggen dat tweederde nog gespaard blijven. Is in de loop der geschiedenis een vierde deel van de mensen omgekomen door de vier apocalyptische ruiters onder de vier zegels in Openbaring 6, tegen het einde loopt de vernietiging sprongsgewijs op. De curve van de statistieken loopt steil omhoog. De 'intensivering' op alle gebieden van de 'tekenen der tijden' neemt snel toe. En dat steeds sneller naarmate de wederkomst van Christus dichterbij komt. De rampen hebben echter niet het laatste woord, maar zijn komst en het koninkrijk dat erop volgt!

Tweede bazuin

Als de tweede engel de bazuin blaast, dan wordt iets als een grote berg, brandend van vuur in de zee geworpen. Een derde van de zee wordt tot bloed, en een derde van de zeedieren komt om, en een derde van de zeeschepen vergaat. Aarde, bomen en gras. De zee, de zeedieren en de schepen. Door vuur verbrand of vergiftigd door 'bloed'. Om een grote actieradius te verkrijgen, worden nucleaire explosieven op een hoogte van plusminus vierhonderd meter tot ontploffing gebracht (A-bommen) of op vierduizend meter (H-bommen). Letterlijk wordt daarmee vuur in de vorm van licht-, röntgen- en gammastralen op de aarde geworpen. Deze onmiddellijke hittestraling, die gesteenten verdampt en organismen vergast, is de eerste uitwerking van de ontploffing. Daarna volgt de luchtdruk.

Meteen bij de ontploffing ontstaan in de gloedwolken de sterk radioactieve splijtingsproducten als gevolg van de kernsplitsing (radio-isotopen) of de samensmelting van kernen. Deze radioactieve neerslag werkt als gifstof vooral in op het bloed. Door het voedsel en door de slijmvliezen worden deze stoffen opgenomen in het bloed, waardoor ze vervolgens ook in de botten en de inwendige organen belanden. Afbraak van cellen, aantasting van het bloed en kankerwoekeringen zijn het gevolg. Deze stralingsproducten verspreiden zich door de atmosfeer over grote oppervlakten en worden door de neerslaande regen op de aarde gebracht en belanden in de eerste tien centimeter van het aardoppervlak. Daar worden ze door de planten opgenomen, vooral door gras, waarvan de wortels immers zo'n beetje tot op deze diepte zitten, en ook door bomen. De kernramp in de reactor van Tsjernobyl (en de ramp met de kernreactoren in Japan als gevolg van de aardbevingen) hadden tot gevolg dat spinazie en andere bladgroenten vergiftigd werden en dat gras (dat via de koeien tot melk wordt die door de mensen gedronken wordt) in deze gebieden zorgvuldig onderzocht moest worden, zodat de melk- en vleesproductie geen onaanvaardbare risico's met zich zouden meebrengen. Een klein 'ongeval' vergeleken met werkelijke atoomontploffingen! Wanneer een waterstofbom met een energie-inhoud van 10 tot de 16de calorieën een watermassa van 10 miljoen kubieke meter verdampt, dan verschijnt ze in of boven de zee als een vuurgloeiende halve bol, van gloeiende stoom omgeven, ('iets als een grote berg') met een hoogte van enkele kilometers. Vlooteenheden, of het nu koopvaardijschepen of marineschepen betreft, hebben geen schijn van kans. Ook niet door de vloedgolven die ontstaan, zodat ook verderweg gelegen schepen vergaan. Via het bloed belanden de gifstoffen in de zeedieren, zodat massasterfte onder de schepselen in de zee plaatsvindt.

Het is geen wonder dat tegen de verbreiding van deze wapens in Nederland, maar ook elders in de wereld, geweldige demonstraties gehouden werden en worden. En de moeizame onderhandelingen om dit soort wapens terug te dringen in oost en west, worden door velen met argusogen gevolgd. Want als deze wapens werkelijk gebruikt zouden gaan worden (een voorproefje met verschrikkelijke gevolgen vond plaats aan het einde van de Tweede Wereldoorlog toen enkele 'kleine' bommen boven Hiroshima en Nagasaki in Japan tot ontploffing werden gebracht), dan beseft iedereen dat het leven op onze planeet voor het grootste deel onmogelijk gaat worden. Zolang het hart van de mens boos is en boos blijft, moet het ergste gevreesd worden. Want wereldwijde bekering verwacht de Schrift niet. Wel wereldwijde verkondiging van het Evangelie van het Koninkrijk dat komt.

Derde bazuin

Als de derde engel de bazuin blaast, valt er een grote ster – genaamd Alsem – brandend als een fakkel uit de hemel en vergiftigt een derde van de waterbronnen. Wat als het bij deze rampen niet om kernwapens gaat, maar om de inslag van een komeet? En om de neerslag van de staart van de komeet? Bij de eerste plaag in Egypte wordt gezegd: en al het water van de Nijl werd in bloed veranderd ... en er was bloed in het gehele land van Egypte. Bevat de staart van de komeet chemicaliën, fijn stof van roestig pigment? Ontstond daardoor de bloedrode kleur? Veroorzaakte dat giftige, bloedkleurige pigment toen vissterfte, gevolgd door ontbinding en stank, zodat de rivier 'stonk'? Groeven daarom alle Egyptenaren in de omgeving van de Nijl naar water om te drinken, omdat het Nijlwater niet langer meer gedronken kon worden? Er zijn geleerden die bij de plagen van Egypte denken aan een botsing – of een bijna-botsing – met een komeet, met alle gevolgen vandien. Ontleent de 'Rode Zee' hieraan zijn naam in plaats van aan rode vogel- of rode koraalformaties, zoals weleens gesuggereerd is? In de oudheid, in Egypte, in Babylonië, bij de Tataren in het Altaïgebergte, in Griekenland en elders wordt gesproken over bloedregen die eenmaal viel. Meteorietenstof dat giftig van aard is? Wie zal het zeggen. Het zoeken naar natuurwetenschappelijke verklaringen voor wonderlijke dingen die gebeuren, hoeft niet altijd een teken van ongeloof te zijn. Zo zegt de Schrift zelf dat door het waaien van een sterke oostenwind, de gehele nacht door, de wateren van de zee wegvloeiden. Een wonder van de Here, veroorzaakt door de krachten van de natuur die Hij Zelf geschapen heeft en gebruiken kan op zijn tijd en zijn wijze ten gunste van zijn volk. Wonderen hoeven geen 'toverkunstjes' te zijn. En de grootheid van de Schepper wordt voor het geloof alleen maar groter wanneer je je realiseert dat Hij in staat is op het juiste moment het juiste te laten geschieden. Het wonder van de 'timing'!

Maar of deze natuurwetenschappelijke verklaringen de juiste zijn of niet, doet voor het geloof niet ter zake. Zoals het in de Schrift staat, is het gebeurd en zal het gebeuren. Wanneer de ster die brandend uit de hemel valt geen komeet of een ander hemellichaam is, maar te maken heeft met moderne oorlogvoering, valt te denken aan intercontinentale raketten die met een geweldige ontsnappingssnelheid eerst in een baan om de aarde gebracht worden om vervolgens door de wrijvingshitte van de dampkring als een brandende ster op aarde te vallen. De bedenkers van deze wapens moeten ervoor zorgen dat – terwijl de omhulling van de raket brandend vergaat – het eigenlijke kernwapen door de wrijvingshitte onaangetast blijft om vervolgens op een of enkele kilometers boven het aardoppervlak tot ontbranding te komen. Het hoeft geen kernkop te zijn waarmee de raket geladen wordt. Het kunnen ook nucleaire gifbommen zijn die bepaalde geïsoleerde radio-isotopen uitstrooien, zelfs zonder explosieve kracht. Of neutronenbommen. De ster is Alsem, in het Grieks 'Absinthos'. Het drinken van absint heeft een verlammende werking. Het kan het zenuwstelsel aantasten en verlammingen veroorzaken die zelfs erfelijke beschadigingen teweegbrengen. '... Daarom, zo zegt de Here der heerscharen, de God van Israël: Zie, Ik spijzig hen met alsem' (Jer. 9:15). Wat als het water, het drinkwater, de bronnen van het water, de rivieren en de beken worden aangetast en dus ook het grondwater 'bitter' wordt? Gelukkig maar een derde deel, want zonder goed water kan niemand.

Vierde bazuin

Als de vierde engel de bazuin blaast, worden een derde van zon, maan en sterren getroffen, zodat het derde deel daarvan verduisterd wordt en de dag voor een derde deel (van de aarde?) geen licht had en de nacht desgelijks. Wanneer nucleaire bommen boven het aardoppervlak tot ontploffing worden gebracht, worden geweldige hoeveelheden steenmassa's in de atmosfeer geworpen. De energie van iedere A-bom in de kiloton-klasse kan ongeveer duizend ton gesteente verpulveren. Iedere H-bom uit de megaton-klasse miljoenen tonnen gesteente. Door de kracht van de explosie wordt het tot stof verpulverde gesteente de lucht in geslingerd, tot vele kilometers hoogte, tot in de stratosfeer, waar het zich over diverse continenten verspreidt. Een eenvoudige vulkaanuitbarsting als die van de Krakatau in de Soendastraat bij Indonesië in 1883 heeft jarenlang gezorgd voor eigenaardige verkleuringen en omsluiering van de zon tot in Europa toe. Kinderspel vergeleken met wat deze atoombommen tot in de atmosfeer kunnen teweegbrengen. Een teruggang van de lichtsterkte van dertig procent op grote afstand van de ontploffing is zeker niet uitgesloten, terwijl praktisch gehele duisternis in de onmiddellijke omgeving plaatsvindt.

De dag des Heren. Als Joël daarover spreekt, zegt hij: '... want de dag des HEREN komt. Want hij is nabij! Een dag van duisternis en van donkerheid, een dag van wolken en van dikke duisternis' (Joël 2:1-2). Een dag van duisternis en donkerheid. De mensen zullen bezwijmen van angst, van radeloze angst, voor de dingen die over de wereld komen, zegt de Here Jezus, door de tekenen aan zon, maan en sterren, en het bulderen van zee en branding. Immense vloedgolven vanwege zeebevingen door al dan niet natuurlijke oorzaken. En een volkerenzee die zich op een geweldige wijze roert en in beweging is. '... En er zullen tekenen zijn aan zon en maan en sterren, en op de aarde radeloze angst onder de volken vanwege het bulderen van zee en branding, terwijl de mensen bezwijmen van vrees en angst voor de dingen, die over de wereld komen. Want

de machten der hemelen zullen wankelen. En dan zullen zij de Zoon des mensen zien komen op een wolk, met grote macht en heerlijkheid. Wanneer deze dingen beginnen te geschieden, richt u op en heft uw hoofden omhoog, want uw verlossing genaakt' (Luc. 21:25-28).
Zon, maan en sterren getuigen van Gods majesteit en zijn goedheid. Het grote verlossingsplan van mens en wereld stond eenmaal zelfs aan de hemel beschreven, in een hemels prentenboek. Daarover meer in hoofdstuk 4. Maar de Almachtige keert de geschiedenis om en doet de schepping terugkeren naar de chaos. De aarde wordt meer en meer onleefbaar. Zelfs de hemel is voor een deel uitgeblust boven de verschroeide aarde, de geblakerde bomen, het vergiftigde gras, de vergiftigde wateren.

Later spreekt Johannes nog over de demonie die over de aarde en de mensheid komt. Over verschrikkelijke oorlogen, met legers van miljoenen soldaten die optrekken naar het Midden-Oosten. Over kankers en andere gezwellen zodat de mensen kauwen op hun tong van pijn en de dood zoeken maar die niet kunnen vinden. (Zie daarover verder mijn boek: *Zie, Hij komt, Het boek Openbaring van dag tot dag.*) En het tragische bij dat alles: de mensen bekeerden zich niet. Als je niet zou weten dat je veilig geborgen bent in Christus, dat Hij die wolken, lucht en winden wijst spoor en loop en baan, ook wel wegen zal vinden waarlangs jouw voet kan gaan, dan zou de schrik en de wanhoop je om het hart slaan. Maar voor zijn kinderen zal er uitredding zijn. Zoals in de dagen van Noach een verdorven mensheid omkwam, zo waren Noach en de zijnen veilig in de ark. Toen de plagen Egypte troffen, was het volk Israël veilig in het land Goosen. Zo mogen wij weten veilig te zijn in het volbrachte werk van Christus, voorgesteld in de doop, waarin we in het water ondergingen als in de dood, maar waaruit we opstonden in nieuwheid des levens, ingesloten in zijn opstanding. Paulus schrijft ons dat ons leven nu reeds is geborgen in Christus in God. Jezus zegt ons niet hen te vrezen die slechts het lichaam kunnen doden, maar Hem te vrezen die nadat Hij gedood heeft bij machte is in de hel te werpen. Gods kinderen zijn dwars door alles heen op weg naar een eeuwige en heerlijke toekomst. Ja, zelfs de schepping zelf zal eenmaal tot volledige vernieuwing gebracht worden. De machten der duisternis zullen eenmaal verdwenen en vernietigd zijn. En in de opstanding zullen de lichamen van Gods kinderen doorgloeid zijn van eeuwigheidgehalte. Voor eeuwig.

Escalatie van geweld

Johannes ziet in het boek Openbaring brandende sterren uit de hemel vallen. Hij spreekt in Openbaring 8 en 9 over de vernietiging van een kwart en een derde der mensheid, en de vergiftiging van het leven in zee. We hebben het er uitvoerig over gehad. Zijn het ABC-wapens? Als je leest hoe de Here strijdt in Ezechiël 38 en 39, en in Zacharia 14, dan huiver je. De Duitse Rooms-katholieke atoomgeleerde Bernhard Philberth schreef eens een boek: *Christliche Prophetie und Nuklearenergie*. Daarin vergelijkt hij de gebeurtenissen in het boek Openbaring en in gedeelten als Zacharia 14:12 en 15 met de gevolgen van het wapentuig waarover de moderne mens de beschikking heeft. Hij ziet Johannes als een 'eerste-eeuwer' die moet omschrijven met woorden en beelden uit zijn dagen datgene wat door de moderne ABC-wapens en intercontinentale raketten in de twintigste en eenentwintigste eeuw tot stand gebracht kan worden. Hoe dat ook zij, wat mogen we dankbaar zijn dat de Bijbel (onvervulde) profetieën bevat.

Want daarmee wordt duidelijk dat de dingen niet buiten Hem omgaan. Dat er inderdaad Een is die de geschiedenis vast in zijn handen houdt. En de geschiedenis van mens en wereld dwars door de oordelen en plagen heen leidt naar het door Hem gestelde doel, en dat is de komst van zijn Koninkrijk. Het 'zware weer' van de eindtijd en de plagen waarmee deze aarde geslagen worden als een ultieme poging van God om de volkeren van deze wereld tot bekering te brengen, is geen sinecure. Toch is er hoop voor gelovigen! Noach en zijn familie waren veilig en geborgen in de ark, toen de oordelen Gods over de aarde gingen, zeiden we reeds. De apostel

Petrus schrijft dat ook wij zo veilig en geborgen kunnen zijn in Hem, als straks opnieuw de goddelijke plagen over de aarde zullen gaan. Hij zegt dat de Here '... de wereld van de voortijd niet gespaard heeft, maar Noach, de prediker der gerechtigheid, met zeven anderen bewaard heeft, toen Hij de Zondvloed over de wereld der goddelozen bracht; en de steden Sodom en Gomorra tot as verbrand, tot omkering gedoemd en ten voorbeeld gesteld heeft voor hen, die goddeloos zouden leven, maar de rechtvaardige Lot, die zwaar te lijden had onder de losbandige wandel dier zedelozen, heeft behouden – want deze rechtvaardige heeft, onder hen wonende, dag aan dag zijn rechtvaardige ziel gekweld door het zien en horen van hun tegen alle wet ingaande werken – dan weet de Here de godvruchtigen uit de verzoeking te verlossen en de onrechtvaardigen te bewaren om hen op de dag des oordeels te straffen' (2 Petr. 2:5-9).

Israël is teken van hoop

Hij zal niet laten varen wat zijn hand begon. Hij zal trouw zijn aan zijn verbonden die Hij met Israël gesloten heeft. Hij zal alles wat Hij Israël beloofd heeft ook aan Israël vervullen. Zoals Hij ook alles wat Hij aan zijn kerk, zijn gemeente, ook aan zijn gemeente vervullen zal. Daarom weten we dat we nog niet staan voor het 'einde van de wereld', voor de vernietiging van alles. Er zijn immers nog zo veel onvervulde beloften voor Israël! Ja, eenmaal zullen alle volkeren de Here dienen (zie als voorproefje Jesaja 19:23-25!) en zij zullen opgaan naar Jeruzalem om daar het Loofhuttenfeest te vieren, zegt Zacharia 14:16. Dan zal vanuit Jeruzalem de vrede de ganse aarde bedekken. Ja, Hij zal ten slotte alle dingen nieuw maken! Een nieuwe hemel en een nieuwe aarde waarop gerechtigheid woont. De schepping zelf zal verlost worden. Ja, eenmaal zal elke knie zich buigen, en zal elke tong belijden dat Jezus Christus is Here, tot eer van God de Vader, zegt Paulus. Gods kinderen gaan een onvoorstelbaar heerlijke toekomst tegemoet. Ook al zullen de geboorteweeën van het nieuwe koninkrijk heel pijnlijk zijn.

Laten we onze ogen wagenwijd openhouden, en ons niet door onze eigen schema's laten verblinden. Het kan dan zomaar gebeuren dat er zich dingen voor je ogen afspelen waar de Bijbel over spreekt. Maar omdat dat op dit moment nog niet in jouw schema past, zie je het niet, omdat je denkt: O, maar dat kan het nog niet zijn, want eerst moet nog dit of dat gebeuren, en dit bijbelgedeelte is dus nu nog niet aan de orde, dat komt pas later! Zo kunnen we door eigen vooringenomenheid 'de boot missen' in profetisch opzicht!

3

Vele antichristen

Soms denk ik weleens in een sombere bui: wat is het zwijgen van de kerk toch oorverdovend!
We leven in profetische tijden. We zien bijbelse profetieën voor onze ogen in vervulling gaan. We zien de terugkeer van het Joodse volk naar het Beloofde Land Israël al meer dan 100 jaar met eigen ogen gebeuren. We zien de wereldeenheid in opmars. We zien in het post-christelijk tijdperk, dat zich doorzet in Europa, een nieuw Europa in de maak als een nieuwe onderneming in naam van de mens, onderdeel van een nieuwe wereld die door de nieuwe media steeds meer een 'global village' geworden is. We zien het mensentype van 'de mens der wetteloosheid' in opmars, en het wachten is nog slechts op de grote wereldleider die als dé mens der wetteloosheid de nieuwe tijd definitief gestalte kan geven.

Een wereld-vrederijk in naam van de mens, met een multi-religieuze eenheid-in-verscheidenheid der godsdiensten. De Bijbel spreekt daar zeer somber over. Israël wordt aan alle kanten bedreigd en steeds meer in de steek gelaten. De islam rukt op. Europa laat haar geestelijk vacuüm vullen met allerlei oude en nieuwe goden. En het christendom zwijgt, of neemt het voortouw in het nieuwe denken over God, mens en wereld ... en over Israël. In plaats van ons land en volk profetisch te waarschuwen; in plaats van met kracht het Evangelie te verkondigen van redding en behoud door het geloof in Jezus Christus voordat het oordeel komt; in plaats van te spreken: zo zegt de Here in zijn Woord, de Bijbel – een oorverdovend zwijgen van de kerk en eindeloze discussies over van alles en nog wat. We zitten op een glijbaan naar Babylon. We worden als kikkers in een emmer langzaam maar zeker levend gekookt, en we hebben het veelal niet eens in de gaten omdat het zo geleidelijk gaat. En we doen dus ook geen poging om te ontsnappen. Vele antichristen zijn in de loop van de geschiedenis al wegbereider geweest voor dé antichrist die eenmaal komen zal. Het valt te vrezen dat als hij verschijnt een afvallig christendom hem enthousiast zal verwelkomen. Net als bij Hitler, toen kerk en christendom in Duitsland ook niet of nauwelijks weerstand boden.

'... Kinderen, het is de laatste ure; en gelijk gij gehoord hebt, dat er een [dé] antichrist komt, zijn er nu ook vele antichristen opgestaan, en daaraan onderkennen wij, dat het de laatste ure is' (1 Joh. 2:18). Dat schrijft de apostel Johannes ons al bijna 2000 jaar geleden. Hij zegt: jullie weten dat er ooit eenmaal een antichrist zal zijn – of liever gezegd 'dé' antichrist, zoals diverse Griekse NT-handschriften het in de grondtekst hebben staan. En hij vervolgt met te zeggen dat er ook in zijn dagen al vele antichristen zijn. Als kenmerk voor een antichrist – en voor dé antichrist – noemt hij: '... Dit is de antichrist, die de Vader en de Zoon loochent' (1 Joh. 2:22). En in 1 Johannes 4:2-3 zegt hij dat de geest van de antichrist is dat hij niet belijdt dat Jezus de Zoon van God is, het eeuwige Godswoord, de eeuwige Thora, die geopenbaard werd in het vlees. Deze mensen hebben dus daarmee de Boze tot 'vader'. Zo zegt Johannes bijvoorbeeld over Kaïn: '... Kaïn: hij was uit de boze en vermoordde zijn broeder. En waarom vermoordde hij hem? Omdat zijn werken boos waren en die van zijn broeder rechtvaardig' (1 Joh. 3:12). Al vroeg in de Bijbel zelf treffen we 'typen' aan van dé antichrist, 'antichristen' in de dop. We willen een aantal van deze personen nu de revue laten passeren en stilstaan bij een aantal geestelijke kenmerken die zich bij hen manifesteren. Karakteristieken en typen van antichrist(en) die in de Bijbel te vinden zijn.

Kaïn

Johannes noemt hem allereerst. Kaïn was dus 'uit de Boze' zegt hij in 1 Johannes 3:12. Kaïn was uit de boze, zoals de Here Jezus zegt tegen sommige omstanders: '... Gij hebt de duivel tot vader en wilt de begeerten van uw vader doen. Die was een mensenmoorder van den beginne en staat niet in de waarheid, want er is in hem geen waarheid. Wanneer hij de leugen spreekt, spreekt hij naar zijn aard, want hij is een leugenaar en de vader der leugen' (Joh. 8:44).
In Genesis 4 zien we deze antigoddelijke instelling van Kaïn zich ontwikkelen.

- Kaïn had een schijn van godsvrucht. Maar zijn hart was er kennelijk verre van, want toen de Here zijn offergave weigerde, ontstak hij in wilde woede: '... maar op Kaïn en zijn offer sloeg Hij geen acht. Toen werd Kaïn zeer toornig en zijn gelaat betrok' (Gen. 4:5). En Kaïn koelde zijn woede vervolgens op zijn broer Abel door hem dood te slaan. Zelfs een liefdevolle vermaning van de Here had op hem geen effect. Integendeel. '... En de HERE zeide tot Kaïn: Waarom zijt gij toornig en waarom is uw gelaat betrokken? Moogt gij het niet opheffen, indien gij goed handelt? Doch indien gij niet goed handelt, ligt de zonde als een belager aan de deur, wiens begeerte naar u uitgaat, doch over wie gij moet heersen. Maar Kaïn zeide tot zijn broeder Abel: (Laten wij het veld ingaan). Toen zij nu in het veld waren, stond Kaïn tegen zijn broeder Abel op en doodde hem' (Gen. 4:6-8). 'Heersen' is het sleutelwoord in het leven van Kaïn. Macht en manipulatie. Het eigen 'ik' op de troon. In plaats van dat Kaïn ging heersen over de zondige neiging van zijn eigen hart, ging hij heersen over zijn broer, met gruwelijke consequenties: de eerste moord op aarde. In plaats van 'beheersen' werd het 'overheersen'. Heersen over de medemens met als uiterste consequentie onderdrukking en bloedvergieten. Nooit naar jezelf kijken. Altijd de schuld bij een ander zoeken. Nietsontziend jezelf doorzetten. Als het moet: over lijken gaan, of dat nu voortkomt uit reactie op persoonlijke minderwaardigheidsgevoelens of door pure demonische haat. Zoals van Judas gezegd wordt nadat de Here Jezus hem nog een laatste kans gegeven had: '... Op dat moment nam de duivel bezit van Judas' (Joh. 13:27, NBV).

- Kaïn werd een leugenaar. Na de moord ontkent hij gewoon tegenover de Allerhoogste dat hij iets weet over de verblijfplaats van Abel: '... Toen zeide de HERE tot Kaïn: Waar is uw broeder Abel? En hij zeide: Ik weet het niet; ben ik mijns broeders hoeder?' (Gen. 4:9) Geen zorg voor de naaste, maar hem gebruiken in je eigen plannen en machtsdrang. Glashard ontkennen. Liegen dat het gedrukt staat. Alle middelen zijn geoorloofd. Het doel heiligt de middelen. Liegen en bedriegen behoren ook daartoe. En ook moord en doodslag. Geen God en geen gebod. Ni Dieu, ni maître, geen God en geen meester. Het principe van de Franse Revolutie, van alle revolutie. De mens doet wat goed is in zijn eigen ogen. Alles wat zijn machtsontplooiing dient, is goed. Het recht van de sterkste.
- Hoewel menselijke afrekening en gerechtigheid vaak uitblijft – Kaïn denkt dat niemand zijn schandelijke daad gezien heeft, en dat hij straffeloos vrijuit kan gaan – God heeft het gezien en Hij zal het oordeel vellen. Onmiddellijk of bij de eindafrekening aan het einde der dagen. De Here roept hem wél ter verantwoording, net als Adam en Eva in Genesis 3:9-13. '... En Hij zeide: Wat hebt gij gedaan? Hoor, het bloed van uw broeder roept tot Mij van de aardbodem. En nu, vervloekt zijt gij, ver van de bodem, die zijn mond heeft opengesperd om het bloed van uw broeder van uw hand te ontvangen' (Gen. 4:10-11). De eindafrekening over de daden van antichristen en dé antichrist zal ten slotte toch onafwendbaar komen.
- Berouw komt na de zonde, maar vaak te laat. '... Toen zeide Kaïn tot de HERE: Mijn misdaad is te groot om de straf te dragen' (Gen. 4:13). Hoewel er bij Kaïn toch eigenlijk geen sprake is van echt berouw. Hij heeft gegokt en mis gegokt. En hij vreest de gevolgen. Maar vergeving vragen? Dat niet. Hij vreest alleen maar voor zijn eigen hachje. Vervloekt is hij – dat beseft hij wel – en nu is hij vol innerlijke angst voor God en mensen. '... Zie, Gij verdrijft mij heden uit het land en ik zal voor uw aangezicht

verborgen zijn, een zwerver en een vluchteling op de aarde; ieder, die mij aantreft, zal mij doden' (Gen. 4:14). Jesaja zegt: '... De goddelozen, zegt de HERE, hebben geen vrede' (Jes. 48:22).

- In het nageslacht van Kaïn zet zich de trend door. De weg die hij is ingeslagen, wordt door zijn zoon en zijn kleinzonen en achterkleinkinderen gevolgd naar steeds grotere hoogten in het kwaad. '... Toen ging Kaïn weg van het aangezicht des HEREN, en ging wonen in het land Nod, ten oosten van Eden. En Kaïn had gemeenschap met zijn vrouw en zij werd zwanger en baarde Henoch; daarna werd hij de stichter van een stad en hij noemde deze stad naar zijn zoon Henoch' (Gen. 4:16-17).
- Kaïn wordt de eerste stedenbouwer op aarde en noemt die stad naar zijn zoon Henoch. De stad van de mens. De stadscultuur ontstaat in het nageslacht van Kaïn, niet in het nageslacht van het Godvrezend geslacht dat voortkomt uit de lijn van Set die na de dood van Abel geboren mag worden (Gen. 4:25). De stad, als broedplaats van misdaad en goddeloosheid, als triomfantelijke samenballing van alles wat de natuurlijke mens zonder God vermag, en geïnspireerd door zijn eigen zelfgemaakte (af)goden: Babylon in de dop.

Lamech

'... En aan Henoch werd Irad geboren en Irad verwekte Mechujaël, en Mechujaël verwekte Metusaël, en Metusaël verwekte Lamech. En Lamech nam zich twee vrouwen; de ene heette Ada, en de andere Silla. En Ada baarde Jabal; hij is de vader geworden van hen, die in tenten en bij de kudde wonen. En de naam van zijn broeder was Jubal; hij is de vader geworden van allen, die citer en fluit bespelen. En Silla baarde eveneens, namelijk Tubal-Kaïn, (de vader van) de smeden, allen, die koper en ijzer bewerken' (Gen. 4:18-22). Het zevende geslacht na Kaïn is dat van Lamech, die zich twee vrouwen neemt. Ook hij is een type van een antichrist. Lamech betekent: machtig. Opnieuw menselijke macht, overheersing, onderdrukking. Veelwijverij zet in, seksuele ongebondenheid, dus wetteloosheid. Gods normen worden losgelaten. Uit die twee vrouwen Ada en Silla worden geboren de zonen Jabal, Jubal en Tubal-Kaïn. De menselijke cultuur zonder God en gebod zet zich door. Landbouw, veeteelt en natuurbeheersing, die ten slotte zal leiden tot natuuronderwerping, die uitmondt in plundering van de schepping. Kunst, muziek en cultuur, die ten slotte zal leiden tot ontaarde kunst. Kunst als uiting van de opstand tegen de Allerhoogste, soms demonisch geïnspireerd. Wetenschap en techniek. Smelten van ijzererts en kopererts, en tin, waardoor werktuigen van ijzer en brons, en ten slotte techniek, machines en ook wapens die uiteindelijk zullen uitmonden in massavernietigingswapens. Geen recht en gerechtigheid, maar ongebreidelde persoonlijke wraak, bloedwraak. En Lamech was er trots op, vol hoogmoed en overmoed. Een man van geweld en bloedvergieten. Lamech was net als Kaïn een moordenaar. '... En Lamech zeide tot zijn vrouwen: Ada en Silla, hoort naar mijn stem; vrouwen van Lamech, neigt uw oor tot mijn rede. Ik sloeg een man dood om mijn wonde, een knaap om mijn striem; want Kaïn wordt zevenvoudig gewroken, maar Lamech zevenenzeventig maal!' (Gen. 4:23-24)

Set

Maar naast het ontaarde geslacht van Kaïn – de geslachtslijn van het goddeloze mensengeslacht van voor de Zondvloed (Gen. 4) – en de antichristen die uit hem voortkomen, is er ook de lijn van het Godvrezend geslacht van Set. '... En Adam had weer gemeenschap met zijn vrouw [Eva] en zij baarde een zoon en gaf hem de naam Set, want (zeide zij) God heeft mij een andere zoon gegeven in plaats van Abel; hem immers heeft Kaïn gedood. En ook aan Set werd een zoon geboren, en hij noemde hem Enos. Toen begon men de naam des HEREN aan te roepen' (Gen. 4:25-26).

De ene lijn – die van Kaïns geslacht – eindigt ten slotte in de vernietiging in het oordeel van de Zondvloed. De andere lijn – die van het geslacht van Abel/Set – eindigt ten slotte in Noach en de zijnen die in de ark gered worden uit het oordeel Gods. Die geslachtslijn van het godvrezende mensengeslacht vanaf Adam is te lezen in Genesis 5. Van Adam via Set, Enos, Kenan, Mahalalel, Jered, Henoch – die wandelde met God – naar Metuselach, Lamech (een andere dan de bovengenoemde!) en ten slotte Noach met drie zonen: Sem, Cham en Jafet.

Na de Zondvloed ontwikkelt de mensheid zich opnieuw. Maar het hart van de mens blijft ongebroken. En dus beginnen dezelfde verschijnselen van macht en geweld al spoedig opnieuw de kop op te steken. Genesis 10 en 11 verhalen ervan. Al spoedig steekt in deze nieuwe mensheid een man met kop en schouders boven de rest uit: Nimrod. Hij is de stichter en bouwer van Babel en de bekende toren van Babel. Maar voordat we hem nader beschouwen eerst nog enkele andere typen van 'antichristen'.

Kedorlaomer

We treffen hem aan in Genesis 14. Opnieuw een voorafschaduwing, een type, van wat er ten slotte onder dé antichrist in de laatste ure van de laatste dagen op aarde zal gaan plaatsvinden. '... Het gebeurde nu in de dagen van Amrafel, de koning van Sinear, Arjok, de koning van Ellasar, Kedorlaomer, de koning van Elam, en Tidal, de koning der volken, dat dezen oorlog voerden tegen Bera, de koning van Sodom, Birsa, de koning van Gomorra, Sinab, de koning van Adma, Semeber, de koning van Seboïm, en de koning van Bela, dat is Soar. Deze allen kwamen in bondgenootschap naar het dal Siddim, dat is de Zoutzee. Twaalf jaar hadden zij Kedorlaomer gediend en in het dertiende jaar waren zij in opstand gekomen; en in het veertiende jaar kwam Kedorlaomer met de koningen die bij hem waren, en zij sloegen de Refaïeten te Asterot-Karnaïm, de Zuzieten te Ham, de Emieten te Sawe-Kirjataïm en de Chorieten op hun gebergte Seïr tot El-Paran, dat aan de rand der woestijn ligt. Daarna keerden zij terug en kwamen te En-Mispat, dat is Kades, en sloegen het gehele gebied van de Amalekieten, en ook de Amorieten, die te Chaseson-Tamar woonden. Toen rukten de koning van

Sodom, de koning van Gomorra, de koning van Adma, de koning van Seboïm en de koning van Bela, dat is Soar, uit en zij stelden zich tegen hen in slagorde in het dal Siddim, tegen Kedorlaomer, de koning van Elam, Tidal, de koning der volken, Amrafel, de koning van Sinear, en Arjok, de koning van Ellasar, vier koningen tegen vijf. Het dal Siddim nu was vol asfaltputten. Toen de koning van Sodom en die van Gomorra vluchtten, vielen zij daarin, en de overgeblevenen vluchtten naar het gebergte. En zij namen al de have van Sodom en Gomorra en al hun voedsel en trokken af. Ook namen zij Lot mede, de zoon van Abrams broeder, en zijn have, en trokken af – hij nu woonde te Sodom' (Gen. 14:1-12).

- Het bijbelgedeelte begint met: het gebeurde/was in de dagen van /ten tijde van, een uitdrukking die zesmaal in het Hebreeuws voorkomt – zie ook Ruth 1:1; Jesaja 7:1; Jeremia 1:3; Esther 1:1 en 2 Samuël 21:1 – en dan volgt er óf een grote ramp óf een grote zegen, zegt *The Companion Bible* van E.W. Bullinger. En zo vertoont de eerste helft van hoofdstuk 14 de trekken van een fase van Grote Verdrukking voor Abraham/Israël, en de tweede helft een voorproefje van een tijd van grote vrede en gerechtigheid.
- Vervolgens is het tijdstip van het verschijnen van Kedorlaomer van belang. Hij treedt op vlak voordat in Genesis 14:18-20 Melchisedek verschijnt, de priester-koning van Salem (Jeruzalem) die Abraham zegent, zoals Jezus Messias die ooit in zijn rijk Israël zegenen zal, en door Israël de wereld en haar volkeren zegenen zal.
- Verder is de naam van deze man Kedorlaomer van belang. Gesenius – in zijn *Hebräisches und Aramäisches Handwörtebuch über das Alte Testament* en in zijn *Lexicon* – geeft als betekenis van de naam Kedorlaomer: Kudur-Lagamar, naam van een koning van Elam afgeleid van een werkwoord dat 'schieten' of 'vallen' of 'neerdalen op' betekent (van een ster of een havik, of een aanvallend leger) en dus overdrachtelijk: donker, somber zijn, troebel, verward en vandaar afgeleid 'die tumult zoekt, oorlog najaagt'. Ook zegt Gesenius: 'en als het afgeleid moet worden van het Phoenicisch-Semietisch, dan betekent die naam zoveel als "een handvol schoven, een bundel pijlen", maar waarschijnlijk

moet de naam afgeleid worden uit het oude Perzisch.' En dat zou heel goed kunnen, want 'Elam', waar Kedorlaomer koning van was, is een oude naam voor 'Perzië' – het tegenwoordige Iran. Maar Gesenius zegt ook: Elam = Babylon! Ene kolonel Rawlinson zocht naar de naam op oude Assyrische kleitabletten, en vond hem daar – met als officiële titel: Verwoester/Vernietiger/Leegplunderaar van het Westen! Zo'n naam klinkt als het type van een man die zal waden door een rivier van bloed op weg naar zijn felbegeerde positie als overste over de ganse aarde!

- In Openbaring 13 rijst een beest op uit de volkerenzee dat geleid wordt door het beest, dé antichrist. '... En het beest, dat ik zag, was een luipaard gelijk, en zijn poten als van een beer en zijn muil als de muil van een leeuw. En de draak gaf hem zijn kracht en zijn troon en grote macht' (Openb. 13:2). Luipaard, beer en leeuw en een vreselijk, schrikwekkend en geweldig sterk dier, wijzen op de visioenen van Daniël, die de vier grote rijken Babylonië, Meden/ Perzen, het Griekse Rijk en ten slotte het Romeinse Rijk aldus beschrijft, in Daniël 7. Het lijkt erop dat Kedorlaomer het bewind voert over diezelfde vier gebieden/rijken! '... Het gebeurde nu in de dagen van Amrafel, de koning van *Sinear*, Arjok, de koning van *Ellasar*, Kedorlaomer, de koning van *Elam*, en Tidal, de *koning der volken*' (Gen. 14:1). Sinear is een benaming voor Babylon. In Daniël lezen we: '... In het derde jaar der regering van Jojakim, de koning van Juda, kwam Nebukadnessar, de koning van Babel, naar Jeruzalem en belegerde het; en de Here gaf Jojakim, de koning van Juda, in zijn macht, benevens een deel van het gerei van het huis Gods, en hij bracht ze naar het land Sinear, in de tempel van zijn god; het gerei bracht hij in de schatkamer van zijn god' (Dan. 1:1-2).

a Sinear is Babylon. In de vlakte van Sinear wordt in Genesis 11 de toren van Babel gebouwd.

b Elam is Perzië/Iran. Elam betekent Oostland of Hoogland en de Elamieten zijn de bewoners van het hoogland ten oosten en noordoosten van Babylonië. Het was een krijgshaftig volk, dat vooral goede boogschutters bezat, zo lezen we in Jesaja 22:6 en Jeremia 49:35. Telkens weer maakten zij het de Babyloniërs en de

Assyriërs lastig, totdat hun macht ten slotte door de Assyrische koning Assurbanipal werd vernietigd. Hun beschaving schijnt ouder te zijn dan die van de Babyloniërs. Zelfs in hun oudste periode stonden ze zelfstandig tegenover de Sumeriërs. De Elamietische god Lakamar heet in het Hebreeuws Laomer. Elam wordt genoemd als eerste zoon van Sem (Gen. 10:22 en 1 Kron. 1:17) wiens nakomelingen wegtrokken naar het hoogland in het noordoosten van Babylonië. (Zie *Bijbelse Encyclopedie*, J. H. Kok)

c Ellasar = Hellas = Griekenland. Ellasar wordt in de Septuagintvertaling – de door Joodse geleerden Griekse vertaling van het Oude Testament uit rond 250 v.Chr. – vertaald/verklaard met (H)ellas(ar), de oude naam voor Griekenland (zegt Arthur Pink).

d Koning der volken = Rome. Tidal is koning der volken, zonder nadere gebiedsaanduiding. Zoals het vierde dier in Daniël 7 ook geen nadere vergelijking krijgt. Alleen wordt ervan gezegd – net als van het beest in Openbaring 13 – dat het alles opvrat en vermaalde en vertrad met zijn poten: hem werd gegeven macht over elke stam en natie en taal. Die vele volken doen dan denken aan alle volken die door Rome onder de voet gelopen werden. Zo lijkt Tidal dan een type te zijn van het Romeinse Rijk dat over vele volken het bewind voerde.

- Kedorlaomer staat aan het hoofd van deze koningen. '... en in het veertiende jaar kwam Kedorlaomer met de koningen die bij hem waren' (Gen. 14:5). De andere vorsten zijn niet meer dan zijn vazallen en buigen voor zijn gezag. Hij was de Attila of de Napoleon of de goddelijke Romeinse keizer van zijn dagen. Hij versloeg de vorsten van Sodom en Gomorra en onderwierp ze. '... dat dezen oorlog voerden tegen Bera, de koning van Sodom, Birsa, de koning van Gomorra, Sinab, de koning van Adma, Semeber, de koning van Seboïm, en de koning van Bela, dat is Soar. Deze allen kwamen in bondgenootschap naar het dal Siddim, dat is de Zoutzee. Twaalf jaar hadden zij Kedorlaomer gediend en in het dertiende jaar waren zij in opstand gekomen' (Gen. 14:2-4). Maar de opstand houdt geen stand. Tegen Kedorlaomer hebben ze geen schijn van kans. '... Toen rukten de koning van Sodom, de koning van Gomorra, de koning van Adma, de koning van Seboïm en de koning van Bela, dat is Soar, uit en zij stelden zich tegen hen in slagorde in het dal Siddim, tegen Kedorlaomer, de koning van Elam, Tidal, de koning der volken, Amrafel, de koning van Sinear, en Arjok, de koning van Ellasar, vier koningen tegen vijf. Het dal Siddim nu was vol asfaltputten. Toen de koning van Sodom en die van Gomorra vluchtten, vielen zij daarin, en de overgeblevenen vluchtten naar het gebergte. En zij namen al de have van Sodom en Gomorra en al hun voedsel en trokken af' (Gen. 14:8-11).

- Maar niet alleen Sodom en Gomorra worden buitgemaakt. '... Ook namen zij Lot mede, de zoon van Abrams broeder, en zijn have, en trokken af – hij nu woonde te Sodom' (Gen. 14:12). Zou dit een type kunnen zijn van dé antichrist in die zin dat hij een deel van Israël belagen en overwinnen zal? Deze onoverwinnelijke strijd door deze grootvorst Kedorlaomer met zijn bondgenoten doet denken aan een voorloper van het optreden van dé antichrist, het beest uit Openbaring 13 die volgens vers 7 tegen de heiligen oorlog voert en hen overwint.
- En het volk der heiligen is Israël. In Daniël staat: '... Terwijl ik op die horens lette, zie, daartussen verhief zich een andere kleine horen [antichrist], en drie van de vorige horens werden daarvoor uitgerukt; en zie, in die horen waren ogen als mensenogen en een mond vol grootspraak. ... Ik zag, dat die horen [antichrist] strijd voerde tegen de heiligen en hen overmocht, totdat de Oude van dagen kwam en recht verschaft werd aan de heiligen des Allerhoogsten en de tijd naderde, dat de heiligen het koningschap in bezit kregen' (Dan. 7:8,21-22).
- Maar niet alleen Israël wordt door het beest overwonnen. '... En hem werd gegeven om tegen de heiligen oorlog te voeren en hen te overwinnen; en hem werd macht gegeven over elke stam en natie en taal en volk. En allen, die op de aarde wonen, zullen het (beest) aanbidden, ieder, wiens naam niet geschreven is in het boek des levens van het Lam' (Openb. 13:7-8). Kedorlaomer is echt een 'verderver der volken' (Jer. 4:7)!

- Ten slotte lezen we dat Abraham en zijn dienstknechten Lot en de zijnen en het zijne bevrijden. '... Toen Abram hoorde, dat zijn broeder als gevangene was weggevoerd, bracht hij zijn geoefenden, degenen die in zijn huis geboren waren, in de strijd, driehonderd achttien man, en achtervolgde hen tot Dan toe. En zij verdeelden zich des nachts tegen hen in troepen, hij en zijn slaven, en versloegen hen en achtervolgden hen tot Choba toe, dat ten noorden van Damascus ligt. En hij bracht al de have terug, en ook zijn broeder Lot en diens have bracht hij terug, evenals de vrouwen en het volk' (Gen. 14:14-16). Maar ook achtervolgt Abraham Kedorlaomer en de koningen die met hem waren, en brengt ze een verpletterende nederlaag toe. '... Toen ging de koning van Sodom uit, hem [Abram] tegemoet, nadat hij teruggekeerd was van het verslaan van Kedorlaomer en de koningen die met hem waren, naar het dal Sawe, dat is het Koningsdal' (Gen. 14:17). In het Koningsdal is deze Kedorlaomer, type van dé antichrist, kennelijk verslagen.

Doet het optreden van Abraham ons hier denken aan Openbaring 16:16 en 19:19 waar dé Koning der koningen en dé Here der Heren het beest en allen die met hem zijn verslaat? Daar staat: '... En hij verzamelde hen op de plaats, die in het Hebreeuws genoemd wordt Harmagedon ... En ik zag het beest en de koningen der aarde en hun legerscharen verzameld om de oorlog te voeren tegen Hem, die op het paard zat, en tegen zijn leger' (Openb. 16:16, 19:19). Ook daar is de afloop ondubbelzinnig: '... En het beest werd gegrepen en met hem de valse profeet, die de tekenen voor zijn ogen gedaan had, waardoor hij hen verleidde, die het merkteken van het beest ontvangen hadden en die zijn beeld aanbaden; levend werden zij beiden geworpen in de poel des vuurs, die van zwavel brandt. En de overigen werden gedood met het zwaard, dat kwam uit de mond van Hem, die op het paard zat; en al de vogels werden verzadigd van hun vlees' (Openb. 19:20-21).

Farao

Zomaar wat karaktertrekken van deze onderdrukker van Israël.

1 Farao was koning van Egypte dat in de Bijbel nogal eens voorkomt als type van de gevallen wereld die in het/de boze ligt. Dé antichrist zal ten slotte wereldleider zijn.

2 Dé antichrist lijkt uiteindelijk uit Assyrië te komen. En Jesaja lijkt te suggereren dat ook de Farao van de Exodus afkomstig is uit Assyrië. '... Want zo zegt de Here HERE: Eertijds trok mijn volk naar Egypte om daar als vreemdeling te vertoeven, en Assur [King James Version (KJV) vertaalt: the Assyrian] heeft het zonder reden onderdrukt' (Jes. 52:4). Exodus zegt: '... Toen kwam er [stond op] een nieuwe [andere] koning over Egypte, die Jozef niet gekend had' (Ex. 1:8). Het Hebreeuws duidt aan dat dit 'opstaan' betekent: opstaan in de plaats van een ander die verwijderd is (vgl. Dan. 2:39, 44 en Dan. 7:17 en 24). 'Nieuwe koning' in de zin van 'geheel verschillend van wat tot dusver het geval was' (vgl. Deut. 32:17). Vergelijk Richteren 5:8 en Hande-lingen 7:18: 'nieuw' in de zin van 'andersoortig'. In het Griekse Nieuwe Testament wordt dan 'heteros' gebruikt – een andere van een andere soort – in de plaats van 'allos' – een andere van dezelfde soort. Flavius Josephus vermeldt dat deze Farao van een andere dynastie, een ander ras/volk was.

3 Deze Farao is een harde, wrede en genadeloze vorst die Israël keihard onderdrukt en het Joodse volk ten slotte wil doen uitsterven door de pasgeboren jongetjes meteen te laten vermoorden. '... Toen lieten de Egyptenaren de Israëlieten onder mishandeling werken; ja, zij maakten hun het leven bitter door harde slavenarbeid met leem en tichelstenen en door allerlei arbeid op het veld – alle werk, waartoe zij hen onder mishandeling als slaven gebruikten. Ook beval de koning van Egypte de vroedvrouwen der Hebreeuwse vrouwen, van wie de een Sifra heette en de ander Pua: Wanneer gij de Hebreeuwse vrouwen bij de bevalling helpt, dan moet gij goed toezien bij de verlossing; indien het een zoon is, dan moet gij hem doden' (Ex. 1:13-16).

4 Farao hoont de God van Israël en treedt zeer arrogant op tegen de twee getuigen Mozes en Aäron. '... Daarna kwamen Mozes en Aäron tot Farao en zeiden tot hem: Zo zegt de HERE, de God van Israël: laat mijn volk gaan om te mijner ere in de woestijn een feest te vieren. Maar Farao zeide: Wie is de HERE, naar wie ik zou moeten luisteren om Israël te laten gaan? Ik ken de HERE niet, en ik zal Israël ook niet laten gaan. Toen zeiden zij: De God der Hebreeën heeft ons ontmoet; laat ons toch drie dagreizen ver de woestijn intrekken, om aan de HERE, onze God, te offeren, anders zou Hij ons treffen met de pest of met het zwaard. Maar de koning van Egypte zeide tot hen: Waarom tracht gij, Mozes en Aäron, het volk van zijn werk af te houden! Vooruit, aan uw dwangarbeid!' (Ex. 5:1-4) Zo treden in het boek Openbaring twee getuigen op voor het beest, dé antichrist, en niemand kan hun de mond snoeren, hoewel hét beest dan al oppermachtig is (Openb. 11). Pas op het allerlaatst worden ze gedood – en beleven dan hun opstanding uit de doden en hun hemelvaart, tot verbazing van de gehele wereld.

5 Farao beschikt over occulte, bovennatuurlijk krachten. Zijn tovenaars zijn in staat om het wonder dat de twee getuigen Mozes en Aaron doen, te imiteren (Ex. 7). Tot op zekere hoogte echter (Ex. 8:16-19). Ook de twee getuigen in Openbaring 11:6 hebben macht om wonderen en tekenen te doen. Evenals dé antichrist in 2 Tessalonicenzen 2:9-10.

6 Farao doet schone beloften aan Israël en het Joodse volk – die hij vervolgens gewoon verbreekt (Ex. 8:8-15). Zo zal ook dé antichrist gedane beloften aan Israël en het Joodse volk eenvoudig niet nakomen. Een arglistig spel van leugen en bedrog.

7 Farao's einde komt snel en genadeloos, door Gods hand. '... Farao met zijn leger in de Schelfzee stortte, want Zijn goedertierenheid is tot in eeuwigheid' (Ps. 136:15). Zo ook het einde van dé antichrist/dé wetteloze. '... Dan zal de wetteloze zich openbaren; hem zal de Here [Jezus] doden door de adem Zijns monds en machteloos maken door Zijn verschijning, als Hij komt' (2 Tess. 2:8).

8 Het einde van Farao komt terwijl Israël op weg is gegaan naar zijn rust (Jer. 31:2), en gaat vooraf aan het definitief bereiken van

het Beloofde Land en het koninkrijk van vrede en gerechtigheid dat daarna aanbreekt. Zo komt het einde van het beest en de valse profeet in de poel die brandt van vuur en zwavel in Openbaring 19:20 voordat de eerste opstanding en de duizend jaren aanbreken in Openbaring 20:1-10.

Wereldbeheersers

Om even te recapituleren en om de draad weer op te nemen die ten slotte leidt naar dé antichrist: '... nu in het laatst der dagen ...' (Heb. 1:2), '... het is de laatste ure ...' (1 Joh. 2:18) '... Geliefden, vertrouwt niet iedere geest, maar beproeft de geesten, of zij uit God zijn; want vele valse profeten zijn in de wereld uitgegaan. Hieraan onderkent gij de Geest Gods: iedere geest, die belijdt, dat Jezus Christus in het vlees gekomen is, is uit God; en iedere geest, die Jezus niet belijdt, is niet uit God. En dit is de geest van de antichrist, waarvan gij gehoord hebt, dat hij komen zal, en hij is nu reeds in de wereld' (1 Joh. 4:1-3). De Here Jezus die tot driemaal toe waarschuwt voor de valse christussen en de valse profeten in de eindtijd (Matt. 24:5, 11 en 23-24). De boze geesten kennen en vrezen het Woord van God en zijn bang '... vóór de tijd ...' door Jezus gepijnigd te worden, wanneer Hij ze uitdrijft en zij in een kudde zwijnen varen en het Meer van Galilea instorten (Matt. 8:29). Al 2000 jaar lang zijn er vele valse christussen en vele valse profeten. En als '... hij, die op het ogenblik nog weerhoudt, verwijderd is ...' (2 Tess. 2:7), dan verschijnt ten slotte dé antichrist, dé wetteloze, dé zoon des verderfs, dé tegenstander, hét beest.

Anti

Het woordje 'anti' betekent in het Grieks twee dingen: 'in de plaats van' en 'tegen'.
Laten we eerst maar eens kijken naar de eerste betekenis: in de plaats van. Een christus in de plaats van Christus. Een vredevorst

in de plaats van dé Vredevorst. Hij komt dus niet meteen als een 'Hitler' op het wereldtoneel. Hij komt als vredevorst. Hij wordt gevraagd door de andere leiders om de eerste plaats in te nemen. Om voorzitter te worden van het wereldparlement en van de wereldgrootmachten. Zo las ik onlangs dat President Sarkozy van Frankrijk (die in 2011 voorzitter werd van de G-20 en de G-8 staten) 'wereldpresident' genoemd werd! Niet dat ik bedoel dat hij dé antichrist is! Maar de term 'wereldpresident' bracht me aan het denken! De natiën zullen dé antichrist/het beest straks kiezen omdat hij geniaal is. Omdat hij de oplossing lijkt te kunnen bieden voor alle wereldproblemen. '... En het beest, dat was en niet is, is zelf ook de achtste, maar het is uit de zeven en het vaart ten verderve. En de tien horens, die gij zaagt, zijn tien koningen, die nog geen koningschap hebben ontvangen, maar één uur ontvangen zij macht als koningen, met het beest. Dezen zijn één van zin en *geven* hun kracht en macht aan het beest. Dezen zullen oorlog voeren tegen het Lam, maar het Lam zal hen overwinnen – want Hij is de Here der Heren en de Koning der koningen – en zij, die met Hem zijn, de geroepenen en uitverkorenen en gelovigen' (Openb. 17:11-14).

Hij, hét beest, heeft geweldige ideologieën tot zijn beschikking. Net zoals Karl Marx 'Das Kapital' schreef waarin hij na een periode van klassenstrijd ten slotte de klasseloze maatschappij beloofde, het wereldrijk van vrede, welvaart, gelijkheid; de ideologie die vervolgens een lange reeks van communistische dictators opleverde. En net zoals Hitler 'Mein Kampf' schreef, waarin hij uiteenzette hoe hij Duitsland haar zelfrespect zou teruggeven, de werkloosheid zou beëindigen, de superioriteit van het Arische ras zou aantonen en de onderklasse van de Joden zou vernietigen en hoe dat alles zou leiden tot het 'Dritte Reich', een duizendjarig vrederijk na overwinnende strijd door zijn nationaalsocialisme. En net zoals de Franse Revolutie 'vrijheid, gelijkheid en broederschap' beloofde, een nieuwe tijd en een nieuwe wereld na het omverwerpen van de oude wereld. Het beest uit Openbaring 13 spreekt 'grote woorden' zegt vers 5, grote ideologieën om de wereldproblemen op te lossen en de wereldvrede te brengen. Pas daarna zal hij zich ontpoppen als antichrist in de betekenis van tegen-Christus, vol demonische haat tegen Joden en christenen.

Geestelijke wereld

De Bijbel spreekt over de realiteit van de onzichtbare wereld, over demonen en boze geesten, over de duivel en zijn engelen. Ook over goede hemelse machten, zoals Michaël en zijn engelen. Achter de zichtbare wereld om ons heen bevindt zich een onzichtbare wereld. Wat daar gebeurt, heeft zijn invloed op aarde. Paulus noemt die onzichtbare machten zelfs de wereldbeheersers dezer duisternis. '... want wij hebben niet te worstelen tegen bloed en vlees, maar tegen de overheden, tegen de machten, tegen de wereldbeheersers dezer duisternis, tegen de boze geesten in de hemelse gewesten' (Ef. 6:12). Het zijn met name de boze machten die achter de ontwikkelingen in het wereldgebeuren staan.

Wanneer Paulus hier spreekt over de geestelijke wapenrusting, dan laat hij ons ineens zien waar het werkelijk om gaat in de geestelijke strijd die hij beschrijft. We strijden niet tegen mensen, zegt hij, niet tegen bloed en vlees, maar tegen dat wat mensen kan beheersen en in zijn greep kan krijgen: onzichtbare geestelijke machten, machten der duisternis – in het Grieks – 'stoicheia', die hij 'wereldbeheersers' noemt. Paulus laat ons zien wat er achter de schermen gebeurt, wie er werkelijk aan de touwtjes trekt en trekken, zodat het wereldgebeuren slechts/ook een afschaduwing is van wat er zich 'tussen hemel en aarde' allemaal nog meer afspeelt.

Wie de boeken van de Engelse schrijver John Bunyan (1628-1688) *The Holy City* en *The Pilgrim's Progress* gelezen heeft, weet hoezeer deze onzichtbare werkelijkheid in het leven van de individuele christen een werkelijkheid kan zijn in de niet aflatende strijd tegen de aanvechtingen, de verleidingen, de duivelse tegenstand, die een mens willen aftrekken van het geloof in en de navolging van

Christus, op de aardse reis door de tijd op weg naar de eeuwige en hemelse stad.

Wie iets weet van de realiteit van het occultisme, van bezetenheid door boze geesten, of wie daarover de boeken van bijvoorbeeld dr. Kurt Koch gelezen heeft – zoals *Seelsorge und Okkultismus* – of van ds. W.C. van Dam – *Dämonen und Besessene* – beseft dat deze geestelijke wereld niet een vorm van middeleeuws bijgeloof is, maar gruwelijke realiteit. '... De duivel gaat rond als een briesende leeuw, zoekende wie hij zal verslinden' (1 Petr. 5:8) zegt de apostel Petrus.

De Here Jezus had tijdens zijn rondwandeling op aarde veel met deze boze geesten te maken. Op diverse plaatsen moest hij de demonen uitdrijven. En bij de verzoekingen in de woestijn (Luc. 4:1-13 en Matt. 4:1-11) is de laatste verzoeking van de boze dat hij aan Jezus vanaf een hoogte/een zeer hoge berg, de koninkrijken van de wereld laat zien en ze Hem aanbiedt, als Jezus slechts een knieval voor hem wil maken. '... En hij voerde Hem op een hoogte en toonde Hem al de koninkrijken der wereld in een ogenblik tijds. En de duivel zeide tot Hem: U zal ik al deze macht geven en hun heerlijkheid, want zij is mij overgegeven, en ik geef haar wie ik wil. Indien Gij mij dan aanbidt, zal zij geheel van U zijn' (Luc. 4:5-7). Welnu, iemand iets kunnen aanbieden betekent dat je dat wat je aanbiedt inderdaad ook zelf bezit, dus in een positie bent om dat bezit aan een ander te geven. De duivel bezit dus kennelijk de macht over deze wereld. Hij wordt niet voor niets door Jezus 'de overste dezer wereld' genoemd.

In het bijbelboek de 'Openbaring van Jezus Christus aan Johannes' zien we hoe zich in de hemelse gewesten een geweldige strijd afspeelt tussen Gods engelen onder aanvoering van Michaël en de draak met zijn engelen. De afloop van deze hevige strijd is dat ten slotte de draak/duivel/satan met zijn engelen uit de hemel gestoten en op de aarde geworpen worden. Alle reden voor een luide stem in de hemel om te zeggen: Wee de aarde en de (volkeren)zee, want de duivel is tot u nedergedaald in grote grimmigheid, wetend dat hij weinig tijd heeft. De passage luidt: '... En er kwam oorlog in de hemel; Michaël en zijn engelen hadden oorlog te voeren tegen de draak; ook de draak en zijn engelen voerden oorlog, maar hij kon geen standhouden, en hun plaats werd in de hemel niet meer gevonden. En de grote draak werd (op de aarde) geworpen, de oude slang, die genaamd wordt duivel en de satan, die de gehele wereld verleidt; hij werd op de aarde geworpen en zijn engelen met hem. En ik hoorde een luide stem in de hemel zeggen: Nu is verschenen het heil en de kracht en het koningschap van onze God en de macht van zijn Gezalfde; want de aanklager van onze broeders, die hen dag en nacht aanklaagde voor onze God, is nedergeworpen. En zij hebben hem overwonnen door het bloed van het Lam en door het woord van hun getuigenis, en zij hebben hun leven niet liefgehad, tot in de dood. Daarom, verheugt u, gij hemelen en wie daarin wonen. Wee de aarde en de zee, want de duivel is tot u nedergedaald in grote grimmigheid, wetende, dat hij weinig tijd heeft' (Openb. 12:7-12).

Telkens zien we in de Bijbel iets oplichten van de geestelijke achtergrond van de dingen die op aarde gebeuren. Het betreft mensen persoonlijk die in de greep van de machten der duisternis kunnen komen. Het betreft ook koninkrijken, overheden die soms verschuiven van overheden naar het beeld van Romeinen 13 tot overheden die meer lijken op die van Openbaring 13. Enkele voorbeelden.

In Lucas lezen we: '... En de satan voer in Judas, genaamd Iskariot, die tot het getal der twaalven behoorde' (Luc. 22:3). Johannes zegt: '... En na dit stuk brood, toen voer de satan in hem' (Joh. 13:27). In Openbaring lezen we: '... En ik zag uit de bek van de draak en uit de bek van het beest en uit de mond van de valse profeet drie onreine geesten komen, als kikvorsen; want het zijn geesten van duivelen, die tekenen doen, welke uitgaan naar de koningen der gehele wereld, om hen te verzamelen tot de oorlog op de grote dag van de almachtige God' (Openb. 16:13-14).

Micha Ben Jimla

Hoezeer deze machten in staat zijn om mensen te beïnvloeden, blijkt ook al in het Oude Testament. In 1 Koningen 22 lezen we de geschiedenis van Achabs strijd tegen Ramot in Gilead. Achab, koning van Israël, probeert Josafat, koning van Juda, aan zijn zijde te krijgen zodat ze samen de strijd tegen het leger van Aram (Syrië) kunnen aangaan. Maar Josafat aarzelt en zegt: Vraag toch eerst het woord des Heren. Raadpleeg de Allerhoogste. Maar liefst vierhonderd profeten worden opgetrommeld en allemaal zeggen ze dat wat Achab wil: trek maar op, de Here zal het in de macht van de koning geven. Sidkia, zoon van Kenaäna, maakt er zelfs een hele show van, met ijzeren horens waarmee hij als het ware symbolisch laat zien aan de beide koningen Achab en Josafat hoe ze als een machtige, misschien wel dolle stier Aram (Syrië) zullen stoten en vernietigen. 'Wiens brood men eet, diens woord men spreekt', zegt een oud gezegde! Maar Josafat aarzelt nog. Hij vraagt: is er niet nog ergens een profeet des Heren? Die is er inderdaad: Micha, de zoon van Jimla. Smalend zegt ook hij eerst: ja hoor, trek maar op heer koning, de Here zal het in je macht geven. Maar Josafat vertrouwt het niet en bezweert hem werkelijk de waarheid te spreken in de naam des Heren. Dan brengt Micha de vernietigende boodschap over de dramatische afloop van deze komende strijd.

Hoogst interessant is dan dit gedeelte: '... [Micha] zeide: Daarom, hoor het woord des HEREN. Ik zag de HERE op zijn troon zitten, terwijl het ganse heer des hemels aan zijn rechter- en aan zijn linkerhand stond. En de HERE zeide: wie zal Achab verleiden, zodat hij optrekt en sneuvelt te Ramot in Gilead? De een zeide dit en de ander dat. Toen trad er een geest naar voren en stelde zich voor de HERE en zeide: ik zal hem verleiden. De HERE vroeg hem: waarmede? Hij antwoordde: ik zal heengaan en een leugengeest worden in de mond van al zijn profeten. Toen zeide Hij: gij moet hem verleiden, en gij zult er ook toe in staat zijn; ga heen en doe het. Nu dan, zie, de HERE heeft een leugengeest gegeven in de mond van al deze profeten van u, en de HERE heeft onheil over u besloten' (1 Kon. 22:19-23).

Het ganse heer des hemels staat voor de Allerhoogste in de hemelse gewesten. Dan treedt een van de geesten naar voren en zegt dat hij bereid is om een leugengeest te worden in de mond van al de profeten, zodat Achab (en Josafat) verleid worden om op te trekken naar Ramot in Gilead zodat Achab daar zal sneuvelen. Aldus geschiedt. Deze geest krijgt daartoe van de Allerhoogste de macht om een leugengeest te worden in de mond van al de profeten: hij zal ertoe in staat zijn. Achab, koning van Israël, en Josafat, koning van Juda trekken ten slotte op nadat ze de waarschuwing van Micha, de zoon van Jimla, naast zich hebben neergelegd, en door een 'verdwaalde' pijl wordt Achab getroffen in een kleine opening in zijn wapenrusting en vindt de dood. Opnieuw een signaal dat wat er op aarde gebeurt, kennelijk ter maken heeft met de realiteit van de geestelijke machten die tussen hemel en aarde zijn.

Job

Ook in de geschiedenis van Job – we kwamen hem reeds tegen in het eerste hoofdstuk van dit boek – wordt ons iets getoond van de geestelijke achtergrond van wat er op aarde in het leven van Job gebeurt. In Job 1 en 2 lezen we hoe de Here de duivel in staat stelt om Job te beproeven. Hij mag hem echter zijn leven niet ontnemen, maar voor de rest elke denkbare en ondenkbare rampspoed over hem brengen. In Job 1 vers 6 heet het dat 'de zonen Gods' zich voor de Allerhoogste stellen en dat onder hen ook de satan is.

'... Op zekere dag nu kwamen de zonen Gods om zich voor de HERE te stellen, en onder hen kwam ook de satan. En de HERE zeide tot de satan: Vanwaar komt gij? En de satan antwoordde de HERE: Van een zwerftocht over de aarde, die ik doorkruist heb. Toen zeide de HERE tot de satan: Hebt gij ook acht geslagen op mijn knecht Job? Want niemand op aarde is als hij, zó vroom en oprecht, godvrezend en wijkende van het kwaad. En de satan antwoordde de HERE: Is het om niet, dat Job God vreest? Hebt Gij zelf niet hem en zijn huis en al wat hij bezit aan alle kanten beschut? Het werk zijner handen hebt Gij gezegend, en zijn bezit is zeer toegenomen in het land. Strek daarentegen uw hand uit en tast alles aan wat hij bezit – of hij U dan niet openlijk zal vaarwel zeggen! En de HERE zeide tot de satan: Zie, al wat hij bezit, zij in uw macht; alleen tegen hemzelf zult gij uw hand niet uitstrekken. Toen ging de satan van des HEREN aangezicht heen. ... En de HERE zeide tot de satan: Zie, hij zij in uw macht; alleen, spaar zijn leven' (Job 1:6-12, 2:6). Opnieuw het hemels tafereel waarin iets zichtbaar wordt van de achtergrond van wat er op aarde met mensen gebeuren kan. Zelfs ziekte zal niet in staat zijn om Job ten val te brengen zodat hij zijn vertrouwen in de Here vaarwel zou gaan zeggen – hoe groot zijn vragen en zijn protest ook worden.

Daniël

Helemaal interessant wordt het als we Daniël 9 lezen. Allereerst wordt ons beschreven hoe Daniël ontdekt bij de profeet Jeremia dat de Babylonische ballingschap van hem en zijn volk slechts zeventig jaar zou duren (Jer. 25:11, 29:10). Vervolgens beseft hij dat die 70 jaar bijna ten einde moeten zijn, en dat de Here dus het volk weer terug gaat brengen naar de bergen van Judea en Samaria, naar Jeruzalem, ja, naar geheel het Beloofde Land. En in plaats dat Daniël reageert met te zeggen: laten we nu eens zien hoe profetie zich voor mijn ogen vervult, eens kijken wat er nu allemaal gaat gebeuren, gaat Daniël op zijn knieën en doet boete voor de zonden van hem en zijn volk. Hij identificeert zich met de schuld van zijn volk, ja, zelfs van zijn voorgeslacht, de vorige generaties die door hun ongehoorzaamheid de toorn van de Here hadden opgewekt. In een indrukwekkend gebed, in bidden en smeken, in vasten en in zak en as pleit hij voor de Here en zegt: '... Nu dan, hoor, o onze God, naar het gebed van uw knecht en naar zijn smeking en doe uw aangezicht lichten over uw verwoest heiligdom, – om des Heren wil. Neig, mijn God, uw oor en hoor; open uw ogen en zie onze verwoestingen en de stad waarover uw naam is uitgeroepen; want niet op grond van onze gerechtigheden storten wij onze smeekbeden voor U uit, maar op grond van uw grote barmhartigheden. O Here, hoor! o Here, vergeef! O Here, merk op! Treed handelend op; toef niet om uwszelfswil, mijn God, want uw naam is uitgeroepen over uw stad en over uw volk' (Dan. 9:17-19).

Onmiddellijk, terwijl Daniël nog bidt, verschijnt hem de engel Gabriël. '... Terwijl ik nog sprak en bad en mijn zonde en de zonde van mijn volk Israël beleed, en mijn smeking over de heilige berg mijns Gods uitstortte voor de HERE, mijn God, – terwijl ik nog sprak in het gebed, kwam de man Gabriël, die ik tevoren gezien had in het gezicht, in ijlende vlucht tot vlak bij mij op de tijd van het avondoffer. En hij begon mij te onderrichten en sprak met mij en zeide: Daniël, nu ben ik uitgegaan om u een klaar inzicht te geven. Bij het begin van uw smeekbede is er een woord uitgegaan, en ik ben gekomen om het u mede te delen, want gij zijt zeer bemind. Let dus op het woord en sla acht op het gezicht' (Dan. 9:20-23). Dan volgt de openbaring aangaande de zeventig weken, die er in dit verband verder niet toe doen. Waar het mij hier om gaat is dat de hemelse boodschapper ongehinderd, onmiddellijk al tijdens Daniëls gebed komen kan om hem deze hemelse openbaring te brengen over de toekomst van hem en zijn volk en de heilige stad Jeruzalem.

Geheel anders is het in Daniël 10. Daar wordt aan Daniël een woord geopenbaard: '... dat woord was waarheid en sprak van grote nood' (Dan. 10:1). Daniël reageert erop door drie volle weken rouw te bedrijven. Dan, op de vierentwintigste dag van de eerste maand verschijnt hem een hemelse boodschapper, zó indrukwekkend van verschijning (vgl. Dan. 10:5-6 met Openb. 1:13-15!) dat de mannen die op dat moment bij hem zijn, vluchten en zich verbergen en Daniël alleen overblijft en bezwijmd op zijn aangezicht valt. Dan gaat de hemelse boodschapper spreken. '... En hij zeide tot mij: Daniël, gij zeer beminde man, let op de woorden die ik tot u spreek, en ga rechtop staan, want nu ben ik tot u gezonden. Toen hij dit tot mij sprak, stond ik bevende op. En hij zeide tot mij: Vrees niet, Daniël, want van de eerste dag af, dat gij uw hart erop gezet hadt om inzicht te verkrijgen en om u voor uw God te verootmoedigen, zijn uw woorden gehoord, en ik ben gekomen op uw woorden. Maar de vorst van het koninkrijk der Perzen stond eenentwintig dagen tegenover mij; doch zie, Michaël, een der voornaamste vorsten, kwam mij te hulp, zodat ik daar, bij de koningen der Perzen, de overhand behield; en ik ben gekomen om u te verstaan te geven wat uw volk in het laatst der dagen overkomen zal; want wederom is het een gezicht aangaande de toekomst' (Dan. 10:11-14).

Vervolgens lezen we: '... Toen zeide hij: Weet gij, waarom ik tot u gekomen ben? Terstond moet ik terugkeren om met de vorst der Perzen te strijden, en zodra ik uitgegaan ben, zie, dan zal de vorst van Griekenland komen –; nochtans zal ik u mededelen wat geschreven staat in het boek der waarheid. – En niet één staat mij vastberaden tegen hen terzijde, behalve uw vorst Michaël. Ik echter, ik stond in het eerste jaar van Darius de Meder hèm tot een helper en toevlucht –. Nu dan, ik zal u de waarheid bekendmaken. Zie, nog drie koningen zullen in Perzië opstaan, en de vierde zal grotere rijkdom bezitten dan alle anderen, en als hij sterk geworden is door zijn rijkdom, zal hij alles in beweging brengen tegen het koninkrijk van Griekenland. En er zal een heldhaftige koning opstaan, die met grote heerschappij zal regeren en doen zal wat hem goeddunkt. Maar nauwelijks is hij opgestaan, of zijn koninkrijk zal verbroken worden en verdeeld naar de vier windstreken des hemels; doch niet aan zijn nakomelingen, en zonder de macht waarmee hij heerste; want zijn koninkrijk zal uiteengerukt worden en aan anderen dan dezen komen' (Dan. 10:20-11:4).

Wat hier duidelijk wordt, is dit: kennelijk zitten er achter de politieke machten en aardse overheden hemelse machten die deze politieke, aardse machten aansturen. Maar liefst drie weken moet de hemelse gestalte (wiens uiterlijk doet denken aan de verheerlijkte Here Jezus Christus zoals Hij aan de apostel Johannes op

Patmos verscheen), strijd leveren met de demonische macht in de hemelse gewesten die achter het Perzische rijk zit: 'de vorst van het koninkrijk der Perzen'. Alleen omdat Michaël, een der voornaamste hemelse goede engelvorsten, hem te hulp geschoten is, kon hij – na zware strijd – er doorheen komen om aan Daniël het gezicht aangaande de toekomst te geven. Daarna moet hij meteen weer terug om de strijd verder voort te zetten. Want na het rijk van de Perzen zal het rijk van de Grieken komen, dat ook al een 'vorst van Griekenland' in de hemelse gewesten blijkt te hebben. Michaël is kennelijk de engelvorst die waakt in de hemelse gewesten over de belangen van Israël. Daniël 12 zegt daarover: '... Te dien dage zal Michaël opstaan, de grote vorst, die de zonen van uw volk terzijde staat; en er zal een tijd van grote benauwdheid zijn, zoals er niet geweest is sinds er volken bestaan, tot op die tijd toe. Maar in die tijd zal uw volk ontkomen: al wie in het boek (vgl. Ex. 32:32; Ps. 69:29; Openb. 3:5) geschreven wordt bevonden' (Dan. 12:1).
Machthebbers, wereldbeheersers dezer duisternis, goede machten en kwade machten. Engelvorsten van hemelse heirlegers, en demonen zoals Apollyon in Openbaring 9: '... Zij hadden over zich als koning de engel des afgronds; zijn naam is in het Hebreeuws Abaddon en in het Grieks heeft hij als naam Apollyon' (Openb. 9:11). die de strijdmachten van gevallen engelen aanvoert. In 2 Petrus lezen we over engelen die gezondigd hebben: '... Want indien God engelen, die gezondigd hadden, niet gespaard heeft, maar hen, door hen in de afgrond te werpen, aan krochten der duisternis heeft overgegeven om hen tot het oordeel te bewaren' (2 Petr. 2:4). Deze boze machten hebben kennelijk dus namen, het zijn persoonlijkheden, zoals Apollyon. In Lucas vraagt Jezus de demon rechtstreeks naar zijn naam: '... En Jezus vroeg hem: Wat is uw naam? Hij zeide: Legioen, want vele geesten waren in hem gevaren' (Luc. 8:30). En in Matteüs lezen we de naam van de overste der geesten: '... Deze drijft de boze geesten slechts uit door Beëlzebul, de overste der geesten' (Matt. 12:24). Een illustratie van wat Paulus bedoelt met '... want wij hebben niet te worstelen tegen bloed en vlees, maar tegen de overheden, tegen de machten, tegen de wereldbeheersers dezer duisternis, tegen de boze geesten in de hemelse gewesten' (Ef. 6:12).

Zo geeft de Bijbel ons een kijkje achter de schermen. Even gaat het gordijn open en mogen deze bijbelse zieners iets schouwen van de werkelijkheid achter de werkelijkheid. Een geestelijke werkelijkheid met goede engelen en duivels en demonen. Met machten der duisternis en strijd in hemelse gewesten.

Engelmachten

We zien ook de werkelijkheid van de geestelijke wereld en de engelmachten in Psalm 82, Jesaja 13-14 en Ezechiël 28. Achter de vorst van Tyrus in Ezechiël 28 gaat schuil een beschrijving van dé engelvorst bij uitstek, dé licht-drager en grote opstandeling tegen de Allerhoogste: Lucifer zelf, die zich verzet tegen de Allerhoogste, om zich aan Hem gelijk te stellen. Lucifer is als naam een combinatie van 'lux – licht' en 'ferre – dragen'. Hij was op de heilige berg der goden, onberispelijk, totdat hij koos voor zichzelf en daarmee tegen de Here. Daarom werd hij verbannen van de heilige berg der goden en op aarde neergeworpen, waar Adam en Eva hem ontmoeten in het Paradijs. Daar verleidt hij hen tot dezelfde zonde: te kiezen voor zichzelf en tegen de Here, ook onder het motto dat ze dan aan God gelijk zullen zijn. Zo valt dan ook de mens uit het beeld van zijn Schepper en doet de dood zijn intrede, in de mens en in de schepping zelve. In Ezechiël staat: '... Mensenkind, hef een klaaglied aan over de koning van Tyrus en zeg tot hem: zo zegt de Here HERE: Volmaakt zijt gij van gestalte, vol van wijsheid, volkomen schoon. In Eden waart gij, Gods hof; allerhande edelgesteente overdekte u: rode jaspis, chrysoliet en prasem, turkoois, chrysopraas en nefriet, lazuursteen, hematiet en malachiet. Van goud was het werkstuk, waarin zij waren gevat en aan u vastgehecht; toen gij geschapen werdt, waren zij gereed. Gij waart een beschuttende cherub met uitgespreide vleugels; Ik had u een plaats gegeven: gij waart op de heilige berg der goden, wandelend te midden van vlammende stenen. Onberispelijk waart gij in uw wandel, vanaf de dag dat gij geschapen werdt, totdat er onrecht in u werd gevonden: door uw uitgebreide handel zijt gij vervuld geraakt met geweldenarij en kwaamt gij tot zonde. Van de berg der goden verbande Ik u en deed u weg, gij beschuttende cherub, van tussen de vlammende stenen. Trots was uw hart op uw schoonheid – met uw luister hebt gij ook uw wijsheid teniet doen gaan. Ter aarde wierp Ik u neer, en maakte u tot een schouwspel voor koningen om met leedvermaak naar u te zien' (Ez. 28:12-17).

Zo ook in Jesaja 13-14. Achter de vorst van Babel wordt opnieuw iets zichtbaar van het kosmisch drama dat plaatsvond, met name in Jesaja 14, waar we horen: '... Hoe zijt gij uit de hemel gevallen, gij morgenster, zoon des dageraads; hoe zijt gij ter aarde geveld, overweldiger der volken! En gij overlegdet nog wel: Ik zal ten hemel opstijgen, boven de sterren Gods mijn troon oprichten en zetelen op de berg der samenkomst ver in het noorden; ik wil opstijgen boven de hoogten der wolken, mij aan de Allerhoogste gelijkstellen. Integendeel, in het dodenrijk wordt gij neergeworpen, in het diepste der groeve' (Jes. 14:12-15).

In Psalm 82 wordt iets soortgelijks zichtbaar. Achter een beschrijving van waarschijnlijk aardse rechters die vermaand worden om de geringe, de wees en de behoeftige recht te doen, wordt ineens ook iets zichtbaar van hemelvorsten die hun hoge roeping verzaakt hebben en neergeworpen worden en ten slotte sterven. '... Een psalm van Asaf. God staat in de vergadering der goden, Hij houdt gericht te midden der goden ... Wel heb Ik gezegd: Gij zijt goden, ja, allen zonen des Allerhoogsten; nochtans zult gij sterven als mensen, als een der vorsten zult gij vallen. Sta op, o God, richt de aarde, want Gij bezit alle volken' (Ps. 82:1,6-8).
Het is met name deze Psalm 82 die door dr. F. de Graaff het uitgangspunt vormt in zijn boek *Als goden sterven* voor zijn denken over de 'metahistorie', de onzichtbare werkelijkheid achter de zichtbare werkelijkheid.

Beeld van Nebukadnessar

Daniël, de profeet aan het hof van koning Nebukadnessar, de vorst der Babyloniërs, mag van de Here aan de koning vertellen wat deze gedroomd heeft én wat het betekent. De koning zag in zijn droom een beeld met een gouden hoofd, zilveren borst en armen, lendenen en buik van koper, benen van ijzer en voeten van ijzer en leem. Daarna zag hij een steen van een berg afrollen die het beeld aan de voeten trof en het gehele beeld tot stof vergruizelde en zelf tot berg werd en de hele aarde vulde (Dan. 2).

Daniël zegt: die vier à vijf rijken (want het laatste rijk komt voort uit het voorlaatste rijk en lijkt er in zekere zin de voortzetting van te zijn) zijn elkaar opvolgende wereldrijken. Het gouden hoofd is het Babylonische Rijk, de zilveren borst en armen het rijk der Meden en Perzen, de buik en lendenen van koper het Griekse Rijk van Alexander de Grote en zijn opvolgers, en de benen van ijzer het Romeinse Rijk, later gesplitst in het West- en Oost Romeinse Rijk. Het laatste, 'vijfde' rijk lijkt een herleving van dat 'Romeinse' rijk, maar dan op wereldschaal. Het gaat daarbij dus allereerst om elkaar opvolgende wereldrijken rondom de Middellandse Zee.

In de volgende visioenen krijgt Daniël meer details onthuld. Het gouden hoofd, Babylon, ziet hij dan als een leeuw met vleugels; het rijk van Meden en Perzen (de zilveren borst en armen) als een beer met drie ribben in de muil (Syrië, Babylonië en Egypte, die erdoor 'opgegeten', uitgeschakeld werden?) het Grieks-Macedonische rijk (de koperen buik), dat na de dood van Alexander de Grote onder zijn vier/vijf generaals verdeeld werd (Egypte, Syrië, Macedonië en Klein-Azië), wordt gezien als een luipaard met vier vleugels en vier koppen; en het vierde rijk, het Romeinse Rijk (de ijzeren benen) wordt simpelweg een vreselijk, schrikwekkend en geweldig sterk beest genoemd, en het zet zich voort in een 'vijfde' rijk. Dat 'beest' heeft ten slotte tien horens (als de tien tenen) en daaruit komt een kleine horen op die de hele aarde in bezit neemt (Dan. 7): de nieuwe wereldleider, dé 'antichrist'.

Maar de komst van de 'Mensenzoon' betekent het einde van dat 'vijfde' rijk, en dan breekt de eeuwige heerschappij van die 'Mensenzoon' aan. Zijn komst gaat dan ten slotte zelfs het gehéle beeld verwoesten! Het lijkt er dus op dat in het einde der tijden het gehéle beeld weer op zijn voeten zal staan. Dus, inclusief zowel het gouden hoofd als de zilveren armen en borst, en de koperen buik en de ijzeren benen, en de voeten van ijzer en leem, zodat dat láátste rijk als het ware álle rijken samen in zich bergt en vertegenwoordigt. Ze herleven alle met hun specifieke kenmerken en zullen alle tegelijkertijd op het wereldtoneel op de een of andere manier in de gestalte van dat laatste rijk samen weer verschijnen, lijkt ook Openbaring 13 te zeggen. En dan door de 'steen van de berg' vergruizeld worden, door Christus' komst in Heer-lijkheid.

Als Johannes het laatste beest ziet verschijnen dat opkomt uit de (volkeren)zee dan heeft dit beest dus alle kenmerken in zich verenigd die de opeenvolgende beest-rijken bij Daniël bezaten. In het bijbelboek Openbaring in hoofdstuk 13 duiken dezelfde beelden (en beesten) weer op als waar Daniël over spreekt. '... En ik zag uit de zee een beest opkomen met tien horens en zeven koppen; en op zijn horens tien kronen en op zijn koppen namen van godslastering. En het beest, dat ik zag, was een luipaard gelijk, en zijn poten als van een beer en zijn muil als de muil van een leeuw' (Openb. 13:1-2a). Het is dus opvallend dat in Openbaring 13:1-2 het beest dat uit de volkerenzee opduikt eruit ziet als álle dieren van Daniël samen, met al hun specifieke dierlijke kenmerken: luipaard, beer, leeuw, en 10 horens, etc., geïnspireerd door de draak. De inspiratiebron is van beneden, van de machten der duisternis. '... en de draak gaf hem zijn kracht en zijn troon en grote macht' (Openb. 13:2b). De combinatie van de verfijning van de Grieks-Hellenistisch/humanistische beschaving, met de enorme legermacht die het Medo-Perzische rijk kenmerkte én diens ijzeren wetten, gecombineerd met de absolute despotische dictatoriale (al)macht van de man aan het hoofd, zoals Nebukadnessar die had – en in het Romeinse Rijk de 'goddelijke' keizers – gecombineerd met 'democratie', met volksmacht, met macht van de massa's en daarbij de onoverwinnelijke militaire macht zoals de Romeinse legioenen die hadden: zó, in die gedaante ziet Johannes het laatste rijk van de eindtijd verrijzen. Het lijkt er dus op dat in de geschiedenis als de ware drijfveer achter deze rijken eigenlijk altijd al deze onzichtbare, 'wereldbeheersers dezer duisternis' gezeten hebben. Zoals de 'vorst der Perzen' en de 'vorst der Grieken', etc. In het laatste rijk van de eindtijd zijn het dan niet meer 'ondergeschikte' demonische machten, maar is het de duivel zelf, de draak die dit laatste rijk rechtstreeks inspireert. Dan lezen we: '... en zij aanbaden de draak, omdat hij aan het beest de macht gegeven had, en zij aanbaden het beest, zeggende: Wie is aan het beest gelijk? en: Wie kan er oorlog tegen voeren? En hem werd een mond gegeven, die grote woorden en godslasteringen spreekt; en hem werd macht gegeven dit tweeënveertig maanden lang te doen. En (het beest) opende zijn mond tot lasteringen tegen God, om zijn naam te lasteren en zijn tent en hen, die in de hemel wonen. En hem werd gegeven om tegen de heiligen oorlog te voeren en hen te overwinnen; en hem werd macht gegeven over elke stam en natie en taal en volk. En allen, die op de aarde wonen, zullen het (beest) aanbidden, ieder, wiens naam niet geschreven is in het boek des levens van het Lam, dat geslacht is, sedert de grondlegging der wereld. Indien iemand een oor heeft, hij hore. Indien iemand in gevangenschap voert, dan gaat hij in gevangenschap; indien iemand met het zwaard zal doden, dan moet hij zelf met het zwaard gedood worden. Hier blijkt de volharding en het geloof der heiligen' (Openb. 13:4-10).

Maar het allerbelangrijkste is dus dit: de draak/duivel/satan geeft hem, dat beest, zijn kracht en zijn troon en grote macht. Maar ook: 'hem werd gegeven', namelijk door de Allerhoogste. We spraken er reeds eerder over. Als Jezus voor Pilatus staat, zegt Hij: '... Pilatus dan zeide tot Hem: Spreekt Gij niet tot mij? Weet Gij niet, dat ik macht heb U los te laten, maar ook macht om U te kruisigen? Jezus antwoordde: Gij zoudt geen macht tegen Mij hebben, indien het u niet van boven gegeven ware' (Joh. 19:10-11). Het gaat, net als bij Job, niet buiten Hem om! Dan vernietigt ten slotte de 'Mensenzoon' dat laatste rijk en daarmee alle rijken waartoe 'de mens', als gevallen/zondige mens onder leiding van de machten der duisternis in de loop van de wereldgeschiedenis in staat was. Alles wordt vermalen tot fijn stof en het koninkrijk van de 'Mensenzoon' vervult de gehele aarde. Uiteindelijk een Heer-lijke toekomst!

4

Babylon

Waar staat 'Babylon' voor in de Bijbel? Natuurlijk is het allereerst een stad aan de benedenloop van de Eufraat en de Tigris. Babylon is de Griekse benaming voor het Hebreeuwse Babel ('Poort der goden' of 'Verwarring') in het land Sinear dat de Babyloniërs zelf graag Sumer (en Akkad) noemden, waarbij de Sumeriërs in het zuiden en de Akkadiërs in het noorden woonden. Babel (Babylon) ligt in Babylonië, een deel van Mesopotamië, de vruchtbare 'halve maan' met de twee grote rivieren de Eufraat en de Tigris en de kleine rivier de Jordaan die het gebied van Israël van water voorzag. De stad wordt reeds in de 23ste eeuw voor Christus genoemd.

Sumer en Akkad

In de zuidoostelijke hoek van de vruchtbare 'halve maan' ontwikkelde zich de beschaving van Sumer. Nimrod, kleinzoon van Cham, een van de zonen van Noach, stichtte deze beschaving. De Sumeriërs waren dus geen Semieten, de Akkadiërs wel. De Sumeriërs waren eerder in het land dan de Akkadiërs. Volgens de Bijbel spraken de nazaten van Sem, Cham en Jafet voor zover ze migreerden naar het gebied van de Eufraat en de Tigris één taal. Nimrod verenigde ze als één volk in die vlakte. Ze bouwden een toren en een stad om iedereen bij elkaar te houden. Die toren zou Nimrod zijn macht verschaffen – wereldwijd – was Nimrods overtuiging. Na de verwarring die ontstond toen de mensen verschillende talen begonnen te spreken, stopte de bouw van de stad Babylon. Men

kon elkaar niet meer verstaan. Daarna was er kennelijk alleen sprake van een aantal onafhankelijke stadstaten.
Als eerste beschaving, nadat de nazaten van Sem, Cham en Jafet de ark van Noach verlaten hadden en zich vanaf de berg Ararat verspreidden – Jafet verspreidde zich naar het noorden en westen, Cham naar het zuiden en oost-westen, Sem vestigde zich eerst aan de noordzijde langs de Eufraat en de Tigris en later verder naar het zuiden – hebben zij allerlei zaken uitgevonden en tot ontwikkeling gebracht die later door andere beschavingen werden overgenomen. De uitvinding van het wiel en van voertuigen met wielen om lasten te vervoeren en strijdwagens. Het gebruik van gebakken klei voor allerlei doeleinden, waaronder een geschreven taal die in pictogrammen werd vastgelegd. Rond 2800 v.Chr. ontwikkelde zich daaruit het spijkerschrift met zo'n 600 verschillende lettergrepen.

Een stroom van literatuur kwam op gang. Mythen, sagen, heldendichten, wijsheidsliteratuur, spreuken, fabels, business-contracten, testamenten, etc. Het bekendste epos is het Gilgamesj-epos, dat grote overeenkomsten vertoont met de geschiedenis van de Zondvloed die we in de Bijbel aantreffen.

Elke stad werd geregeerd door priesters, die naar het besef van de mensen de goden vertegenwoordigden op aarde. Daardoor werd de tempel het centrum van het leven in de stadstaten. Van 2800-2350 v.Chr. nam de macht van de priesters alleen maar toe. Er moesten hoge belastingen betaald worden, ook om de extravagante levensstijl van de priesters en de geldverslindende oorlogen tussen de diverse stadstaten te kunnen bekostigen. Het leven was niet eenvoudig voor gewone mensen. Zelfs handelslieden waren vaak in gevaar vanwege opererende roversbenden, waaronder veelal soldaten.

Priesters en priesteressen gaven onderwijs. Vele kleitabletten getuigen ervan. Mathematica, geometrie, algebra, etc. Het Sumerische cijfersysteem was gebaseerd op 60-tallen. Vandaar komen de 60 seconden in een minuut en 60 minuten in een uur! School duurde van zonsopgang tot zonsondergang! Ook sport, zoals worstelen, hardlopen, touwtrekken, balsporten en bordspellen (een soort damspel) kenden ze.

De gebakken klei diende ook als baksteen. Al voor het jaar 3000 waren de Sumeriërs vaklui als het op bouwen aankwam. Ze wisten hoe je een gewelf moest maken, een boogconstructie, een arcade, een koepelgewelf. Bekend is de 'Ziggurat', een tempeltoren met treden en met daardoor als het ware steeds kleinere op elkaar gestapelde vierkanten. De 'Toren van Babel' die in Genesis 11 genoemd wordt, zal dus wel zo'n sterrenobservatorium geweest zijn. Niet zo hoog dat zijn top tot in de hemel reikte – zo dom waren de Sumeriërs niet om dat te denken – maar een toren met de hemel op de top: de tekens van de dierenriem, de zodiak, de sterrenbeelden, als bron van hun nieuwe eigen godsdienst. Het aantal treden werd bepaald aan de hand van het aantal toenmaals bekende planeten, en op de vierkante top werd een in kaartgebrachte sterrenhemel aangebracht, zodat door sterrenwichelarij de toekomst kon worden afgelezen. De eerste van vele van dergelijke observatoria was waarschijnlijk de 'Toren van Babel' die we uit de Bijbel kennen. Ze hadden ook een rioleringssysteem met rioolbuizen van gebakken klei. Diverse migratiestromen komen op gang.

Historici onderscheiden de geschiedenis van Mesopotamië soms in drie fasen: prehistorie – protohistorie – historie. Het is hier niet de plaats om protohistorie (die volgt op de prehistorie) van de beschavingen van Babylonië te beschrijven (5000-2500 v.Chr.). Historici onderscheiden daarin wel eens vijf perioden: 1. De primitieve periode. 2. De Obeid-periode. 3. De Uruk-periode. 4. De Djemdet-Nasr-periode. 5. De vroeg-dynastie of Lagasj-periode. Daarna volgt dan dus de historie.

De Sumeriërs waren aanvankelijk overheersend, zodat de vorst Lugalzaggisi zich erop beroemt dat hij heerst van de Perzische Golf tot aan de Middellandse Zee. Aan zijn macht en heerschappij wordt een einde gemaakt door Sargon van Akkad. Sargons moeder legt hem in een biezen kistje (komt ons dat bekend voor?) in de rivier de Eufraat, rond 2400 v.Chr. Een tuinman vindt hem en voedt hem op tot soldaat. Ten slotte wordt hij de eerste vorst van Akkad en zijn dynastie beheerst eeuwenlang het gebied van de vruchtbare 'halve maan'. Sargon heeft krachtige wetten uitgevaardigd, die ook de rechten van het volk verdedigden. Zo werd de macht van de priesters gebroken.

Sargon breidt zijn rijk uit van Elam – ten noordoosten van Babylonië – tot de Middellandse Zee, en van de Perzische Golf tot Armenië. Aan de macht van de dynastie van Akkad werd een einde gemaakt rond 2230 v.Chr. door een woest bergvolk – de Guti – en tijdens deze Guti-periode is er de laatste bloeiperiode van de Sumeriërs. Koningen en priesters waren de leiders, en de belangrijkste stad was de havenstad Ur. De Sumeriërs waren uitstekende architecten en bouwers.

In Ur ontwikkelt zich een onafhankelijk rijk onder de derde dynastie van Ur (2044-1936 v.Chr., de tijd van Abraham!), en de heersers noemen zich 'koningen van Sumer en Akkad'. In dit laatste rijk van de Sumeriërs hadden de Akkadiërs grote invloed. Het spijkerschrift dat door de Babyloniërs en Assyriërs werd overgenomen, was van hen afkomstig.

Godsdienst van Sumer en Akkad

De Sumeriërs kenden vele goden: polytheïsme. Ook deden zij toekomstvoorspelling door de vlucht van vogels, vele verschillende offers, voortekenen en riten om de de toekomst te voorspellen en te beïnvloeden en te beheersen, zodat de priesters hun macht behielden. Ze hadden wel een idee van een leven na dit leven, maar niet van een hemel en/of een hel. Ook astrologie had zijn bijzondere plaats. Ze volgden nauwkeurig de bewegingen van zon, maan en sterren, en associeerden hun goden en godinnen met planeten en sterren.

De grondslag van hun wereldbeschouwing was orde, stelselmatige en regelmatige rangschikking, en symmetrie. Ze zochten rust en veiligheid. Het hemelse heeft zijn spiegelbeeld in het aardse. Wat boven aan het hemelgewelf is, is ook beneden op de aarde. De aarde wordt als een vrouwelijke godheid gedacht, die bevrucht wordt door de hemel als mannelijke godheid. Men kent dit als ritus van de godenbruiloft. Op bepaalde tijden werd deze voltrokken tussen een god of zijn menselijke plaatsvervanger en een vrouw, zijn goden-bruid.

De oude Sumeriërs kenden ook het mensenoffer. Er zijn lijken gevonden van hovelingen, vrouwen, soldaten en wagenbestuurders naast hun met ezels bespannen wagens. De vrouwen droegen sieraden. Zijn het een koning en zijn koningin aan wie in hun dood een gevolg werd meegegeven? Is het een offer van een godenbruid die met haar dienaren en dienaressen na de voltrekking van het heilig huwelijk gedood werden? Wie zal het zeggen.

Uit de verbinding van de hemel en de aarde ontstonden de goden Enlil (luchtruim) en Enki of Ea, god der waterdiepten. Enlil werd heer over de aarde, Anu was de hemelgod; Nanna de maangod, die soms genoemd wordt: de vrucht die zichzelf vernieuwt, met centra van verering in Ur en in Haran. Ur en Haran zijn plaatsen die bekend zijn uit de geschiedenis van Abraham!

Nanna heette bij de Babyloniërs Sin, die je ook in de Bijbel tegenkomt. Sin is de vader van Sjamasj, de zonnegod; Utu de zonnegod, die bij de Babyloniërs dus Shamash heet. Bekend is dat er ook in Haran tempels voor Sin waren (bekend uit de kleitabletten van Mari – 1700 v.Chr.), net zoals in Ur. Abraham is dus op zijn reis naar het Beloofde Land wel beproefd! Terugkeren naar de oude goden? Of de stem van de God volgen die hem riep om dat alles achter zich te laten!

Is Sin, de maangod, ook de oorsprong van Allah? Duidt daarop de maansikkel op de moskeeën en vlaggen? Hoe het ook zij: de Bijbel verbiedt heel nadrukkelijk het vereren van de schepping of van zaken in de schepping als hemellichamen, dieren of wat dan ook in plaats van de Schepper. Het is de Here een gruwel. Deuteronomium zegt: '... en dat gij ook uw ogen niet opslaat naar de hemel, en de zon, de maan en de sterren, het gehele heer des hemels, aanziet en u laat verleiden u voor die neer te buigen en hen te dienen, die de HERE, uw God, heeft toebedeeld aan alle volken onder de ganse hemel' (Deut. 4:19). En verderop: '... Wanneer in uw midden in een der steden, die de HERE, uw God, u geven zal, een man of een vrouw aangetroffen wordt, die doet wat kwaad is in de ogen van de HERE, uw God, door zijn verbond te overtreden; die andere goden gaat dienen en zich daarvoor nederbuigt, voor de zon of de maan of heel het heer des hemels, wat Ik verboden heb; en het wordt u meegedeeld en gij hoort daarvan, dan zult gij dit terdege onderzoeken. Als het dan waar blijkt, als het feit vast staat, als deze gruwel in Israël bedreven is, dan zult gij de man of de vrouw, die deze wandaad bedreven heeft, naar de poort brengen, die man of die vrouw, en gij zult ze stenigen, zodat zij sterven' (Deut. 17:2-5).

Dat liegt er dus niet om! Maar Israël heeft daarnaar soms niet geluisterd, getuige 2 Koningen 21:3; 23:4 e.v.; Jeremia 8:1-3; vergelijk Job 31:26 e.v.; Jesaja 47:13.

Tammuz is de god van de plantengroei. Ezechiël zegt: '... Daarop bracht Hij mij naar de ingang der poort van het huis des HEREN aan de noordzijde; en zie, daar zaten vrouwen, die Tammuz beweenden. Hij zeide tot mij: Hebt gij dat gezien, mensenkind? Nog grotere gruwelen dan deze zult gij zien' (Ez. 8:14-15). Zeer bekend rond de Middellandse Zee is Adoni (Semitische naam) of Adonis (Griekse naam) en lijkt als twee druppels water op Osiris van de Egyptenaren. De naam Tammuz is bij de Hebreeën nog altijd bekend als de naam voor de vierde maand na Nissan.

Na 2000 v.Chr. komt Sumer ten val. Na 200 jaar van chaos komt de stad Babylon opnieuw op en gaat al spoedig het gehele Midden-Oosten beheersen. Toch blijft de Sumerische cultuur voelbaar, hoewel hun politieke macht voorbij is.

Nu we het toch over de religie hebben, is het opvallend dat Babyloniërs en Assyriërs te doen hebben met een grote menigte van goden. Tot de verering van één god zijn noch de Sumeriërs, noch de Babyloniërs, noch de Assyriërs ooit gekomen, al werd er wel telkens één god als belangrijkste beschouwd. Bijvoorbeeld Marduk in Babel en Assur in Assyrië, terwijl een tijdlang ook Nabu of Nebo op de voorgrond stond. Maar geen van deze goden is ooit dé god geworden met uitsluiting van alle andere goden. En dat kon ook niet, omdat de Assyrisch-Babylonische religie een natuurgodsdienst is, een verering van natuurkrachten die vergoddelijkt werden. Ten diepste gericht tégen de Ene ware God, de Schepper van hemel en aarde.
Maar genoeg hierover.

Bijbel en wetenschap

In het bovenstaande historische excurs hebt u een mengeling aangetroffen van historische reconstructies en bijbelgegevens. De bijbelgegevens heb ik zo hier en daar ingevlochten in de weergave en reconstructie van de geschiedenis zoals wetenschappers die opstellen met behulp van hun wetenschappelijke arbeid. Ze gebruiken daarvoor archeologische gegevens en zodra dat mogelijk is ook schriftelijke gegevens, die echter vóór de opkomst van schriftelijk vastgelegde bronnen, ingegrift op rotsen of op kleitabletten en later op perkament en papier, ontbreken. Het is mijn stellige overtuiging dat waar de Bijbel gegevens noemt van historische of natuurwetenschappelijke aard dat die gegevens betrouwbaar zijn. Maar de Bijbel is geen geschiedenisboek en geeft niet geschiedenisonderwijs in de wetenschappelijke zin van het woord. Het gaat de Bijbel om wat anders. Om heilsgeschiedenis. En daarom doet de Bijbel soms in die geschiedenis een geweldige greep en beschrijft historische zaken op een wijze die ineens weergeeft wat de geestelijke achtergrond is van die historische ontwikkelingen. Wat ze ons te zeggen hebben over God de Allerhoogste en de mensen. Zo'n magistrale greep is wat de Bijbel ons zegt over Babel-Babylon-Nimrod, de torenbouw van Babel, het verwarren van de taal, de verstrooiing der volkeren in Genesis 10 en 11. Hoewel dat dus ergens in een historisch model van de geschiedenis van het Midden-Oosten te plaatsen moet zijn, gaat het daarbij om iets anders dan om het alleen maar weergeven van wat historische feiten. Het gaat de Bijbel erom aan de hand van die historische gebeurtenissen veel dieperliggende zaken bloot te leggen. Niet slechts om kennis te verschaffen, maar inzicht, om de 'geest' van die historische gebeurtenissen te typeren.

Godsdienst van Babel/Babylon

Laten we nu luisteren naar wat de Bijbel 'geestelijk' over 'Babel-Babylon' te zeggen heeft. Om het karakter van 'Babylon' maar meteen duidelijk te maken: '... Babel was in de hand des HEREN een gouden beker die de gehele aarde dronken maakte; van zijn wijn dronken de volken, daardoor werden zij verdwaasd' (Jer. 51:7). Bij Alexander Hislop in zijn boek *The Two Babylons* las ik:

'Nu, zoals het aangehaalde citaat uit Jeremia [in de Bijbel] duidelijk maakt dat Babel/Babylon de bron was waaruit alle systemen van afgoderij voortvloeiden, dat dezelfde conclusie op louter historische gronden is getrokken door geleerde historici. Bij Zonaras vinden we dat het algemene gevoelen van de historici in de oudheid al zo was. Immers, sprekend over bijvoorbeeld rekenkunde en astronomie, zegt hij: 'Er wordt gezegd dat beide kwamen van de Chaldeeën (Babyloniërs) naar de Egyptenaren, en vandaar naar de Grieken.' Nu, als de Egyptenaren en Grieken hun rekenkunde en astronomie uit Chaldea [Babylonië] haalden, en zagen dat ze in Chaldea heilige wetenschappen waren die gedomineerd werden door de priesters aldaar, dan is dat voldoende aanleiding om te veronderstellen dat ze ook hun religie uit diezelfde hoek moeten hebben afgeleid. Bunsen en Layard komen tot dezelfde conclusie. Bunsen zegt dat het religieuze systeem van Egypte uit Azië afkomstig is, en uit het Oud-Babylonische rijk. Layard zegt dat hij overtuigd is van de grote ouderdom van deze primitieve Chaldeeuwse [Babylonische] religie, en dat er overtuigend bewijs is vanuit de profane en de godsdienst historie, dat het [religieuze systeem van Egypte] ontstaan is bij de inwoners op de vlakten van Assyrië. Het droeg het predicaat "volmaakt" en werd beschouwd als het oudste van alle religieuze systemen, en ging vooraf aan dat van de Egyptenaren. Porphyrius en Clemens stellen dat de identiteit van de Assyrische godsdienstige leerstellingen overeenkomt met die van Egypte. En hij besluit met te zeggen dat Birch heeft vastgesteld op grond van Babylonische kleicilinders en monumenten dat de tekens van de zodiak eenduidig laten zien dat de Grieken hun verklaringen en rangschikking van de zodiak (sterrenbeelden) van de Chaldeeën overgenomen hadden en die vervolgens vermengden met hun eigen mythologie.' Tot zover Alexander Hislop.

Babel als bron van álle godsdiensten en álle wetenschapsbeoefening. Dat is nogal wat!
Wat typeert Babel/Babylon? Wanneer treffen we Babel voor het eerst in de Bijbel aan? In Genesis 10 lezen we: '... En Kus verwekte Nimrod; deze was de eerste machthebber op de aarde' (Gen. 10:8). In de Luther-vertaling staat: '... der war der erste, der Macht gewann auf Erden'. Macht typeert Babel, menselijke macht, een rijk in naam van de mens en diens natuurlijke mogelijkheden.

En naast 'macht' ook een eigen vorm van godsdienst. In Genesis 11 lezen we: '... Ook zeiden zij: Welaan, laten wij ons een stad bouwen met een toren, waarvan de top tot de hemel reikt, en laten wij ons een naam maken, opdat wij niet over de gehele aarde verstrooid worden' (Gen. 11:4).

De toren was dus waarschijnlijk een ziggurat, een Babylonisch sterrenobservatorium. Er was ook een moedergodincultus, de oercultus van alle erna gekomen moedergodinverering. Nimrod en Semiramis: oorsprong van en symbool van alle afgoderij op aarde. De natuur/schepping wordt vergoddelijkt en de Schepper wordt de rug toegekeerd. Babel is de stad van de mens, met haar eigen godsdienst van de mens. Maar de mens is een gevallen mens. Zonde zit in zijn bloed. En hij is een speelbal van de machten der duisternis. Hij heeft gekozen voor satan, leugenaar van den beginne en mensenmoorder van den beginne. Over Nimrod lezen we verder in Genesis 10 dat het begin van zijn koninkrijk Babel was ... Akkad ... in het land Sinear. Uit dat land trok hij naar Assur en bouwde Nineve ...

Nineve, stad van goddeloosheid die later het oordeel krijgt aangezegd door de profeet Jona. En hoewel Nineve zich eerst bekeerde onder de prediking van Jona, en de Here het oordeel opschortte, is de stad later toch geheel vernietigd. De Assyriërs hebben later het Tienstammenrijk Israël in ballingschap gevoerd, door koning Tiglat-Pilezer III (745-727 v.Chr.) en koning Sargon II (721-705 v.Chr.) – zie 2 Koningen 15:29, 1 Kronieken 5:6 en 26 en Jesaja 8:23; ook 2 Koningen 17:6 en 18:11. En de Babyloniërs onder koning Nebukadnessar II voerden het Tweestammenrijk Juda in ballingschap na Jeruzalem en de Tempel totaal verwoest te hebben – zie 2 Koningen 24:10-16, Jeremia 52:28 en 2 Koningen 25:11, Jeremia 52:29. Daarvoor had koning Sanherib naar eigen bericht al 200.150 mensen uit de grote en kleine steden van Juda bij zijn tocht tegen koning Hizkia in 701 v.Chr. weggevoerd.

Kortom, uit de nazaten van Nimrod-Semiramis komt goddeloosheid voort die zich vol haat tegen Gods volk Israël en tegen Gods stad Jeruzalem keert. Maar uiteindelijk zal 'Babylon' vernietigd worden en overwint 'Jeruzalem' (Openb. 14:8 en hoofdstuk 17-19)!

Maar nu verder met de vele typen van dé antichrist die we in de Bijbel tegenkomen! Na Kaïn en Lamech uit de voortijd – de periode van voor de Zondvloed – als eerste dus Nimrod. De geslachtslijst en volkerenlijst zijn te vinden in Genesis 10. Over Nimrod wordt daar gezegd: '... En Kus verwekte Nimrod; deze was de eerste machthebber op de aarde; hij was een geweldig jager voor het aangezicht des HEREN; daarom zegt men: Een geweldig jager voor het aangezicht des HEREN als Nimrod. En het begin van zijn koninkrijk was Babel, Erek, Akkad en Kalne, in het land Sinear. Uit dat land trok hij naar Assur en hij bouwde Nineve, Rechobot-Ir, Kalach en Resen tussen Nineve en Kalach; dat is de grote stad' (Gen. 10:8-12).

Nimrod

Nimrod betekent: rebel, opstandeling, revolutionair. Dé antichrist wordt in 2 Tessalonicenzen '... de tegenstander ...' (2 Tess. 2:4) genoemd en in Daniël wordt van hem gezegd '... hij zal zich in zijn hart verheffen, en onverhoeds velen verderven. Ook tegen de Vorst der vorsten zal hij optreden' (Dan. 8:25).

- Nimrod was een zoon van Kus en Kus was een zoon van Cham die door Noach vervloekt was. Cham, niet als voorvader van de negroïde rassen, maar voorvader van de Kanaänietische volkeren. '... Toen Noach uit zijn roes ontwaakte en vernam, wat zijn jongste zoon hem aangedaan had, zeide hij: Vervloekt zij Kanaän, een knecht der knechten zij hij voor zijn broeders. Voorts zeide hij: Geprezen zij de HERE, de God van Sem, maar Kanaän zij hem tot knecht. God breide Jafet uit, en hij wone in de tenten van Sem, en Kanaän zij hem tot knecht' (Gen. 9:24-27).
- Nimrod stamde dus niet af van Sem (uit wiens lijn ten slotte Abraham, Isaak en Jakob en de twaalf stammen van Israël en uit de stam Juda ten slotte Christus voortkwam), noch van Jafet. '... En Kus verwekte Nimrod; deze was de eerste machthebber op de aarde' (Gen. 10:8). In de Engelse vertaling (NIV) wordt vertaald: 'Cush was the father of Nimrod, who grew to be a mighty warrior on the earth'. Nimrod is dus niet in de eerste plaats jager, maar krijger.

- De Statenvertaling vertaalt: '... En Cush gewon Nimrod; deze begon geweldig te zijn op de aarde.' Machthebber. Het Hebreeuws gebruikt het woord 'gibbor' dat nogal eens vertaald wordt met '(opper)hoofd'. Diverse malen wordt het woord 'macht' met Nimrod in verband gebracht. 2 Tessalonicenzen zegt van dé antichrist dat '... diens komst is naar de werking des satans met allerlei krachten' (2 Tess. 2:9). In het Grieks staat het woord in het enkelvoud πάση δυναμει – alle kracht/macht/ 'power'. Er staat tot tweemaal toe ook dat Nimrod machtig werd '... voor het aangezicht des Heren.' Wat betekent dat? Het betekent dat Nimrod willens en wetens dwars tegen de Allerhoogste inging, in alle openheid. Hij schaamde zich niet voor zijn goddeloosheid. Vergelijk het met Genesis 6: '... De aarde nu was verdorven voor Gods aangezicht, en de aarde was vol geweldenarij' (Gen. 6:11). En vergelijk het met dé antichrist in Daniël 11: '... En de koning zal doen wat hem goeddunkt; hij zal zich verhovaardigen en zich verheffen tegen elke god, zelfs tegen de God der goden zal hij ongehoorde woorden spreken, en hij zal voorspoedig zijn, totdat de maat van de gramschap vol is; want wat vastbesloten is, geschiedt' (Dan. 11:36).
- Nimrod was een man van bloedvergieten. 1 Kronieken 1 zegt: '... Kus verwekte ook Nimrod; deze was de eerste, die machtig werd op aarde' (1 Kron. 1:10). Arthur Pink zegt dat in een Babylonische versie staat: 'Kus verwekte Nimrod die groot werd in verdorvenheid want hij vermoordde onschuldig bloed en rebelleerde tegen JHWH'. Zo zou de inhoud van het woord 'jager' dus gaan betekenen dat hij onophoudelijk de ware gelovigen najoeg en Gods volk, het godvrezend geslacht, doodde. Psalm 5 zegt: '... de HERE verafschuwt de man van bloed en bedrog' (Ps. 5:7b). En Psalm 140 bidt: '... Red mij, o HERE, van de boze mensen, bewaar mij voor de mannen van het geweld, die boze dingen in hun hart beramen, de ganse dag strijd verwekken; zij hebben hun tong gescherpt als een slang, addervergif is onder hun lippen. Behoed mij, o HERE, voor de handen van de goddelozen, bewaar mij voor de mannen van het geweld, die zich voornemen mij de voet te lichten' (Ps. 140:2-5).

- Nimrod was ook koning: '... het begin van zijn koninkrijk was Babel ...' en daarna breidde hij zijn macht in de toenmalige wereld steeds verder uit, bouwde andere steden. Maar dé heerser van Babylon, dé antichrist van de eindtijd, zal toch eenmaal jammerlijk ten val komen. Jesaja zegt over deze 'koning van Babel': '... De HERE heeft de stok der goddelozen verbroken, de scepter der heersers, die in verbolgenheid zonder ophouden natiën sloeg, die in toorn volken vertrad in meedogenloze vervolging. De gehele aarde heeft rust, is stil; men breekt uit in gejubel; zelfs de cypressen verheugen zich over u, de ceders van de Libanon: Sinds gij neerligt, klimt niemand naar ons op om ons te vellen. Het dodenrijk beneden is over u in beroering om u bij uw komst te ontmoeten; het wekt de schimmen voor u op, al de bokken der aarde; het doet alle koningen der volken van hun tronen opstaan. Zij allen vangen aan tot u te zeggen: Ook gij zijt krachteloos geworden als wij, gij zijt aan ons gelijk geworden; uw trots is in het dodenrijk neergeworpen, de klank uwer harpen; het gewormte ligt onder u gespreid en maden zijn uw bedekking' (Jes. 14:5-11).
- Nimrod stelde het kennelijk zeer op prijs dat zijn reputatie wereldwijd gevestigd werd. Genesis 10:9 zegt: '... daarom zegt men ...' Een spreekwoordelijke reputatie. Nimrod maakt een naam voor zichzelf in plaats van dé Naam te dienen. Dat naam maken voor jezelf is ook een van de motieven van de torenbouw van Babel. Genesis 11 zegt: '... Ook zeiden zij: Welaan, laten wij ons een stad bouwen met een toren, waarvan de top tot de hemel reikt, en laten wij ons een naam maken, opdat wij niet over de gehele aarde verstrooid worden' (Gen. 11:4). Terwijl de Here gezegd had tegen Noach in Genesis 9: '... En God zegende Noach en zijn zonen en zeide tot hen: Weest vruchtbaar, wordt talrijk en vervult de aarde' (Gen. 9:1).
- Nimrod wil een wereldheerschappij vestigen. Om dat te bereiken waren twee dingen nodig. Allereerst een centrum, een hoofdkwartier, en vervolgens een motivatie, een ideologie die zijn volgelingen zou inspireren. Het centrum werd Babel en de ideologie: 'laten wij ons een naam maken'. Wij, als mensen samen, met

onze eigen religie, de religie van de-mensen-als-goden, en de krachten van de natuur als manifestaties van de goden, demonen als engelen en de satan als oppergod.

Je proeft bij Nimrod de poging van de satan om het koninkrijk van de mens op te richten, met een grote leider aan de top, van beneden geïnspireerd. Voltooiing van de opstand tegen de Allerhoogste die al in het paradijs begonnen was. Door inspiratie van de Heilige Geest staat dit gedeelte pal vóór het goddelijk geïnspireerde verslag van de roeping van Abraham uit Ur der Chaldeeën (het Ur van de Babyloniërs!) naar het Beloofde Land, waarmee God zijn plan van verlossing van mens en wereld inzet: een land en een volk en een zegen, die ten slotte wereldwijd uitgaat naar alle volken en uitkomt in de komst van zijn koninkrijk en de Koning van dat koninkrijk: Jezus Christus, Zoon van God en zoon des mensen, de Messias van Israël. Proeven we in het '... Welaan, laat Ons nederdalen en daar hun taal verwarren, zodat zij elkanders taal niet verstaan' (Gen. 11:7) iets van het daar tegenover staan van het neerdalen uit de hoge van Hem die gekomen is om alles tot volheid te brengen? '... Wat betekent dit: Hij is opgevaren, anders dan dat Hij ook nedergedaald is naar de lagere, aardse gewesten? Hij, die nedergedaald is, Hij is het ook, die is opgevaren ver boven alle hemelen, om alles tot volheid te brengen' (Ef. 4:9-10).

Mysteriegodsdiensten

Nog een enkel woord over Nimrod en Babel/Babylon. Nimrod en zijn nieuw uitgevonden religie heeft veel van het denken in de profane wereld in de oudheid gevormd. De Bijbel geeft ons slechts een kort verslag van Nimrod en de stichting van Babel, maar het is mogelijk om die in te vlechten in de geschiedenisbeschrijving van auteurs in de klassieke oudheid die belangrijke informatie hebben verschaft over deze stichter van Babylon en haar eerste koning. We noemden Alexander Hislops *The Two Babylons*, voor het eerst gepubliceerd in 1850. Een ander boek is dat van Ralph Woodrow:

Babylon Mysterie Religion, die het werk van Hislop voltooide en aanvulde, hoewel hij er later zijn bedenkingen tegen uitte! Laten we Hislop een tijdje volgen.

Noach was een prediker van de gerechtigheid en zijn naam betekent 'rust' – hij rustte in God zijn Heiland. Zijn ene zoon Cham was profaan, en een van diens zonen, Kus, werd de vader van Nimrod – zijn naam betekent 'opstand'. '... En Kus verwekte Nimrod; deze was de eerste machthebber op de aarde; hij was een geweldig jager voor het aangezicht des HEREN; daarom zegt men: Een geweldig jager voor het aangezicht des HEREN als Nimrod. En het begin van zijn koninkrijk was Babel, Erek, Akkad en Kalne, in het land Sinear. Uit dat land trok hij naar Assur en hij bouwde Nineve, Rechobot-Ir, Kalach en Resen tussen Nineve en Kalach; dat is de grote stad' (Gen. 10:8-12).

Hislop vertaalt 'Assur' als een werkwoord in plaats van als een plaatsnaam. Dan krijg je dus: 'Uit dat land trok hij, sterk gemaakt/geworden, en bouwde Nineve' en dat komt dan overeen met de antieke geschiedenis. Nimrod was de eerste koning van Babel. Nimrods vrouw was Semiramis, bekend om haar schoonheid en haar im-moraliteit en losbandigheid. Nimrod stond in de oudheid bekend als 'Ninus', een woord afkomstig van het Hebreeuwse woord 'nin' dat 'een zoon' betekent. De betekenis van de naam is dat Nimrod later vereerd werd als een opnieuw geboren, een wedergeboren kind. Babylon is Grieks, Babel is Hebreeuws.

Geschiedbronnen uit de antieke oudheid leren ons dat Nimrod de eerste was die de krijgskunst beoefende en dat hij een machtig krijger en een groot jager was – tegen de ware God en tegen alles wat die ware God representeerde. Hij was echter ook bekend om zijn toepassingen van toverkunst en vuur om zijn overwinningen te behalen. Hij was degene die de aanbidding van de zon introduceerde. Dit hield ook rituelen in met aanbidding van het vuur, omdat vuur beschouwd werd als aardse representant van de zon.

De zonnegod werd van de vroegste tijden aan vereerd onder de naam 'Baäl'. Zo zette Nimrod de grote opstand tegen God in.

De Bijbel spreekt ook over de toren van Babel/Babylon die tot aan de hemel moest reiken – of beter: met de hemel op de top. De Here verijdelde de plannen van Babylon echter door hun taal te verwarren. Het is niet verrassend om te zien hoe vele verschillende namen opduiken in vele nieuw ontstane talen voor Nimrod en zijn vrouw, wanneer ze in komende generaties en in vele verschillende naties als goden vereerd worden.

De zon als god

Al de verschillende religies die van Babylon afstammen, hebben overeenkomstige thema's. Een van de centrale karaktertrekken is de dood van een machtig krijger-god. Nimrod kwam op gewelddadige wijze – en voor zijn tijd – om het leven. Alle overleveringen beweren dat zijn lichaam in stukken werd gedeeld en verspreid – hetgeen wijst op een grote daad van wraak en afrekening – en dat de stukken naar verschillende landstreken gestuurd werden als waarschuwing voor anderen. Iets dergelijks wordt ook beschreven in de Bijbel in Richteren 19:29 en 1 Samuël 11:6-7. Hislop concludeert dat degene die dit oordeel van God over een dergelijke afgoderij en opstand voltrok Sem was, Noachs rechtvaardige zoon – waar ten slotte het volk Israël van afstamt.

De gewelddadige dood van Nimrod leidde tot een onderdrukking van deze afgoderij (Nimrod als zonnegod), maar zijn vrouw Semiramis deed deze religie in het geheim herleven. Zij beweerde dat Nimrod nu een god was, in de gedaante van de zon, waarvan het vuur de aardse representant was. Later gaf zij geboorte aan een kind (niet van vlees en bloed) dat verondersteld werd de reïncarnatie te zijn van de held Nimrod, thans de zonnegod.

Dit kind werd bekend onder verschillende namen, waarvan 'Tammuz' de bekendste is. 'Tammuz', bij de Babyloniërs 'Dumuzi', bij de Grieken 'Adonis', is een vegetatie-godheid, die verondersteld werd in de zomerhitte te sterven en in de onderwereld af te dalen, om in het voorjaar weer op te staan en de natuur het leven te hergeven. Om deze godheid – 'de lieveling der vrouwen' – gaat het waarschijnlijk in Daniël 11:37. Dat in het bijzonder vrouwen deze godheid vereerden, blijkt uit Ezechiël 8:14. Deze afgodendienst was ook in Juda doorgedrongen. De valse claim werd gelegd dat dit nu het in Genesis 3:15 beloofde 'zaad van de vrouw' was, terwijl het uiteraard een door de satan uitgedacht demonisch bedrog was. Semiramis was geen maagd. Integendeel, zij was een hoer en een zeer immoreel mens.

Zelfs Nimrods vader Kus werd vereerd onder verschillende namen en stond model voor Babylonische goden. Bijvoorbeeld de naam van de god 'Hermes'. Wanneer je de oude talen van de mysteriereligies van de oudheid ontcijfert, betekent het 'zoon van Cham'. Het mag dan vreemd lijken hoe iemand kan geloven dat de zon ook een kind kan zijn, maar miljoenen mensen zijn 'voor de gek gehouden' en bedrogen door dergelijke absurditeiten. Heeft Rome bijvoorbeeld ook niet al eeuwenlang geleerd dat een stukje brood en een slokje wijn tijdens de consecratie in de mis werkelijk veranderen in het echte lichaam van Christus?

Het in-stukken-hakken van Nimrod staat recht tegenover het feit dat van Jezus geen been(deren) gebroken zou worden (Ps. 22:15-16, 34:21; Joh. 19:32-36). Echter, de dood van Nimrod in de verschillende vormen van religie die oorspronkelijk uit Babylon afkomstig zijn, hield vervolgens in: het in-stukken-snijden en overal-heen-verspreiden van zijn lichaam. Delen van zijn lichaam werden bewaard en vereerd als relikwieën na zijn dood en zijn veronderstelde vergoddelijking. Daar tegenover staat dat Jezus Christus ten hemel is gevaren nadat Hij uit de doden was opgewekt in hetzelfde lichaam als waarin Hij gestorven was. Het graf was leeg. En in dat verheerlijkte lichaam zal Hij eenmaal wederkomen ...

Uitverkoren

Het geheim van Nimrod als de zonnegod en redder van de mens werd alleen onthuld aan een paar speciale uitverkorenen – zij die de inwijdingsriten hadden ondergaan. Deze religies worden mysteriegodsdiensten genoemd, waarin de geheimen van de zonnegod Nimrod werden geopenbaard en waarin hij aanbeden werd. Deze mysteriegodsdiensten hebben zich snel door de antieke wereld verspreid en vormden de basis voor de heidense religies van Assyrië, India, Egypte, Griekenland, het Romeinse Rijk, en vele andere naties. Zij zijn tegenwoordig ook de basis voor heel veel hedendaagse godsdiensten, zelfs soms gehuld in een christelijk gewaad.

De mysteriegodsdiensten bevatten een vergaande symboliek waarbij het gaat om opvoeringen van de dood, opstanding en vergoddelijking van Nimrod – onder de vermomming van vele verschillende namen. De aanbidding gebeurde ook met vuur, om de zon voor te stellen, de gever van licht. Zo werd de vergoddelijkte Nimrod aanbeden en vereerd als de gever van het licht aan de mensheid: hij verlichtte de mensheid door hen het verschil tussen goed en kwaad te doen kennen. Vandaar de naam Lucifer: lichtdrager, lichtgever en verlichter. Zelfs de slang werd vereerd als een geheim symbool in deze mysteriegodsdiensten. Maar in de Bijbel wordt verteld hoe de satan verscheen in de gedaante van de slang en dat diens zaad zou vermorzeld worden door het Zaad van de vrouw, de werkelijke brenger van het Licht: Jezus Christus, die zei: '... Ik ben het Licht der wereld' (Joh. 8:12). Hier staat de aanbidding van Nimrod als duivelse tegenhanger lijnrecht tegenover. Paulus zegt erover, wetend dat dit ook onder een christelijke dekmantel gebeuren kan: '... Want zulke lieden zijn schijn-apostelen, bedrieglijke arbeiders, die zich voordoen als apostelen van Christus. Geen wonder ook! Immers, de satan zelf doet zich voor als een engel des lichts. Het is dus niets bijzonders, indien ook zijn dienaren zich voordoen als dienaren der gerechtigheid; maar hun einde zal zijn naar hun werken' (2 Kor. 11:13-15). De aanbidding van Nimrod is ten diepste aanbidding van de machten der duisternis.

Koningin des hemels

Bij verdere ontwikkeling van deze religie werd Semiramis ook vergoddelijkt als koningin des hemels en kreeg geleidelijk dezelfde eer toegemeten als Nimrod. De algemene vorm van aanbidding laat Nimrod zien als de zon en zijn vrouw als de maan, met sterren rondom haar hoofd. Hier zien we dus eigenlijk het ontstaan van de aanbidding van zon, maan en sterren. Het is daarom niet verwonderlijk dat astrologie en de zodiak ontstonden in de Babylonische religie. Als tegenhanger van de ware sterrenbeelden, waarin de Allerhoogste van meet af aan het eeuwig Evangelie woordeloos present stelde, zodat een woordeloze prediking uitging tot aan de einder der aarde. Daarover iets meer verderop in dit hoofdstuk.

Net als bij Nimrod waren er talloze heidense voorstellingen van Semiramis, koningin des hemels of de moedergodin. Ze werd meestal afgebeeld met kind – Nimrod – die immers de incarnatie van de zon als god was. Zo is dat eigenlijk ook overgenomen door de Rooms-Katholieke Kerk in de verering van Maria en het Kind Jezus – maar dat zou dus eigenlijk een christianiseren zijn van Semiramis en haar kind uit overspel geboren, zegt Hislop, hoewel dat niet zo hoeft te zijn. Immers, het eerste sterrenbeeld is Virgo – de Maagd, met als eerste onderbeeld: Coma – vrouw met kind op schoot, zie later in dit hoofdstuk. Dat beeld stond dus al aan de hemel voordat de astrologie en de mysteriereligie van Nimrod en Semiramis ermee 'aan de haal' konden gaan!

Net zoals de levens van Nimrod en Semiramis totaal immoreel waren, zo hielden hun aanbidding van de mysteriegodsdiensten afschuwelijke en niet nader te noemen vormen van immoraliteit in. Deze praktijken werden bedreven achter een façade van uiterlijke heiligheid. Het is daarom volkomen terecht dat de Bijbel de verering aan aanbidding van afgoden vergelijkt met hoererij en geestelijk overspel.

Drie beesten

Openbaring 12-13 spreekt over drie beesten. Hislop verklaart dat dit gedeeltelijk een geestelijk verweer vertegenwoordigt tegen de ontwikkeling van de drie hoofdvormen van Babylonische religies. Allereerst is daar de '... grote vuurrode draak/rossige draak ...' (Openb. 12:3 HSV resp. NBG) – letterlijk slang/serpent in het Grieks. Rood vertegenwoordigt vuur en bloed. Ezechiël zegt: '... Ja, zij pleegde nog meer ontucht; immers, zij zag mannen op de muur getekend, afbeeldingen van Chaldeeën, met menie getekend' (Ez. 23:14). Rode menie. En we zagen reeds dat dit de aanbidding van vuur en de slang vertegenwoordigt in de Babylonische religieuze systemen.

Dit wordt gevolgd door het '... beest uit de zee ...' (Openb. 13:1), dat wijst op een volgende ontwikkeling in de Babylonische religie waarin de god, die als gedeeltelijk vis, gedeeltelijk mens werd voorgesteld, uit de zee omhoog rees om de mensheid te verlichten en te redden. Wanneer je deze legende en alle variaties daarop onderzoekt, blijken het duidelijk verdraaiingen van de bijbelse geschiedenis van Noach te zijn, die behouden door de watervloed heen kwam die de wereld van de voortijd verzwolg. Deze vis-god werd met verschillende namen genoemd: 'Oannes', 'Janus' en 'Dagon'.

Ten slotte was daar '... het beest uit de aarde ...' (Openb. 13:11). In de Babylonische religies wordt dit voorgesteld door goden die half mens/half dier zijn. Deze goden werden gedacht voortgekomen te zijn uit een grot of uit een gat in de grond. De belangrijkste was de Babylonische god 'Nebo' die ook in de Schrift genoemd wordt. 'Nebo' betekent letterlijk 'profeet', en 'Nebo' werd geassocieerd met

allerlei soorten van mirakelen en tovenarij. Dit is geheel in lijn met de 'tekenen' die het beest in Openbaring 13:12-15 doet om daarmee de mensheid te verleiden. Om de aanbidding van dit beest uit de aarde daarmee te laten sporen, werden de mysteriën vaak gecelebreerd in een spelonk of een grot. Over die drie beesten uit Openbaring valt natuurlijk nog veel meer te zeggen! Juist in het boek Openbaring tref je de ware aard aan van die beesten. Zo keert het boek Openbaring zich direct en indirect tegen deze heidense voorstelling van zaken, en onthult, openbaart hun ware aard.
We gaan verder met Hislop.

Inwijdingsriten

De mysteriën werden in het geheim gevierd. 'Openlijke' religieuze praktijken hielden vormen van symboliek in om duidelijk te maken dat de volle betekenis van de aanbiddingsrituelen slechts aan hen geopenbaard zou worden die ingewijd waren in de mysteriën. Er is weinig bekend over deze inwijdingsrituelen. Je kunt je er alleen enige voorstelling van maken op grond van snippers van informatie. Waarschijnlijk zijn er verdere aanwijzingen te vinden bij de geheime rituelen van groepen die wortelen in de mysteriën, zoals de vrijmetselarij en andere geheime/occulte verenigingen.

Het woord 'occult' komt van het Latijnse 'occultus' dat 'verborgen', 'geheim' betekent. Iedere kandidaat voor de inwijding moest de meest verschrikkelijke eden zweren dat hij/zij nimmer de geheimen van de mysteriën zou onthullen, op straffe van de dood. Dergelijke eden van geheimhouding worden vandaag nog altijd afgelegd, o.a. in de vrijmetselarij.

Sommige van deze inwijdingsriten hielden ook een vorm van doop in, die beschouwd werd als het werkelijk bewerkstelligen van wedergeboorte en werkelijke reiniging van zonden. In de Bijbel is de doop een uiterlijk teken van wedergeboorte die door de Heilige Geest bewerkt wordt. Doop in de mysteriën was vaak formidabel en krachtdadig om niet te zeggen gewelddadig, zodat ook niet alle kandidaten het overleefden! Enorme 'theatrale' effecten vonden rondom hen plaats, met allerlei geluiden, blaffen, loeien, donder, schudden, verschijnselen, vuur, licht en duisternis, spookachtige geestesgedaanten, etc. Vervolgens werd dan ten slotte aan hen onthuld en geopenbaard de grote god, de centrale figuur van hun aanbidding, Osiris, Nimrod, Tammuz of Adonis op een manier die het beste bij hun paste en die hun geschokte zenuwen en gevoelens weer tot bedaren bracht, en ze leidde tot blinde aanbidding en liefde.

Auteurs hebben ook inzichten gegeven in de dingen die kandidaten voor hun inwijding moesten doen, waarbij je de rillingen over de rug lopen! Zoals het oversteken van een spleet zonder brug in de 'tempel'vloer. Als hem dat niet lukte, stortte hij in een spleet in de krater van een vulkaan en stierf. Bij andere rituelen waarbij de kandidaat verzocht toe te treden tot het binnenste van het heiligdom moest hij door een gesloten deur heengaan door middel van 'dematerialisatie'. Hoewel bekend is dat er heel wat 'goocheltrucjes' aan te pas kwamen bij de mysteriën, lijdt het toch ook geen twijfel dat er echte en demonische krachten aan het werk waren.

Er zijn vele antichristen, vele religieuze en demonische verleidingen. Er is sprake van een misleide en bedrogen mensheid. Maar de weg naar de allerhoogste God ligt open. Hij heeft Zich geopenbaard in zijn Woord. De Bijbel is beschikbaar in nagenoeg alle talen van de wereld. En in dat Woord lezen we over dé weg, dé waarheid en hét leven: Jezus Christus, die in Betlehem geboren werd. Aangekondigd door de sterren aan de hemel!

De sterren van Betlehem

Wat zeggen ons de sterren? Welke boodschap lezen we aan de sterrenhemel? We hoorden hoezeer de astrologie door Nimrod in Babel/Babylon tot ontwikkeling gebracht werd: afgoderij met behulp van de sterrenhemel. Maar is er ook een andere betekenis van de sterrenhemel te veronderstellen? Wat zegt ons dat indrukwekkende universum met die miljarden sterren en sterrenstelsels?

Allereerst natuurlijk dat er een onvoorstelbaar intelligente en eeuwige Schepper moet zijn 'die de werelden dacht en zij waren'. Met het verstand kan elk mens doorzien en begrijpen dat er achter de wereld om hem heen en achter het grote heelal, een scheppende Almacht moet zijn. Paulus zegt '... hetgeen van Hem niet gezien kan worden, Zijn eeuwige kracht en goddelijkheid, wordt sedert de schepping der wereld uit Zijn werken met het verstand doorzien' (Rom. 1:20). Van de majestueuze schepping gaat een krachtige boodschap uit, zelfs zonder woorden.

Vervolgens zegt Paulus: '... Zo is dan het geloof uit het horen' (Rom. 10:17a). Geloof is uit het horen van het Woord van God. Uit het horen van en begrijpen van een gesproken boodschap, van bijbelse verkondiging. Woord is in het Grieks ρημα – rhèma, gesproken woord. Door de Godsopenbaring in het Woord van God, de Bijbel, krijgt het geloof veel duidelijker vorm.
Er zijn twee bronnen waar God uit gekend kan worden, zeiden de reformatoren al: de natuur en de schriftuur.

Maar daarna vervolgt Paulus dan: '... Maar ik vraag: hebben zij het dan niet gehoord? Zeer zeker: Over de ganse aarde is hun geluid uitgegaan en tot de einden der wereld hun woorden' (Rom. 10:18). 'Aarde' is in het Grieks γη – gè, de aarde als 'aardkloot', de wereldbol, de planeet. 'Woorden' is in het Grieks ρηματα – rhèmata, en 'wereld' is in het Grieks οικουμενη – oikoumene, oecumene, bewoonde wereld, mensenwereld. Dus kennelijk gaat er toch ook een 'gesproken' boodschap, 'geluid', 'woorden', vanuit de natuur, met name vanuit het universum, tot de einden der aarde.

Er gaat over de gehele bewoonde wereld, wereldwijd een boodschap uit, een geluid. Maar het is een geluid zonder woorden! Dit vers uit Romeinen 10 is een citaat uit Psalm 19. Daar lezen we: '... De hemelen vertellen Gods eer, en het uitspansel verkondigt het werk Zijner handen; de dag doet sprake toestromen aan de dag, en de nacht predikt kennis aan de nacht. Het is geen sprake en het zijn geen woorden, hun stem wordt niet vernomen: toch gaat hun prediking uit over de ganse aarde en hun taal tot aan het einde der wereld' (Ps. 19:2-5).

Een boodschap zonder woorden. Een woordloze verkondiging, over de ganse aarde. Een taal aan de hemel, een taal die gelezen en begrepen kan worden. Wat is die hemeltaal? Hoe kun je die taal aan de sterrenhemel lezen?

Vanaf het begin van de mensheid werd de sterrenhemel gelezen. Die sterrenhemel bevatte 'plaatjes' die als een stripverhaal gelezen konden worden. Die plaatjes aan de hemel noemen we 'sterrenbeelden'. De plaatjes zijn kennelijk ouder dan de groepen sterren waaraan ze zijn 'vastgeknoopt'. Die groepen sterren lijken er vaak zelfs niet op! De plaatjes zijn dus niet afgeleid uit die groepen sterren, maar omgekeerd: de sterren waren 'punaises' waarmee de plaatjes aan de hemel 'opgehangen' werden. Aan sterren en sterrenbeelden werden namen gegeven door de Allerhoogste!

Psalm 147 zegt: '... Hij bepaalt het getal der sterren, Hij roept ze alle bij name' (Ps. 147:4). En Jesaja: '... Met wie dan wilt gij Mij vergelijken, dat Ik hem zou gelijk zijn? zegt de Heilige. Heft uw ogen naar omhoog en ziet: wie heeft dit alles geschapen? Hij, die het heer daarvan [de sterren] in groten getale uitleidt en elk daarvan bij name roept door de grootheid Zijner sterkte en omdat Hij geweldig van kracht is; er blijft niet één achter' (Jes. 40:25-26).

Een paar namen van sterren en sterrenbeelden treffen we in de Bijbel aan. '... Kunt gij de banden der Pleiaden binden, of de boeien van de Orion slaken? Doet gij de tekens van de Dierenriem [Hebreeuws: Mazzaroth] te rechter tijd opgaan, en bestuurt gij de Beer met zijn jongen? Kent gij de inzettingen des hemels, bepaalt gij zijn heerschappij over de aarde? ... Hij maakt de Beer en de Orion, de Pleiaden en de Kamers van het Zuiden. ... Door zijn adem werd de hemel helder, zijn hand doorboorde de snelle slang' (Job 38:31-33; 9:9; 26:13).

Vendels en veldtekenen

Numeri zegt: '... De Israëlieten zullen zich legeren ieder bij zijn vendel [banier, SV] onder de veldtekenen [tekenen, SV] van hun families; op een afstand zullen zij zich rondom de tent der samenkomst legeren. Aan de oostzijde, aan de kant waar de zon opgaat, zal het vendel van de legerplaats van Juda zich legeren naar hun legerscharen' (Num. 2:2-3). En vervolgens beschrijft Numeri 2 wie naast Juda gelegerd was, en wie daarnaast gelegerd was, etc. Wat betekent dat? 'Vendel' is in het Hebreeuws 'Degel' en 'veldteken' betekent 'Oth'. Op de vendels waren de (veld)tekenen aangebracht. Iedere stam had zijn eigen (veld)teken, en ze waren gelegerd in de woestijn rondom de Tabernakel. Oude Joodse uitleggers wijzen erop dat elk zijn eigen (veld)teken had. In de *Encyclopaedia Judaica* wordt gezegd dat de twaalf tekens op de twaalf banieren corresponderen met de twaalf tekens van de zodiak. De volgorde van de legering in de woestijn rondom de tabernakel is in Numeri 2: Juda, Issaschar, Zebulon in het Oosten; dan Ruben, Simeon, Gad in het zuiden; vervolgens Levi in het midden bij de 'tent der samenkomst'; daarna Efraïm, Manasse en Benjamin in het Westen; ten slotte Dan, Aser en Naftali in het noorden.

De *Encyclopaedia Judaïca* combineert de sterrenbeelden (met hun Latijnse namen) op de banieren van de twaalf stammen Israëls op grond van het Joodse geschrift, de *Yalkut Shimoni*, als volgt: Juda-Aries, Issaschar-Taurus, Zebulon-Gemini, Ruben-Cancer, Simeon-Leo, Gad-Virgo, Efraïm-Libra, Manasse-Scorpio, Benjamin-Sagittarius, Dan-Capricornus, Aser-Aquarius en Naftali-Pisces. Levi wordt niet genoemd. Israël behoorde niet bang te zijn voor de hemeltekenen, zoals de volkeren. Jeremia 10 zegt: '... Zó zegt de HERE:

Gewent u niet aan de weg der volken en schrikt niet voor de tekenen aan de hemel, omdat de volken daarvoor schrikken' (Jer. 10:2).

Christelijke uitleggers in de 19de eeuw (zie hieronder) kwamen met een andere indeling op grond van een andere lezing van de hemeltekenen. Zij zeggen: Juda-Leo, Issaschar-Cancer, Zebulon-Virgo, Ruben-Aquarius, Simeon-Pisces, Gad-Aries, Efraïm en Manasse-Taurus met 2 hoornen, Benjamin-Gemini, Dan-Scorpio, Aser-Sagittarius en Naftali-Capricornius. Levi in het midden: Libra-Weegschaal, vanwege het bloed op het altaar dat 'opweegt' tegen de zonden van het volk.

De Nederlandse namen van de twaalf tekenen van de zodiak, de twaalf sterrenbeelden van de dierenriem zijn: Ram (Aries), Stier (Taurus), Tweelingen (Gemini), Kreeft (Cancer), Leeuw (Leo), Maagd (Virgo), Weegschaal (Libra), Schorpioen (Scorpio), Boogschutter (Sagittarius), Steenbok (Capricornus), Waterman (Aquarius) en Vissen (Pisces).

De snelle, kronkelende slang is het sterrenbeeld Hydra, in het sterrenbeeld Leo – Leeuw. De Leeuw uit de stam van Juda vertreedt in dit sterrenbeeld de slang, zoals beloofd in Genesis 3: '... dit [zaad van de vrouw, de Verlosser] zal u de kop vermorzelen' (Gen 3:15). Of zoals Openbaring zegt: '... En de grote draak werd (op de aarde) geworpen, de oude slang, die genaamd wordt duivel en de satan, die de gehele wereld verleidt; hij werd op de aarde geworpen en zijn engelen met hem ... En ik zag een engel nederdalen uit de hemel met de sleutel des afgronds en een grote keten in zijn hand; en hij greep de draak, de oude slang, dat is de duivel en de satan, en hij bond hem duizend jaren, en hij wierp hem in de afgrond en sloot en verzegelde die boven hem, opdat hij de volkeren niet meer zou verleiden' (Openb. 12:9; 20:1-3a).

Maar we lopen op de zaken vooruit! Terug naar sterren en sterrenbeelden in de Bijbel. In Handelingen wordt er van het schip, waar Paulus zich op bevindt, gezegd: '... Na drie maanden nu zeilden wij uit met een schip uit Alexandrië, dat op het eiland overwinterd had, en de Dioskuren als kenteken voerde' (Hand. 28:11). 'Dioskuren': dat zijn Castor en Pollux, uit het sterrenbeeld Gemini – Tweelingen. Amos spreekt over: '... Hij, die Pleiaden en Orion heeft gemaakt; Hij, die donkerheid verkeert in ochtend, en die de dag tot nacht verduistert; Hij, die het water der zee heeft opgeroepen en uitgegoten over de oppervlakte der aarde, – HERE is zijn Naam!' (Amos 5:8) Het gaat hier over de Pleiaden en het Zevengesternte.

Geen astrologie

Jesaja zegt dat in de oordeelsdag des Heren de sterren en de sterrenbeelden niet zullen stralen: '... Zie, de dag des HEREN komt, meedogenloos, met verbolgenheid en brandende toorn, om de aarde tot een woestenij te maken en haar zondaars van haar te verdelgen. Want de sterren en de sterrenbeelden des hemels doen hun licht niet stralen, de zon is bij haar opgang verduisterd en de maan laat haar licht niet schijnen' (Jes. 13:9-10).

Het behoeft geen betoog dat met de sterrenbeelden al vele eeuwen lang astrologie bedreven wordt. Daartegen verzet de Bijbel zich hevig. Het is afgoderij. Horoscopen zijn uit-den-boze. Mozes zegt namens de Here in Deuteronomium 18: '... Wanneer gij gekomen zijt in het land dat de HERE, uw God, u geven zal, dan zult gij niet leren doen naar de gruwelen van die volken. Onder u zal er niemand worden aangetroffen, die zijn zoon of zijn dochter door het vuur doet gaan, die waarzeggerij pleegt, geen [sterren]wichelaar, uitlegger van voortekenen, of tovenaar, geen bezweerder, niemand, die de geest van een dode of een waarzeggende geest ondervraagt of die de doden raadpleegt. Want ieder die deze dingen doet, is de HERE een gruwel, en ter wille van deze gruwelen drijft de HERE, uw God, hen voor u weg' (Deut. 18:9-12).

Spottend zegt Jesaja over deze sterrenwichelaars: '... laten nu opstaan en u redden, zij die de hemel indelen, die de sterren waarnemen, die maand voor maand doen weten wat u overkomen zal. Zie, zij zijn als stoppelen, die het vuur verbrandt, zij kunnen hun leven niet redden uit de macht der vlammen; het is geen kolengloed om zich te warmen, geen vuur om daarbij te zitten' (Jes. 47:13-14).

Hemels prentenboek

Maar was er oorspronkelijk dan een andere boodschap te lezen in de sterrenbeelden aan de hemel?
In de 19de eeuw zijn daarover een aantal opmerkelijke boeken verschenen, geschreven door bijbelgetrouwe christenen en zeer bekwame bijbeluitleggers. Zij zeggen dat oorspronkelijk het gehele verlossingsplan Gods aan de hemel te lezen was. Ze zeggen dat de twaalf tekens van de zodiak, de 'dierenriem', moeten gelezen worden te beginnen bij het sterrenbeeld Virgo – Maagd, en dan verder tot en met het laatste sterrenbeeld Leo – Leeuw. Daarvoor voeren ze als bewijsmateriaal de zeer oude zodiaks in de Egyptische tempel van Denderah (nu in het Louvre in Parijs) en de Egyptische tempel van Esneh. Ook de Egyptische sfinx zou erop wijzen: de kop als het hoofd van een vrouw en het lijf als dat van een leeuw, samen als een lichaam de totale dierenriem voorstellend. Het woordeloze verhaal aan de hemel begint bij de geboorte van de Verlosser uit de Maagd en eindigt met de Komst van de Leeuw van Juda die zijn koninkrijk wereldwijd vestigt. Misschien een onderwerp om in de toekomst eens vaker een artikel of misschien zelfs een volgend boek aan te wijden!

In dit verband zou het heel goed kunnen zijn dat de Wijzen uit het oosten afkomstig waren uit Babylonië. Daniël was in hoge positie geweest aan het hof, en na hem zijn veel Joden daar blijven wonen en niet naar Jeruzalem teruggekeerd na de Babylonische ballingschap, die plaatsvond tussen 600 – 500 voor Christus. Het betrof Joodse geleerden op allerlei gebied, waaronder ook zeker astronomen, in hoge posities aan het hof. Misschien waren die Wijzen wel

Joodse sterrenkundigen die de hemel nog in zijn oorspronkelijke betekenis konden lezen, en nu een 'ster' zagen opkomen in een bepaald sterrenbeeld. Een 'ster' die de komst van de Koning der Joden aankondigde. Zonder aarzelen zijn ze op weg gegaan om dit Kind hulde te bewijzen.

In Matteüs 2 lezen we: '... Toen nu Jezus geboren was te Betlehem in Judea, in de dagen van koning Herodes, zie, wijzen uit het Oosten kwamen te Jeruzalem, en vroegen: Waar is de Koning der Joden, die geboren is? Want wij hebben Zijn ster in het Oosten gezien en wij zijn gekomen om Hem hulde te bewijzen' (Matt. 2:1-2). Hun bezoek was allereerst aan het koninklijk paleis van Herodes in Jeruzalem, vlak na of tijdens de geboorte van Jezus en voordat zijn ouders Hem veertig dagen later voorstellen in de Tempel van Jeruzalem. Hun bezoek verontrust koning Herodes zeer. Zozeer dat Herodes ten slotte alle jongetjes in Betlehem van twee jaar en jonger heeft laten afslachten. Want hoelang daarvóór is immers niet die 'ster' door de Wijzen in het oosten gezien? '... Toen riep Herodes de wijzen in het geheim en deed bij hen nauwkeurig navraag naar de tijd, dat de ster geschenen had. En hij liet hen naar Betlehem gaan, en zeide: Gaat en doet nauwkeurig onderzoek naar dat kind; en zodra gij het vindt, bericht het mij, opdat ook ik hem hulde ga bewijzen. Zij hoorden de koning aan en reisden weg; en zie, de ster, die zij hadden gezien in het Oosten, ging hun voor, totdat zij kwam en stond boven de plaats, waar het kind was. Toen zij de ster zagen, verheugden zij zich met zeer grote vreugde' (Matt. 2:7-10). En hoelang heeft het niet geduurd om zich reisvaardig te maken en om ten slotte, na hun karavaantocht door de woestijn, in Jeruzalem te arriveren? Het kind kan in de gedachten van Herodes al geruime tijd geleden geboren zijn, en dus moeten voor de zekerheid alle jongetjes tot twee jaar oud vermoord worden.

Jozef en Maria blijven in Egypte totdat een 'engel des Heren' Jozef in de droom verschijnt die hem meedeelt dat Herodes gestorven is. Wanneer ze teruggekeerd zijn naar Judea, naar Betlehem en Jeruzalem, dragen ze op of na de veertigste dag na zijn geboorte Hem op in de Tempel in Jeruzalem. Daarna keren zij terug naar het noorden, naar Nazaret in Galilea, waar ze weer gaan wonen.

Als dit zo is, moet Herodes vóór de afloop van de veertig dagen gestorven zijn. Want Jozef en Maria konden moeilijk tijdens zijn leven al naar Jeruzalem gaan om te verschijnen in de Tempel! Dat was veel te gevaarlijk! Als we dus Herodes' sterfdatum weten, is ook de tijd waarin Jezus geboren werd bekend. Flavius Josephus, de Joodse geschiedschrijver uit de eerste eeuw na Christus, verhaalt het sterven van Herodes. Hij zegt dat Herodes erg ziek werd na een goddeloze daad jegens het Joodse priesterschap, ten tijde van een eclips van de maan. Deze eclips – de enige die Josephus noemt – vond plaats op de 13de maart in het jaar 4710 van de Juliaanse kalender. Dat is het vierde jaar voor Christus.

Herodes' ziekte duurt slechts enkele maanden en is buitengewoon pijnlijk. Behandelingswijzen brengen alleen wat tijdelijke verlichting, maar zijn sterven is onafwendbaar. Volgens Josephus' berekeningen vond zijn sterven plaats in het einde van het jaar 4 v.Chr. Meteen na zijn dood kunnen Jozef en Maria uit Egypte terugkeren om het kind Jezus op – of enige tijd na – de veertigste dag van zijn geboorte voor te stellen in de Tempel van Jeruzalem. In Matteüs 2:13-23 staat de vlucht naar Egypte beschreven en in Lucas 2:21 de besnijdenis van Jezus op de achtste dag. Verderop staat: '... toen de dagen hunner reiniging naar de wet van Mozes vervuld waren ...', tenminste veertig dagen dus. In vers 39 staat ook hier – net als bij Matteüs – de terugkeer naar Galilea, naar hun stad Nazaret. De besnijdenis zal dus wel niet in de Tempel hebben plaatsgevonden.

Met deze wetenschap, dat Herodes' dood plaatsvond in het einde van het jaar 4 v.Chr., moet je vervolgens tenminste veertig dagen terugrekenen en dan kom je uit in de tijd van de Joodse najaarsfeesten, de tijd van o.a. 'sukkoth', het Joodse Loofhuttenfeest.

Wat te denken van de 'ster van Betlehem' die de Wijzen 'in het Oosten' gezien hebben? Daar worden verschillende mogelijkheden voor aangegeven. De Schriftgeleerden die Herodes erbij haalt wijzen op de profeet Micha. '... En gij, Betlehem Efrata, al zijt gij klein onder de geslachten van Juda, uit u zal Mij voortkomen die een heerser zal zijn over Israël en wiens oorsprong is van ouds, van de dagen der eeuwigheid' (Micha 5:1). Moderne geleerden wijzen op diverse mogelijkheden:

- Een komeet, traditioneel beschouwd als een hemelverschijnsel dat de geboorte van een belangrijk vorst begeleidt. Maar bijvoorbeeld de komeet van Halley was er wel in 11 v.Chr. maar niet in het jaar van Jezus' geboorte.
- Anderen geloven dat het een conjunctie, een samenstel van planeten-op-een-rij was, die aldus een speciale heldere ster aan de hemel opleverden. De astronoom Johannes Kepler (1571-1630) was een voorstander van deze visie. Er was een conjunctie van Jupiter en Saturnus in 6 v.Chr.
- Een exploderende ster, een supernova, wordt door anderen voorgesteld. Maar een dergelijke supernova deed zich niet voor in de jaren rond Jezus' geboorte.

En misschien zijn er onder de lezers wel mensen die nog weer heel andere verklaringen hebben! Ik houd me aanbevolen!

En nog tijdens de samenstelling van dit boek schreef Jos van Westing mij, naar aanleiding van het idee van een conjunctie van planeten, al meteen:

'Ster van Betlehem: niet een ster, maar helderder dan een ster aan de zuidoostelijke sterrenhemel, ten zuiden van Syrië en ten noorden van Egypte, in Judea, misschien een planeet, maar groter dan de bekende planeten, meer een komeet met grilligere bewegingen, precies 2 jaar na de conjunctie van Jupiter en Saturnus in het sterrenbeeld Pisces (Vissen). De planeet Jupiter symboliseert de heerser van het heelal en de constellatie van de Vissen staat voor de laatste dagen. En Saturnus is de planeet van Palestina. Dus Jupiter die Saturnus ontmoet in het sterrenbeeld Vissen betekent dat op het toppunt van de geschiedenis in Palestina een wereldheerser zal verschijnen! Kometen duiden op belangrijke veranderingen in de

Romeinse staat. In het jaar dat Caesar werd vermoord was er nadrukkelijk een bloedrode komeet aan de hemel te zien, zo helder dat je hem overdag kon zien. Aan de slag bij Philippi ging een komeet vooraf. Een komeet kondigde de dood van Augustus aan. Dus op grond van zowel de conjunctie als de komeet moet deze wereldheerser uit Palestina ook de oorzaak zijn van grote veranderingen in het Romeinse Rijk. Dit moet zo ongeveer 4 B.C. zijn geweest. Hopelijk heb je hier wat aan. De Amerikaanse professor in 'Ancient History' aan de Western Michigan University, Paul Maier heeft meen ik ook hierover het een en ander geschreven in zijn boek *Pontius Pilate*. Hartelijke groet, Jos!'

Virgo

Sommigen van de bovengenoemde uitleggers uit de 19de eeuw wijzen op het sterrenbeeld Virgo – Maagd. De twaalf sterrenbeelden die samen de 360 graden van de hemelboog vormen – elk dus 30 graden – hebben ieder drie hemeltekens die elk 10 graden van de cirkel innemen. Dus twaalf vakken met elk drie onderafdelingen, of twaalf hoofdstukken met elk drie paragrafen, zou je kunnen zeggen. Een boek met maar liefst twaalf hoofdstukken en zesendertig hoofdstukjes, dus achtenveertig in totaal! Voeg daarbij nog een groot aantal sterren in die sterrenbeelden, alle met individuele namen, waarvan de oorspronkelijke betekenis in het Hebreeuws, de Syrische taal, het Aramees, het Sanskriet, de Chaldeeuws/Babylonische taal, de Egyptische hiërogliefen, etc., ook nog iets duidelijk maakt, zo ontdek je een boodschap aan de hemel die zijn weerga niet kent!

Het sterrenbeeld Virgo – Maagd heeft als eerste 'paragraaf' het sterrenbeeld Coma – Vrouw met kind op schoot. Later, toen het occultisme vat kreeg op de sterrenbeelden werd dat 'pruik', de vrouwenpruik van Berenice (of Bernice). 'Coma' betekent: de Langverwachte, de Gewenste, de Begeerde. Vergelijk dat met Haggaï: '... Ja, Ik zal al de heidenen doen beven, en zij zullen komen *tot* den

Wens aller heidenen, en Ik zal dit huis met heerlijkheid vervullen, zegt de HERE der heirscharen' (Hagg. 2:8, SV). De wens aller heidenen, de wens van alle volkeren, wordt Hij hier genoemd, de Verlosser van Israël en van de hele wereld, de Begeerde! De oude Egyptische naam voor het sterrenbeeld 'Coma' was Shes-nu: de Begeerde Zoon! Zelfs Shakespeare wist hier misschien nog van, want in zijn toneelstuk 'Titus Andronicus' spreekt hij over een pijl die afgeschoten wordt naar 'de goede jongen in de schoot van 'Virgo'! Misschien werd in 'Virgo' en met name in 'Coma' een 'ster', een bijzonder Licht waargenomen door de Wijzen. Een Licht dat hen vervolgens vergezelde en de weg wees, tot aan de stal van Betlehem toe.

Shechina

Twee details vallen op in de beschrijving van Matteüs.
Allereerst dat 'de Wijzen' de 'ster' zagen. Anderen zagen die ster kennelijk niet, terwijl kometen, conjuncties en supernova's door iedereen in de wereld konden worden waargenomen. Vervolgens ging de 'ster' hun voor en leidde hen rechtstreeks naar Jeruzalem en Betlehem, dus van noord naar zuid terwijl alle andere hemelverschijnselen zich van oost naar west bewegen. Het moet een tijdelijk en bijzonder licht geweest zijn, speciaal alleen voor de Wijzen bedoeld. De Here heeft eerder Licht gebruikt om zijn volk de weg te wijzen, zoals de Shechina die de tabernakel en de Tempel vervulde (Ex. 40:34-38 en 1 Kon. 8:10). Ook Paulus werd door een Licht uit de hemel omstraald (Hand. 9:3).

Hoe dat alles ook zij, de Wijzen wisten van de ster die in Jakob zou opgaan. '... een ster gaat op uit Jakob ... Israël zal kracht oefenen, en Hij zal heersen uit Jakob ...' (Num. 24:17-18). En op welke niet mis te verstane wijze dat toen ook aan de Wijzen uit het oosten duidelijk gemaakt werd: de allerbelangrijkste boodschap die de hemel ons brengen kan, is dat we zullen komen en het Kind in de kribbe zullen aanbidden en ons hart voor Hem zullen ontsluiten.

Het Kind in de kribbe dat het Lam werd van Goede Vrijdag en de Levensvorst van Pasen. De Messias van Israël, de Heerser uit Jakob (= de twaalf stammen van Israël), de Verlosser van een verloren mensheid, de Koning der koningen en de Heer der Heren die straks komt om alle dingen voor eeuwig nieuw te maken, totdat ook de Schepping zelf ten slotte eenmaal voor eeuwig nieuw zal worden. Komt, laten wij aanbidden, die Koning, zegt een oud kerstlied.

Meer informatie over de sterrenbeelden is onder andere te vinden in *The Heavens Declare* van William D. Banks, *God's Voice in the Stars* van Kenneth C. Fleming, *The Gospel in the Stars* van Joseph A. Seiss, *The Witness of the Stars* van E.W. Bullinger en *Mazzaroth* van Frances Rolleston.

5

Hét beest en dé antichrist

Op verschillende manieren wordt hét beest en dé antichrist in de Bijbel aangeduid. In zijn boek *Things to Come* geeft J. Dwight Pentecost de hierna volgende opsomming en karakteristieken. Allereerst hét beest. Hij noemt daarvan de persoon, de kenmerken en het optreden van het beest als hoofd van het laatste wereldrijk. Zijn persoon en optreden als hoofd van het tienkoppige/tien-tenenrijk van de laatste wereldmachten wordt, naar hij meent, o.a. beschreven in Ezechiël 28:1-10; Daniël 7:7-8, 20-26; 8:23-25; 9:26-27; 11:36-45; 2 Thessalonicenzen 2:3-10; Openbaring 13:1-13 en 17:8-14. Dat leidt hem tot de volgende conclusies:

'Hij [hét beest] zal verschijnen in het laatst der dagen van Israëls geschiedenis. Hij zal niet verschijnen voordat 'De Dag des Heren' begonnen is. Zijn openbaar-worden wordt tijdelijk verhinderd door de weerhoudende macht. Zijn verschijning wordt vooraf gegaan door een afval van God en het geloof. Hij is afkomstig uit de wereld der heidenen/volkeren. Omdat hij uit de zee verrijst en die zee de volkerenzee voorstelt, moet hij zelf ook een niet-Jood, een heiden zijn. Hij komt op uit het Romeinse Rijk, omdat hij behoort tot het volk dat ooit Jeruzalem vernietigde. Hij is het hoofd van de laatste vorm van wereldoverheersing door de heidenen die alles in zich bergt: luipaard, beer en leeuw, zodat na hem de 'tijden der heidenen' voorbij zullen zijn. Hij is politiek leider. De zeven hoofden en tien hoornen vormen een federatie onder zijn leiding. Zijn invloed is wereldwijd, want hij heerst over alle stammen en volken en natiën en talen. Zijn invloed komt door de alliantie, de verbonden en verbanden die hij maakt met andere naties. Hij heeft drie leiders geëlimineerd toen hij opklom naar zijn machtspositie. Een van de koninkrijken waarover hij heerst, is opnieuw tot leven gekomen, want een der koppen die een koninkrijk of een koning voorstellen was ten dode toe gewond en genas toch. Zijn opkomst heeft alles te maken met zijn indrukwekkende plan van aanpak, zijn ideologie, zijn vredespolitiek die hij presenteert. Hij vertoont geniale trekken en heeft grote overredingskracht. Hij is geraffineerd en politiek zeer behendig. Daarom is het op verzoek van de volkeren zelf dat hij zijn machtspositie inneemt. Hij regeert over de volken met een absoluut mandaat, die alles wat hij zelf wil, mag en moet doorzetten. Zijn absolute autoriteit brengt hem ertoe wetten en zeden te veranderen. Hij is vooral geïnteresseerd in de uitbreiding van zijn persoonlijke invloed en macht, door kracht en geweld te verheerlijken. Als leider van de confederatie van staten sluit hij een zevenjarig verbond met Israël dat hij na drie en een half jaar verbreekt. Hij introduceert een nieuwe vorm van aanbidding. Hij roept zichzelf uit tot 'god'. Daarmee vertoont hij elke trek van afgoderij door zichzelf goddelijke eigenschappen toe te meten: blasfemie van de ergste soort. Zijn inspiratiebron is satan zelf. Van hem ontvangt hij zijn demonische inspiratie en zijn macht en kracht en wordt hij door de duivel geheel in beslag genomen. Hij is het hoofd van iets dat ten diepste een satanisch systeem is, totale wetteloosheid die zelf tot absolute norm verheven wordt. Zijn genius wordt bewezen door wonderen en tekenen die hij door occulte krachten verricht. Hij wordt wereldwijd door de massa's als een god bejubeld doordat de mensen totaal verblind raken. Hij wordt als wereldleider de grote tegenstander van Israël. Er komt een samenzwering tegen hem die hem zijn autoriteit betwist. In het conflict dat daarop volgt zal hij de controle verkrijgen over Israël en de aangrenzende gebieden. Hij zal zijn hoofdkwartier oprichten in Jeruzalem. Deze heerser wordt in het zadel geholpen wanneer hij aan de macht begint te komen door de hoer, het corrupte religieuze systeem van de eindtijd dat vervolgens zal proberen hem onder controle te houden en over hem te heersen. Deze heerser zal dit religieuze systeem ten slotte vernietigen zodat hij ongehinderd zijn macht kan uitoefenen. Hij wordt de verklaarde tegenstander van de Vorst der vorsten, tegen Diens bedoelingen en tegen zijn volk. Hoewel zijn macht zeven jaar lang zal duren, wordt de totale uitoefening van zijn despotische geweld beperkt tot de laatste drie en een half jaar. Zijn heerschappij komt tot een einde door een direct ingrijpen van God. Het oordeel over hem wordt geveld als hij bezig is aan een militaire campagne in Israël. Ten slotte wordt hij gegooid in de poel die brandt van vuur en zwavel. Dit oordeel over hem voltrekt zich bij de wederkomst van Christus die daarmee zijn Messiaans gezag vestigt. Het wereldwijde koninkrijk waarover hij heerste, zal worden tot het Koninkrijk van de Here en Zijn Gezalfde en Zijn heiligen.' Aldus dr. J. Dwight Pentecost.

De al eerder aangehaalde schrijver Arthur W. Pink geeft een opsomming van de namen en titels van dé antichrist in zijn boek *The Antichrist*. Achtereenvolgens zij dat de namen: de man van bloed en bedrog (Ps. 5:7); de goddeloze (Ps. 10:2-4); een aardse sterveling (Ps. 10:18); de geweldige (Ps. 52:3); de vijand (Ps. 55:4); de tegenstander (Ps. 74:10); het hoofd van vele volkeren, de erve der heidenen (Ps. 111:6); man van geweld (Ps. 140:2); de koning van Assur (Jes. 10:5-12, 14:24-27; Micha 5:4) de koning van Babel/Babylon (Jes. 14:4-22, Dan. 8:27); morgenster, zoon des dageraads (Jes. 14:12); de verwoester (Jes. 16:4-5, Jer. 6:26, 15:8); de pin/spijker (Jes. 22:25); 'the breath of the ruthless' (NIV); het razen van geweldplegers (Jes. 25:4, HSV); de onheilige, goddeloze vorst van Israël (Ez. 21:25-27); de kleine horen (Dan. 7:8); de vorst die komen zal (Dan. 9:26); een veracht man (Dan. 11:21); de koning die zal doen wat hem goeddunkt (Dan. 11:36); de nietswaardige herder (Zach. 11:16-17); de mens der wetteloosheid, de zoon des verderfs, de tegenstander, de wetteloze (2 Tess.2:3-8); de antichrist (1 Joh. 2:18); de engel des afgronds (Openb. 9:11); het beest (Openb. 11:7 en 13:1). Daaraan zouden nog kunnen worden toegevoegd: hij die komt in zijn eigen naam (Joh. 5:43), en de koning hard van aangezicht en bedreven in listen (Dan. 8:23).

Wereldwijde macht

Gedurende de laatste zeven jaar voor de glorieuze wederkomst van Jezus Christus, zal dé antichrist een onvoorstelbare wereldwijde macht hebben. '... En hem werd gegeven om tegen de heiligen oorlog te voeren en hen te overwinnen; en hem werd macht gegeven over elke stam en natie en taal en volk. En allen, die op de aarde wonen, zullen het (beest) aanbidden, ieder, wiens naam niet geschreven is in het boek des levens van het Lam, dat geslacht is, sedert de grondlegging der wereld' (Openb. 13:7-8).

De macht van dé antichrist zal zich ver uitstrekken, tot aan de verste hoeken van de aarde. Niemand zal zelfs kunnen kopen of verkopen zonder zijn toestemming. '... En het maakt, dat aan allen, de kleinen en de groten, de rijken en de armen, de vrijen en de slaven, een merkteken gegeven wordt op hun rechterhand of op hun voorhoofd, [en] dat niemand kan kopen of verkopen, dan wie het merkteken, de naam van het beest, of het getal van zijn naam heeft...' (Openb. 13:16-17).

Dé antichrist zal zijn positie en autoriteit gebruiken om christenen en Joden te vervolgen, lezen we in Openbaring 13: '... En hem [het tweede beest, de valse profeet] werd gegeven om aan het beeld een geest te schenken, zodat het beeld van het beest ook zou spreken, en maken dat allen, die het beeld van het beest niet aanbaden, gedood werden' (Openb. 13:15).

Hij zal zelfs zijn hand opheffen tegen Jezus Christus Zelf. '... En zijn kracht zal sterk zijn – maar niet door eigen kracht – en op ontstellende wijze zal hij verderf brengen, en wat hij onderneemt zal hem gelukken; machtigen zal hij verderven, ook het volk der heiligen. En door zijn sluwheid zal hij het bedrog dat hij aanwendt, doen gelukken; hij zal zich in zijn hart verheffen, en onverhoeds velen verderven. Ook tegen de Vorst der vorsten zal hij optreden, doch zonder mensenhanden zal hij vernietigd worden' (Dan. 8:24-25). Deze laatste daad van rebellie zal ten slotte dus leiden tot zijn ondergang.

Antichrist Jood of heiden?

In het boek *The Footsteps of the Messiah* van Arnold G. Fruchtenbaum, somt de auteur op waarom dé antichrist géén Jood zal zijn. Hij begint met een aantal van de titels weer te geven zoals we die bij Arthur W. Pink aantroffen – die overigens wel geloofde dat dé antichrist een Jood zal zijn! Pink heeft voor zijn opvatting verschillende redenen. Ten eerst gelooft hij dat Joden nooit een niet-Jood als hun vorst, als Messias zullen aanvaarden. Ten tweede wordt dé antichrist volgens hem beschreven in Zacharia 11:16-17 als herder in het land; dat land kan alleen maar Israël kan zijn. Een andere reden voor zijn overtuiging is dat dé antichrist zich zet in de Tempel Gods (2 Tess. 2) wat alleen maar uitgelegd kan worden als een letterlijke Joodse Tempel in Jeruzalem, meent hij. Ook voert hij aan dat de Joden 'hij die komt in zijn eigen naam' zullen aannemen '... Ik ben gekomen in de naam Mijns Vaders en gij neemt Mij niet aan; indien een ander komt in zijn eigen naam, die zult gij aannemen' (Joh. 5:43). Pinks vijfde reden is dat de antichrist een zevenjarig verbond met Israël sluit. En in Daniël 11:45 staat dat hij zijn hoofdkwartier vestigt tussen de Middellandse Zee en de berg Sion, Jeruzalem. Ten slotte zal hij in Daniël 11:36-37 tegen de God der goden, de God der vaderen ongehoorde woorden zal spreken, en dat moet wel de God van Israël zijn, meent Pink.

Fruchtenbaum echter zegt: nergens staat in de Bijbel dat de Joden hem als Messias zullen aanvaarden. Joden zijn vaker verbonden/verdragen met niet-Joden aangegaan. We horen in de tegenwoordige tijd niet anders dan over vredesonderhandelingen en verdragen met allerlei niet-Joodse partners in het vredesproces in het

Midden-Oosten! Op 6 augustus 1806 werd Napoleon zelfs verwelkomd door het wereld-Jodendom als Messias, omdat hij verklaarde vóór de oprichting van een staat Israël in het Midden-Oosten te zijn. Maar draai het argument eens om, zegt hij. Zullen de heidense, niet-Joodse volkeren ooit een Jood accepteren als hun wereldleider? Denk alleen maar eens aan de islamitische wereld! Soms wordt gezegd: de stam Dan wordt niet genoemd in de opsomming van de stammen bij de 144.000 in Openbaring 7:1-8. Dus moet dé antichrist komen uit de stam Dan, zegt men. Maar om te beginnen wordt in sommige oude Griekse manuscripten de stam Dan wél genoemd, en de naam van een andere stam weggelaten. Verder komt de stam Dan ook voor bij de verdeling van het land in Ezechiël 48:2.

Dan gaat Fruchtenbaum vervolgens in op het argument over het spreken van ongehoorde woorden tegen de God der vaderen. Maar de God der vaderen, of beter: de God zijner vaderen, of de goden zijner vaderen, kan ook slaan op 'afkomstig uit willekeurig welke godsdienst dan ook'. Dat hoeven niet per se Joodse voorvaderen te zijn. 'Antichristen' in 1 Johannes 2:18, 4:1-3 en 2 Johannes 2:7 slaat waarschijnlijk zelfs op mensen die afvallig worden van het christelijk geloof. Juist de vertaling 'goden van zijn vaderen' doet vermoeden dat het om heidense afgoden gaat die hij ooit diende en nu verwerpt. Zo heeft de Septuagint, de door Joden gemaakte Griekse vertaling van het Oude Testament in 250 v.Chr. het ook begrepen. 'Goden – meervoud – der vaderen' is dus een betere vertaling dan 'God der vaderen'. De Schrift leert dus niet dat dé antichrist een Jood zal zijn.

De antichrist komt op uit de volkerenzee (Openb. 13:1). In Openbaring 17 lees je: '... En hij zeide tot mij: De wateren, die gij zaagt ... zijn natiën en menigten en volken en talen' (Openb. 17:15). Maar nog sprekender is het argument dat het om 'de tijden der heidenen' gaat. Die 'tijden der heidenen' eindigen bij de wederkomst van Christus. Hét beest/dé antichrist is hun laatste heerser. Daniël

9:26-27 spreekt over 'de vorst die zal komen' en die behoort tot het volk dat Jeruzalem verwoestte. Dat waren Romeinen, geen Joden.

Leert de Bijbel dan dat dé antichrist een niet-Jood, een heiden zal zijn? In zekere zin wel, zegt Fruchtenbaum. Zeker als je de typologie hanteert. Hét type van dé antichrist is Antiochus Epifanes, een Hellenistisch heiden. De strijd van de Makkabeeën zegt er alles over. Wat is de achtergrond van het Chanoekafeest? Wie was deze Antiochus Epifanes?

Chanoeka

Het Hebreeuwse woord 'Chanoeka' betekent Inwijding. Het gaat bij dit feest om de reiniging en herinwijding van de tweede Tempel in het jaar 165 voor Christus, na de opstand van de Makkabeeën tegen de Syrische bezetters die de Tempel hadden ontheiligd. Het begint op 25 Kislev (ergens in december) en duurt 8 dagen.

In het Oude Testament wordt Chanoeka niet genoemd, wel in het Nieuwe Testament in Johannes 10, waar het gaat over het 'Vernieuwingsfeest'. De Here Jezus heeft dit feest gevierd. '... Toen kwam het Vernieuwingsfeest in Jeruzalem; het was winter. En Jezus wandelde in de Tempel, in de zuilengang van Salomo' (Joh. 10:22-23).

Over de tijd tussen het Oude en Nieuwe Testament zijn geen bijbelse bronnen beschikbaar. Na de twaalf kleine profeten waren er geen profeten meer in Israël en de bijbelse geschiedschrijving begint pas weer ongeveer in het jaar 50 n.Chr. Deze inter-testamentaire tijd duurde zo'n 400 jaar, van 350 v.Chr. tot 50 n.Chr. De geschiedenis achter Chanoeka vinden we in de apocriefe bijbelboeken 1 en 2 Makkabeeën en bij de Joodse geschiedschrijver Flavius Josephus.

In 168 v.Chr. werd het Joodse land overheerst door de Hellenistische Syriërs. Zij wilden de Griekse – de Hellenistische – cultuur opleggen aan al hun onderdanen. Het was een mengeling van Griekse en Oosterse culturen, en moest de nieuwe wereldcultuur worden. Het Hellenisme kreeg grote invloed, vooral in de hogere kringen. In het hele Midden-Oosten verrezen de tempels voor Zeus, de oppergod, en gymnasia voor onderwijs op Griekse leest. De Griekse taal werd ingevoerd. Velen kozen Griekse namen en vierden Hellenistische feesten. Dat was het instrument om de Joden in het systeem van de Grieks-Hellenistische, humanistische cultuur te persen.

De Joodse godsdienst was de Syrische overheersers natuurlijk een doorn in het oog. Hun beleid was er dan ook op gericht de Joden los te weken uit hun tradities en hun geloof in God. Niet de God van Israël moest verheerlijkt worden, maar de Griekse oppergod Zeus. Een deel van het Joodse volk, vooral de elite, ging daarin mee en raakte vergaand geassimileerd.

Maar er was ook een sterke stroming die zich hiertegen verzette. Het verzet kwam tot uitbarsting onder de nieuwe Syrische koning Antiochus IV. Hij noemde zichzelf 'Epifanes' (de doorluchtige), maar velen gaven hem de bijnaam 'Epimanes', wat woesteling of dolleman/gek betekent. Hij ontwijdde de Tempel door er varkens te laten offeren. Ook liet hij er een beeld oprichten voor de oppergod Zeus. Hij beroofde het heiligdom van alles wat heilig en kostbaar was: het wierookaltaar, de kandelaar met de zeven lampen, de gouden vaten, enz.

Antiochus verbood het bestuderen van Gods Woord, het houden van de sabbat en de spijswetten, de besnijdenis en alle andere voorschriften van de Joden. Iedereen die werd betrapt op het naleven van een Joods gebruik werd ter dood veroordeeld. Duizenden Joden kwamen om het leven doordat ze vasthielden aan de geboden die God hun gegeven had. We lezen daarover in 1 Makkabeeën. Daar staat o.a.: '... De vrouwen die hun kinderen hadden laten besnijden, werden op grond van de verordening gedood, en zuigelingen werden opgehangen aan de hals van hun moeder. Ook hun huisgenoten en degenen die de besnijdenis hadden verricht werden gedood.

Toch vonden velen in Israël de kracht zich te verzetten en geen onrein vlees te eten. Zij stierven nog liever dan dat zij zich door voedsel zouden verontreinigen en het heilige verbond zouden schenden, en ze werden dan ook ter dood gebracht' (1 Makk. 56-63, NBV). Antiochus stelde het volk voor de keuze: of de Griekse afgodendienst en het Hellenistische denken en leven, of die verwerpen en sterven. Verscheidene Joden vielen uit angst van hun geloof in God af. Maar een zeer grote menigte Joodse martelaren hield vol en moest hun trouw met een vreselijke dood bekopen.

Maar God was zijn volk niet vergeten. Hij zond mannen die op de bres stonden voor zijn heiligheid en die het volk konden leiden in een opstand tegen de wrede overheerser. Toen de afgezanten van de koning in een klein plaatsje vlakbij Jeruzalem kwamen, Modeïn, probeerden ze daar tevergeefs een oude priester, genaamd Mattatias over te halen om ook varkensoffers te brengen aan Zeus. 1 Makkabeeën 2:23 e.v. vertelt dat als Mattatias blijft weigeren een andere Jood wel naar het heidense altaar loopt om te gaan offeren. '... Mattatias zag het en werd woedend. Hij begon te trillen van verontwaardiging en liet, geruggensteund door de wet, zijn woede de vrije loop; hij rende op de man af en stak hem op het altaar neer. Meteen doodde hij ook de afgezant van de koning die het volk tot offeren moest dwingen en haalde het altaar neer' (1 Makk. 2:24-25, NBV).

Deze verzetsdaad betekent in 168 v.Chr. het startsein van een guerrillaoorlog, waarvoor Mattatias met zijn vijf zonen het initiatief nam. Drie jaar duurt de eerste fase van deze oorlog tegen het bezettingsleger. Mattatias was al een oude man en kort na het begin van de strijd stierf hij. Zijn vijf zonen namen de leiding over, de derde zoon Judas werd aangewezen als bevelhebber. Judas behaalde de ene overwinning na de andere en hij kreeg als bijnaam Makkabeüs, wat hamerslag betekent.

In het jaar 165 v.Chr., precies drie jaar nadat de Tempel verontreinigd is, veroveren de Makkabeeën Jeruzalem. De mannen zijn ontsteld als zij de vervallen toestand van de heilige stad en de Tempel zien. '... Daar zagen ze hoe verlaten het heiligdom er bij lag. Het altaar was ontwijd, de poorten waren verbrand en de voorhoven waren met onkruid overwoekerd, als in een bos of in de bergen. De vertrekken van de priesters waren vervallen. Judas en zijn mannen scheurden hun kleren en begonnen luid te jammeren. Ze gooiden stof over hun hoofd en wierpen zich op de grond. Ze bliezen op de trompetten en riepen de hemel aan' (1 Makk. 4:38-40, NBV).

Maar deze mannen die rouwden om Sion en Jeruzalem bleven niet bij de pakken neerzitten. Judas koos enkele priesters uit, die het heiligdom zuiverden, het altaar van de heidenen omverwierpen, en een nieuw altaar naar het voorschrift van de wet oprichtten. Ook heiligden zij de voorhoven en maakten dus alle delen van de Tempel weer geschikt tot de dienst voor God.

Toen alles klaar was, werd er besloten de Tempel en het altaar opnieuw in te wijden. De dag daartoe bestemd was de vijfentwintigste van de negende Joodse maand Kislew, die valt omtrent onze maand december. Het was precies dezelfde dag van het jaar, waarop drie jaar eerder de Tempel ontwijd werd. De plechtigheid van deze vernieuwde inwijding duurde acht dagen. '... Acht dagen lang vierden ze de inwijding van het altaar en brachten ze vol vreugde brandoffers, vredeoffers en dankoffers. (...) Er heerste grote vreugde onder het volk omdat de smaad die ze van de vreemde volken ondervonden hadden, was afgewend' (1 Makk. 4:56-58, NBV).

Flavius Josephus noemde Chanoeka, de herinwijding van de tempel, het feest van het licht. We lezen daarover in *Joodse Oudheden* 12,325: 'Sinds die tijd vieren we dit feest, dat we het feest der lichten noemen, waaraan we deze naam, denk ik geven, omdat we het recht het te vieren kregen op een moment dat we er niet op rekenden.'

Het Feest van het licht was niet alleen een militaire overwinning, maar heeft een diep geestelijke betekenis. De Joden vieren dit feest omdat ze de ware God weer mogen dienen. Daar gaat het om. Hij moet op de troon zitten, niet de heidense goden. Wij vieren als christenen het feest van het licht, het Kerstfeest, omdat het ware Licht der wereld is geboren. De Here Jezus is gekomen tot redding van de wereld. Door het offer dat Hij voor onze zonden gebracht heeft, mogen ook wij bij de ware God, de God van Israël horen. Antiochus Epifanes was de heiden-bij-uitstek. En hij is hét type van dé antichrist.

Kenmerken van de antichrist

Om te weten wie ten slotte dé antichrist zal zijn, dienen we zijn vele kenmerken in de Bijbel te onderzoeken. Wie dan leeft, in het einde van de eindtijd, zal dan weten en herkennen wie dé antichrist is.

Hij komt voort uit een bepaald volk, dat Jeruzalem en de Tempel vernietigde, hoorden we reeds. '... en het volk van een vorst die komen zal, zal de stad en het heiligdom te gronde richten, maar zijn einde zal zijn in de overstroming; en tot het einde toe zal er strijd zijn: verwoestingen, waartoe vast besloten is' (Dan. 9:26). Traditioneel wordt als verklaring gegeven dat dé antichrist dus afkomstig zal zijn uit een hersteld Romeins rijk, dus mogelijkerwijs zelfs uit Europa. Het waren immers ook Romeinse soldaten die Jeruzalem en de Tempel in het jaar 70 onder leiding van Titus verwoest hadden, zegt men. Zo keek het protestantisme bijvoorbeeld vol wantrouwen naar de paus van Rome en zag in hem dé antichrist, of het pausdom als zodanig. Het volk dat de stad en de Tempel verwoestte in het jaar 70 n.Chr. was inderdaad het volk der Romeinen. Dé antichrist is dus afkomstig uit het Romeinse Rijk. Dat betekent echter nog níét dat hij uit Italië afkomstig zou moeten zijn! Het vierde/vijfde rijk van ijzer, van het beeld dat Nebukadnessar zag en dat Daniël verklaarde (Dan. 2), had tenslotte twee benen: het Oost- en het West-Romeinse Rijk. Ergens uit dat Romeinse Rijk komt dé antichrist, maar mogelijkerwijs uit het Oost-Romeinse Rijk. Immers: het grote type van dé antichrist was

Antiochus Epifanes, een van de nazaten uit het rijk van Seleucus (een van de vier of vijf generaals aan wie Alexander de Grote zijn Griekse rijk had nagelaten). Hij was afkomstig uit het gebied dat behoorde tot het Oost-Romeinse Rijk, het hedendaagse Syrië. We hoorden er uitvoerig over en ook hoe dat afliep toen we hierboven spraken over het feest van Chanoeka.

Wie waren die Romeinse soldaten dan die Jeruzalem verwoestten? Zeker, waarschijnlijk mensen met Romeins burgerrecht, die dienden in de Romeinse legioenen. Maar níet afkomstig uit West-Europa: ze waren afkomstig uit het Oóst-Romeinse Rijk. Flavius Josephus, de Joodse historicus uit die dagen noemt ze, evenals Tacitus, de Romeinse geschiedschrijver. Het ging om vier specifieke legioenen: het 15^e^ Apollinaris, het 5^e^ Macedonia, het 12^e^ Fulminata en het 10^e^ Fretensis. Het 10^e^ had soldaten afkomstig uit Turkije en Syrië; het 15^e^ uit Syrië; het 12^e^ uit Mitilene: Oost-Turkije, Syrië; en het 5^e^ uit Moesis: Servië, Bulgarije. Het 10^e^ legioen heeft ten slotte de muren van het Tempelcomplex doorbroken, de Tempel vernietigd en de Tempelberg tot zijn nieuwe basis gemaakt. De cohorten van het 10^e^ legioen waren afkomstig uit Thracië, Syrië, Bulgarije, Turkije, Petra in Edom (Nabateërs) en Arabia, dus Arabieren: een mix van Syriërs, Turken en Arabieren.

Waarom deze historische exercitie? Omdat het je leert je ogen wijd open te houden. Alle vijanden van Israël die de Bijbel noemt, zoals Edom en de Ismaëlieten, Moab en de Hagarenen, Gebal, Ammon en Amalek (zie verder de opsomming in Psalm 83) zijn vandaag zonder uitzondering islamitische staten, landen, volkeren. En hun toekomstig vorst is misschien dan ook een aanhanger van de islam als misschien ooit het kalifaat hersteld wordt dat in Turkije onder Mustafa Kemal Atatürk – afkomstig uit Thessaloniki, Griekenland – in 1924 werd afgeschaft. En als er misschien opnieuw een groot islamitisch rijk is dat zich vanuit het Midden-Oosten ver over de aarde uitstrekt ...? Laten we de ontwikkelingen in de wereld en met name in het Midden-Oosten maar met de Bijbel in de hand blijven volgen, en onze ogen wijd open houden! Toch lijkt het niet waarschijnlijk dat dé antichrist een moslim zal zijn. Daarvoor zijn de argumenten te sterk dat hij analoog aan Antiochus Epifanes humanistisch en atheïstisch, Grieks-Hellenistisch zal zijn, dunkt me.

Arrogantie

De arrogantie druipt van hem af. '... Terwijl ik op die horens lette, zie, daartussen verhief zich een andere kleine horen, en drie van de vorige horens werden daarvoor uitgerukt; en zie, in die horen waren ogen als mensenogen en een mond vol grootspraak' (Dan. 7:8). Hij is volledig overtuigd van zijn eigen grootspraak, ervan overtuigd dat hij groter en beter is dan God. '... En de koning zal doen wat hem goeddunkt; hij zal zich verhovaardigen en zich verheffen tegen elke god, zelfs tegen de God der goden zal hij ongehoorde woorden spreken, en hij zal voorspoedig zijn, totdat de maat van de gramschap vol is; want wat vastbesloten is, geschiedt' (Dan. 11:36).

Demonische inspiratie

Een man met onvoorstelbare macht en kracht en krachten omdat hij vanuit het rijk der duisternis volledig geïnspireerd en ondersteund wordt. '... En zijn kracht zal sterk zijn – maar niet door eigen kracht – en op ontstellende wijze zal hij verderf brengen, en wat hij onderneemt zal hem gelukken; machtigen zal hij verderven, ook het volk der heiligen' (Dan. 8:24). Vanuit deze occulte, demonische inspiratie zal hij vele mensen en volken verleiden met bijzondere wonderen en tekenen.
'... Daarentegen is diens komst naar de werking des satans met allerlei krachten, tekenen en bedrieglijke wonderen, en met allerlei verlokkende ongerechtigheid, voor hen, die verloren gaan, omdat zij de liefde tot de waarheid niet aanvaard hebben, waardoor zij hadden kunnen behouden worden' (2 Tess. 2:9-10). Helaas zal een misleide mensheid dé antichrist volgen, hem verafgoden,

ervan overtuigd zijnde dat deze bovennatuurlijke macht en krachten van God afkomstig zijn, en niet van de duivel/satan. Maar de Bijbel onthult dat dé antichrist zijn macht ontleent aan Lucifer, aan de draak. '... En het beest, dat ik zag, was een luipaard gelijk, en zijn poten als van een beer en zijn muil als de muil van een leeuw. En de draak gaf hem zijn kracht en zijn troon en grote macht' (Openb. 13:2).

Aanbidding van de god der vestingen

Hij zal een god aanbidden die zijn voorvaderen nooit gekend hebben. Een gloednieuwe 'god der vestingen'. '... Ook op de goden zijner vaderen zal hij geen acht slaan; op de lieveling der vrouwen noch op enige andere god zal hij acht slaan, want tegen alle zal hij zich verheffen. Maar in hun plaats zal hij de god der vestingen vereren: de god die zijn vaderen niet gekend hebben, zal hij vereren met goud en zilver en edelgesteenten en kostbaarheden' (Dan. 11:37-38). Om te begrijpen wie dé antichrist zal zijn, moeten we verstaan dat hij een mens is van onvoorstelbare arrogantie en zelfingenomenheid die van zichzelf gelooft dat hij groter is dan enig mens dat ooit geleefd heeft. Hij is een afgodendienaar die de 'god der vestingen' vereert, hetgeen op zijn minst te maken heeft met zijn enorme militaire macht. Macht en geweld, gecombineerd met persoonlijke bloeddorst en wreedheid.

Speculaties over wie de antichrist is

Nu we zo'n beetje weten wat voor iemand dé antichrist zal zijn, kunnen we hem misschien vandaag al identificeren? De Apostel Paulus zegt dat aan zijn komst een geweldige afval vooraf zal gaan. Daarna zal dé antichrist komen om zich te zetten in de Tempel Gods – hoe je dat ook verder uitlegt: als een herbouwde Tempel in Jeruzalem, of in de gemeente Gods wereldwijd?

Paulus schrijft: '... Maar wij verzoeken u, broeders, met betrekking tot de komst van [onze] Here Jezus Christus en onze vereniging met Hem, dat gij niet spoedig uw bezinning verliest of in onrust verkeert, hetzij door een geestesuiting, hetzij door een prediking, hetzij door een brief, die van ons afkomstig zou zijn, alsof de dag des Heren (reeds) aanbrak. Laat niemand u misleiden, op welke wijze ook, want eerst moet de afval komen en de mens der wetteloosheid zich openbaren, de zoon des verderfs, de tegenstander, die zich verheft tegen al wat God of voorwerp van verering heet, zodat hij zich in de Tempel Gods zet, om aan zich te laten zien, dat hij een god is' (2 Tess. 2:1-4).

Omdat dat nu kennelijk nog niet het geval is, kunnen we met enige zekerheid stellen dat dé mens der wetteloosheid nog niet geopenbaard is, en dat we dus vandaag nog niemand kunnen identificeren als dé antichrist. Toch hebben velen zich in de geschiedenis – en ook vandaag – ertoe gezet om dé antichrist aan te wijzen. Om uit een onuitputtelijke reeks er maar een paar te noemen: Antiochus Epifanes, Nero, Karel de Grote, Napoleon, Kaiser Wilhelm, Franklin D. Roosevelt, Adolf Hitler, Benito Mussolini, Joseph Stalin, Francisco Franco, John F. Kennedy, Henry Kissinger, Ronald Reagan, Paus Johannes Paulus II, Ayatollah Khomeini, Michail Gorbatsjov, Saddam Hussein, Bill Clinton, Bill Gates, George W. Bush, Osama Bin Laden, Javier Solana, Vladimir Putin, Mahmoud Amadinejad, Barack Obama, Paus Benedictus XVI, etc.! Misschien dat een aantal van hen gerangschikt zouden kunnen worden onder het kopje: vele antichristen. Maar velen van hen ook zeker niet. Ook zijn de meesten van hen al lang geleden overleden en kunnen dus niet dé antichrist zijn. Toch heeft een dergelijke opsomming nog wel enige zin. Het laat zien dat het 'hysterisch' is om maar meteen met de vinger te wijzen naar een of andere politieke of religieuze leider en die maar meteen dé antichrist te noemen. Zonder veel verdere kennis van de bijbelse aspecten van dé antichrist is het een valkuil waar we niet in moeten vallen.

Wat voor antichristen er ook nog komen: de ware Christus, de Messias komt ook, en Hij zal korte metten maken met dé antichrist (2 Tess. 2:8)! Het proces van de geschiedenis gaat met reuzenstappen voorwaarts in onze dagen, en Israël is daarbij het grote teken van hoop. De Allerhoogste zal niet laten varen wat zijn hand begon!

De antichrist een moslim?

Wie het boek *God's War on Terror* leest, met als ondertitel: *Islam, Prophecy and the Bible*, geschreven door Walid Shoebat (met Joel Richardson) – een tot het christelijk geloof bekeerde moslim, zelfs terrorist geweest, achterkleinzoon van een man die nauw bevriend was met Haj-Ameen Al-Husseini, de Groot-Moefti van Jeruzalem die Hitler vereerde en met de nazi's samenzwoer met het oog op de vernietiging van de Joden, zal deze vraag bevestigend beantwoord vinden. Het 500 pagina's tellende boek draagt vanuit de moslimeschatologie van de Koran en de Hadith vele argumenten aan. Teveel om in het kader van dit boek op te sommen, en zeker de moeite van het bestuderen waard! Ook al kan ik eigenlijk zijn conclusies niet delen, vanwege mijn overtuiging dat dé antichrist geestelijk gesproken beheerst wordt door het Westers, rationele, post-christelijk denken.

Daarom is het goed eerst maar eens een overzicht van die moslimeschatologie te geven. De Koran is het heilig boek van de islam. Het wordt verondersteld uitspraken te bevatten van de god van de islam, Allah, die aan zijn profeet Mohammed gegeven werden door de engel Gabriël. Mohammed was ongeletterd, analfabeet, dus anderen moeten neergeschreven hebben wat hij in een periode van 23 jaar, tot zijn dood op 623 n.Chr. gesproken heeft. Veel van wat Mohammed sprak, gebeurde als hij aanvallen had die zelfs zijn eerste vrouw als demonisch bestempelde. Deze schrijvers begonnen met schrijven vlak voor Mohammeds dood. De Koran is ongeveer net zo lang als het Nieuwe Testament, en kan overal in winkels gekocht worden.

Het tweede boek van de islam is de Hadith. Het bevat een verzameling uitspraken van Mohammed die niet beschouwd werden als rechtstreekse openbaringen van Allah, en bevat ook verhalen over de dingen en daden die Mohammed deed. De Hadith werd samengesteld in de negende eeuw n.Chr., dus ongeveer 200 jaar na zijn dood. Er werden indertijd meerdere compilaties van zijn uitspraken en daden gemaakt, maar de meest gezaghebbende is die van Al-Bukhari. Hij verzamelde maar liefst 600.000 uitspraken van Mohammed en verhalen over Mohammed, die afkomstig zouden zijn van vrienden en familieleden en vele van de vijftien vrouwen van Mohammed. Al-Bukhari verifieerde er 7000 als 'echt waar'.

Merkwaardigerwijs bevat de Koran erg weinig profetie over de eindtijd. Het boek bevestigt dat de wereldgeschiedenis zal ondergaan in een 'laatste ure' wanneer de opstanding der doden en het laatste oordeel zullen plaatsvinden. Dus de Hadith is de voornaamste bron van deze moslimeschatologie.

Gecompliceerde puzzel

Het is buitengewoon moeilijk om een samenhangende en systematische moslimeschatologie van de eindtijd samen te stellen. Zelfs studenten en leraren van de islam zijn daar niet aan begonnen. De volgende opsomming van elementen trof ik aan bij dr. David Reagan van Lamb & Lion Ministries. Hij gebruikte daar vooral voor het boek van dr. Samuël Shahid *The Last Trumpet*, directeur van het Instituut voor Islamitische Studies aan het Southwestern Baptist Theological Seminary in Fort Worth, Texas, USA. Daarin stel dr. Shahid dat vele elementen in de islamitische eschatologie 'geleend' zijn, of liever gezegd: ontleend zijn aan de Hebreeuwse geschriften van het jodendom, dus ook aan het Oude Testament, en aan het Nieuwe Testament en aan de leer van Zoroaster (Zarathoestra, de 'profeet' van de Parsi van Pakistan en India, die ergens tussen de 18e en de 11e eeuw v.Chr. geleefd moet hebben), de stichter van de oud-Perzische godsdienst, Parsisme of

Mazdeïsme. Maar tijdens het 'ontlenen' haalden Mohammed en/of de schrijvers die hem 'citeren' nogal eens wat dingen door elkaar. Zo noemt de Hadith bijvoorbeeld dat de moeder van Jezus Maria was, de zuster van Mozes! Het is duidelijk dat de samenstellers van de Hadith intussen in de 9e eeuw n.Chr., veel meer wisten van de Bijbel en van christelijke tradities en literatuur. Vele Hadithpassages dragen dan ook overduidelijk trekken van deze Joodse en christelijke bronnen, maar soms maakt het de indruk van een kind dat wel eens een enkele keer een zondagsschool heeft bijgewoond en daar wat bijbelverhalen heeft horen vertellen, maar dan later als volwassene nauwelijks blijkt te weten hoe het ook weer zat en de dingen totaal door elkaar haalt en foutief weergeeft!

Er zijn grotere en kleinere tekenen der tijden in de islamitische eschatologie. Daar is de 'laatste ure' met de opstanding en het laatste oordeel. Daar is de tweede komst van Jezus, maar dat is niet het alles beslissende moment van de eindtijd, maar meer een moment dat heenwijst naar de komst van de 'laatste ure' en alles wat daarmee samenhangt. En daar is aan het begin van de eindtijd de komst van dé antichrist, die de 'Dajjal' genoemd wordt.

Kleinere tekenen

Een aantal kleinere tekenen der tijden – nogmaals: geen chronologische volgorde – die sprekend lijken op christelijke tekenen der tijden, welhaast een spiegelbeeld:

- Toename in onwetendheid wat betreft de fundamentele waarheden van het geloof
- Toenemende instabiliteit van het geloof (moslims die zomaar plotseling christen worden)
- Toename van valse profeten
- Toename van afval (doordat moslims valse christussen navolgen)
- Toename van religieuze opzichtigheid, een neiging om te 'showen' (zoals in de bouw van zeer luxueuze moskeeën)

- Aanvaarding van astrologie
- Toename van gebruik van alcohol en verboden seksuele relaties
- Toename van (natuur)rampen
- Toename van politieke corruptie
- Een toename van mensen die ernaar verlangen te sterven (vanwege de toename van rampen en slechtheid)
- Toenemend heidendom (moslims die steeds meer de levenswijzen van niet-moslims volgen)
- Toename van oorlogen en burgeroorlogen (zelfs oorlogen tussen moslims)

Kleinere tekenen der tijden die specifiek tot de islam behoren:

- Aantal vrouwen zal zich verhouden tot het aantal mannen als 50 staat tot 1. (Daar wordt geen reden voor gegeven, maar is waarschijnlijk te wijten aan het grote aantal djihad-zelfmoordterroristen in de eindtijd)
- Het kalifaat (zetel van het islamitisch gezag) zal gevestigd worden in het heilige land. (Deze profetie vormt een probleem, want wat wordt er bedoeld met het heilige land? Palestina? Maar dat is tegenwoordig Israël. Saoedi-Arabië? Maar dan is deze profetie al 1400 jaar geleden in vervulling gegaan
- De Arabieren zullen vernietigd worden. (Ook een profetie met een probleem, want wat betekent 'vernietigd'? Het Ottomaanse Rijk, onder controle van niet-Arabische Turken, veroverde het gehele Midden-Oosten rond 1500. Maar dat rijk is gevallen en het kalifaat is opgeheven. Sommigen zeggen dat dit dus de vervulling van deze profetie was. Maar dit leidde niet tot de 'laatste ure'. En de Arabische naties zijn weer volop aanwezig op het wereldwijde politieke toneel!)
- Het grondgebied van Medina moet sterk worden uitgebreid
- De moslims moeten strijden tegen de Turken en tegen 'de mensen wier schoenen gemaakt zijn van haren'. (Dit is wel toegepast op oorlogen in het verleden met de Turken en de Tartaren. Maar opnieuw: het leidde niet tot de 'laatste ure')

- De Arabieren moeten Constantinopel veroveren. (Deze stad, die nu Istanbul heet, werd door moslims veroverd in de 15e eeuw, maar niet door Arabieren)
- Mekka zal worden tot een puinhoop
- Een volk zal opstaan dat met hun tong eet, zoals koeien
- De tijd zal samengeperst worden, met een jaar die als een maand zal zijn, en een maand als een week
- Wilde dieren zullen spreken met mensen
- De rivier de Eufraat zal een berg van goud blootleggen

Grotere tekenen

Grotere tekenen die verwijzen naar de spoedige komst van de 'laatste ure' zijn gebeurtenissen die van beslissende betekenis zijn in de volgorde der dingen, en die beginnen met de komst van dé antichrist. Hoewel moslimgeleerden dus niet proberen een strikt chronologische volgorde aan te houden, is de volgende opsomming wel representatief voor hun lijn van denken:

- De verschijning van dé antichrist, de 'Dajjal'. Hij wordt niet genoemd in de Koran, wel in de Hadith. Hij zal een Jood zijn, geboren in Iran, uit ouders die meer dan 30 jaar kinderloos waren. Hij zal slechts één oog hebben. Hij zal eerst beweren een profeet te zijn, daarna zal hij claimen goddelijk te zijn. Hij zal velen verleiden door zijn vermeende goddelijkheid en zijn wonderen. Hij zal optrekken met een leger van 70.000 Joden en 70.000 Tartaren, en hij zal de hele wereld veroveren, behalve Mekka en Medina. Zijn regeerperiode zal 40 dagen duren, gedurende een tijd dat een dag zal zijn als een jaar. Sommige overleveringen in de Hadith geven aan dat hij het woord 'Ongelovige' op zijn voorhoofd geschreven heeft staan. Zijn bewind zal gestempeld worden door wreedheid en bedrog. Hij heeft een militaristische mentaliteit. Zijn doel is om vergoddelijkt te worden, aanbeden te worden en te heersen. Er zijn vele overeenkomsten tussen de islamitische Dajjal en dé antichrist die we kennen uit de Bijbel!

- De wederkomst van Jezus zal een eind maken aan de regering van dé antichrist. (Bedenk wel, dat de Koran leert dat Jezus niet aan het kruis gestorven is en niet is opgestaan uit de dood. Hij werd eenvoudig opgetild en naar de hemel getransporteerd voordat zijn vijanden Hem konden doden. Een van de redenen van zijn wederkomst is dan ook dat Hij de dood zal smaken, zoals alle mensen.) Jezus zal op de Olijfberg wederkomen en dan optrekken naar Damascus om de confrontatie met dé antichrist aan te gaan. Hij zal dé antichrist achtervolgen tot in het Zuiden van Israël, en hem doden 'bij de poort van Ludd', dat is het moderne Lod, vlak bij Tel Aviv, dus de plaats van Israëls internationale luchthaven. Het verslaan van dé antichrist zal tevens de uitroeiing van het Joodse volk inhouden.
- De invasie van Gog en Magog vindt dan plaats, zo zegt de Koran het in 18:83-99 en 21:96. Dat wordt uitgewerkt in vele passages in de Hadith. Gog en Magog vertegenwoordigen twee naties met een legermacht zó omvangrijk, dat wanneer alle soldaten gedronken hebben uit met Meer van Galilea er geen water meer over is in het meer! Zij zullen Palestina vanuit het Noorden binnenvallen, en ze zullen Jezus en zijn volgelingen overwinnen. Jezus zal het uitschreeuwen tegen Allah en om uitredding smeken, en Allah zal Hem antwoorden door dodelijke insecten te sturen (vgl. de sprinkhanen uit Openb. 9!) die de binnenvallende legers zullen vernietigen. (Ez. 38 en 39 speelt duidelijk mee op de achtergrond!)
- De regering van Jezus zal komen na de vernietiging van Gog en Magog. Jezus zal de islam uitroepen als de ware godsdienst en alle christenen zullen zich bekeren. Alle andere godsdiensten zullen vernietigd worden. Alle kruisen zullen afgebroken en in stukken geslagen worden, en alle varkens afgeslacht. Jezus zal de enige heerser op aarde zijn, als hoofd van een islamitische theocratie. Hij zal een rechtvaardig heerser zijn. Elk wild dier dat de mens schade zou kunnen berokkenen, wordt gedomesticeerd. Er zal een overvloed aan regen zijn en overvloedige oogsten. Alle oorlogswapens zullen veranderd worden in landbouwwerktuigen, en er zal wereldwijd vrede zijn. (Al deze beelden

zijn afkomstig uit het boek Jesaja.) De regering van Jezus duurt veertig jaar. Hij zal regelmatig pelgrimstochten naar Mekka ondernemen en aan de rituelen deelnemen. Na eenentwintig jaar geregeerd te hebben, zal Hij trouwen en kinderen krijgen. Negentien jaar later zal Hij overlijden. Hij zal in Medina begraven worden, naast Mohammed, alwaar Hij de dag van de opstanding zal afwachten, net als alle andere mensen die overleden zijn. Wanneer Jezus sterft, zullen alle gelovigen vredig en genadiglijk overlijden. (Dit doet denken aan 1 Tess. 4 waar de doden met Christus verenigd worden samen met de levende gelovigen die dan veranderd zullen worden.) Ongelovigen zullen achterblijven om te door te gaan met hun zondige leventje vol begeerlijkheden.

- De verschijning van hét beest. Op dat moment zal er door de aarde een 'goed beest' worden voortgebracht. Hét beest zal de wereld oproepen Allah te erkennen. Hij zal de ring van Salomo dragen en de staf van Mozes in de hand hebben. Zij die zijn boodschap verwerpen zullen het woord 'Ongelovige' op het voorhoofd geschreven hebben. Wat er ten slotte met dit beest gebeurt, wordt verder niet onthuld.
- Rookkolom. Volgens de Koran zal er plotseling een rookkolom verschijnen en de gehele aarde omringen. Dit verschijnsel zal zwaar lijden teweegbrengen.
- Drie landverschuivingen zullen nog meer leed veroorzaken. Ze zullen plaatsvinden in drie verschillende delen van de aarde: in het oosten, het westen en in Arabië.
- Een natuurwonder! Een van de laatste tekenen die geschieden zullen voor de 'laatste ure' zal een ongelofelijk natuurwonder zijn: de zon zal opgaan in het westen!
- Een groot vuur zal ontbranden 'ten zuiden van Eden' (in het gebied dat tegenwoordig bekend staat als Jemen).

We zijn nu bijna aangekomen bij de 'Laatste Ure' en de Dag der Opstanding. Maar eerst een enkel commentaar bij de islamitische opvatting van de tussenfase tussen dood en opstanding. Moslims geloven in de onsterfelijkheid van de ziel. Bij de dood wordt het graf bezocht door twee engelen genaamd Munkar en Nakir. Deze engelen ondervragen de overleden persoon en stellen zijn daden vast. Ze nemen ook een voorlopige beslissing aangaande het uiteindelijk lot van de overledene. Als dat het Paradijs is, wordt de status van het graf als kerker, als gevangeniscel omgezet in een plaats van ontspanning, en de overledene is in een staat van heerlijkheid en diepe vreugde tot aan de Dag van de Opstanding. Als de engelen besluiten dat deze overledene ten slotte bestemd is voor de Hel, dan blijft het graf als een gevangeniscel en de persoon in een staat van marteling tot aan de Dag van de Opstanding. Dus eigenlijk ondergaan alle mensen twee oordelen: een voorlopige na het overlijden, en een definitieve ten tijde van de Dag van de Opstanding.

- De drie bazuinen. Nadat de wereldwijde vergadering van mensen naar Syrië heeft plaats gevonden, zal de eerste der drie trompetten geblazen worden. Deze eerste bazuin wordt genoemd 'de bazuinangst'. Het is een 'wake-up-call' die de angst zal doen toeslaan in de harten van alle mensen. Na een niet nader gespecificeerde tijdsperiode zal de tweede bazuin geblazen worden. Die wordt genoemd de 'bazuin van het flauwvallen'. Het resultaat zal zijn dat ieder levend wezen in hemel en op aarde zal sterven, behalve Allah zelf – en behalve iedereen die hij in leven wil laten en de martelaren die in het Paradijs leven. Zelfs de 'engel des doods' zal sterven! Wanneer zo het hele heelal levenloos geworden zal zijn, zal Allah zijn almacht laten blijken. Driemaal zal hij roepen: 'Ik ben de Almachtige!' Daarna zal hij driemaal roepen: 'Aan wie behoort het Koninkrijk nu?' Wanneer niemand antwoord geeft, zal hij zeggen: 'het behoort aan de enige ware god, de overwinnaar!' De tijdsperiode tussen de tweede bazuin en de derde bazuin wordt niet gespecificeerd, maar gedurende die tijd schept Allah nieuwe hemelen en een nieuwe aarde. Wanneer dat voltooid is, zal de derde bazuin worden geblazen. Het is de bazuin van 'De Opstanding'.
- De Ure of de Dag der Opstanding. De bewoners van de hemel zullen het eerst opstaan. Terwijl dit gebeurt, zal Allah beginnen de lichamen der gestorvenen op aarde ondergronds opnieuw

doen aangroeien. Wanneer die lichamen voltooid zijn, zal hij het bevel geven de derde bazuin te blazen en zullen de geesten/zielen van de doden terugkeren in hun lichamen, en zullen de levende lichamen tevoorschijn komen uit de graven. Er is slechts één opstanding. De geredden en de niet-geredden worden tegelijkertijd opgewekt. Mohammed zal de eerste mens zijn die uit de dood mag opstaan. Alle opgestane mensen zullen naakt zijn, blootsvoets en onbesneden. Abraham zal de eerste mens zijn die door Allah aangekleed zal worden. Hij zal zitten met zijn gezicht naar de troon van Allah. Daarna zal Mohammed aangekleed worden en zal zitten aan de rechterhand van Allah.

- De Dag van de Afrekening. Er zal een interval zijn na de Opstanding en voor het Oordeel. Deze 'Dag der Afrekening' zal een tijd van ondragelijke moeite en doodsangst zijn, door zowel lichamelijk als geestelijk lijden. Grote angst zal de harten der mensen in zijn greep houden. Niemand zal van deze doodsangst uitgezonderd worden, behalve de profeten en de vrome moslims die Allah besloten heeft te sparen. Er wordt geen reden voor deze periode van lijden gegeven. Voor heidenen is het een voortzetting van hun lijden in het graf. Voor gelovigen lijkt het een of ander doel van loutering, een vorm van 'vagevuur' in te houden. Maar hoe lang deze tijd van lijden zal duren, wordt dus niet nader aangegeven.

De antichrist vandaag al in leven?

Ook dat zou men zich kunnen afvragen. Het beste antwoord daarop is: dat weten we gewoon niet, en zeker niet met zekerheid. Maar gezien de tijd waarin we leven en de tekenen van de eindtijd die zich voor onze ogen voltrekken zou het best eens kunnen! '... En hij zal het verbond voor velen zwaar maken, een week lang; in de helft van de week zal hij slachtoffer en spijsoffer doen ophouden' (Dan. 9:27). Hoe je dit ook wilt uitleggen, dit kan alleen als er in Jeruzalem een Tempel staat, en er dus weer een land/staat/volk Israël en een stad Jeruzalem met een Tempel is. Dat was een eeuw geleden nog niet het geval. Toen, in 1948, gebeurde het. Twintig jaar later bevrijdde Israël Oost-Jeruzalem dat 19 jaar lang door de Jordaniërs bezet gehouden was, en had Israël weer de volledige zeggenschap over Jeruzalem. Velen verwachtten toen de herbouw van de Tempel. De Here Jezus heeft deze terugkeer van het uitverkoren volk naar het Beloofde Land voorzegd. Hij zegt zelfs dat dit 'geslacht', deze 'generatie' (dit volk, het Joodse volk, Israël) niet vernietigd kan worden eer alles zal zijn geschied. Eer alle beloften aan Israël gedaan ook aan Israël in vervulling zullen zijn gegaan.

Hij zegt in Matteüs: '... Leert dan van de vijgeboom [Israël] deze les: Wanneer zijn hout reeds week wordt en de bladeren doet uitspruiten, weet gij daaraan, dat de zomer nabij is. Zo moet ook gij, wanneer gij dit alles ziet, weten, dat het nabij is, voor de deur. Voorwaar, Ik zeg u, dit geslacht zal geenszins voorbij gaan, voordat dit alles geschiedt. De hemel en de aarde zullen voorbij gaan, maar Mijn woorden zullen geenszins voorbij gaan' (Matt. 24:32-35).
Jeremia zegt: '... Zo zegt de HERE, die de zon overdag tot een licht geeft, die de maan en de sterren verordent tot een licht des nachts, die de zee opzweept, dat haar golven bruisen, wiens naam is HERE der heerscharen: Als deze verordeningen voor mijn ogen zullen wankelen, luidt het woord des HEREN, dan zal ook het nageslacht van Israël ophouden al de dagen een volk te zijn voor mijn ogen. Zo zegt de HERE: Als de hemel boven te meten is en de fundamenten der aarde beneden na te speuren zijn, dan zal Ik heel het nageslacht van Israël verwerpen om al hetgeen zij gedaan hebben, luidt het woord des HEREN' (Jer. 31:35-37). Zolang hemel en aarde bestaan, zal Israël bestaan. Zelfs Israëls overtredingen kunnen dat niet verhinderen. De Here zal trouw zijn aan Zichzelf.

Wat doet het ertoe?

Waarom willen we eigenlijk weten wie dé antichrist is? Allereerst omdat diens komst vooraf gaat aan de komst van Jezus Christus in

Heer-lijkheid, en vooraf gaat aan de komst van Gods Koninkrijk van vrede en gerechtigheid. Waakzaam zijn is een bijbelse opdracht. Zeker nu wij de generatie zijn die zoveel bijbelse profetieën met eigen ogen in vervulling ziet gaan. We behoren te leven alsof Christus' Komst elk ogenblik kan plaatsvinden, en we dus heilig en onberispelijk moeten leven.

'... Daarom, geliefden, beijvert u in deze verwachting, onbevlekt en onberispelijk te blijken voor Hem in vrede' (2 Petr. 3:14).

'... Want de genade Gods is verschenen, heilbrengend voor alle mensen, om ons op te voeden, zodat wij, de goddeloosheid en wereldse begeerten verzakende, bezadigd, rechtvaardig en godvruchtig in deze wereld leven, verwachtende de zalige hoop en de verschijning der heerlijkheid van onze grote God en Heiland, Christus Jezus' (Tit. 2:11-13).

'... Gij verstaat immers de tijd wel, dat het thans voor u de ure is om uit de slaap te ontwaken. Want het heil is ons nu meer nabij, dan toen wij tot het geloof kwamen' (Rom. 13:11). '... Omgordt dus de lendenen van uw verstand, weest nuchter, en vestigt uw hoop volkomen op de genade, die u gebracht wordt door de openbaring [parousia = komst in heerlijkheid] van Jezus Christus. Voegt u, als gehoor-zame kinderen, niet naar de begeerten uit de tijd uwer onwetendheid, maar gelijk Hij, die u geroepen heeft, heilig is, wordt (zo) ook gijzelf heilig in al uw wandel' (1 Petr. 1:13-15).

Hoewel de gerichtheid van ieder christen allereerst op Hem behoort te zijn, is een gevolg van het intensief bezig zijn van het bestuderen van de bijbelse gegevens over dé antichrist en de vervulling van bijbelse profetieën in het algemeen, dat we alleen nog maar sterker gericht raken op de Komst van Jezus Christus in Heer-lijkheid. Er staat veel op het spel, dat niemand zal willen missen. Paulus zegt '... voorts ligt voor mij gereed de krans der rechtvaardigheid, welke te dien dage de Here, de rechtvaardige rechter, mij zal geven, doch niet alleen mij, maar ook allen, die zijn verschijning hebben liefgehad' (2 Tim. 4:8).

Het getal van het beest

'... En het zegt tot hen, die op de aarde wonen, dat zij een beeld moeten maken voor het beest, dat de wond van het zwaard had en (weer) levend geworden is. En hem werd gegeven om aan het beeld van het beest een geest te schenken, zodat het beeld van het beest ook zou spreken, en maken dat allen, die het beeld van het beest niet aanbaden, gedood werden' (Openb. 13:14b-15).

Nebukadnessar maakte een beeld dat iedereen moest aanbidden. Wie dat niet deed, kwam het duur te staan; die zou in de brandende vuuroven geworpen worden. De aanbidding van het beeld gaat met een geweldig, oorverdovend muzikaal gebeuren gepaard, waar een modern popconcert met zijn opzwepende muziek misschien wel wat van weg heeft. Hoorn, fluit, citer, luit, harp en allerlei soort van muziekinstrumenten, waaronder ongetwijfeld trommels en drums en andere slaginstrumenten. Ze worden tot viermaal toe vermeld in Daniël 3:5, 7, 10 en 15. De drie vrienden van Daniël weigeren het beeld van Nebukadnessar te aanbidden, en dus worden Sadrach, Mesach en Abednego in de brandende oven geworpen.

Prachtig is het geloofsvertrouwen dat ze uitspreken: '... Zal het zo zijn, onze God, Dien wij eren, is machtig ons te verlossen uit den oven des brandenden vuurs, en Hij zal ons uit uw hand, o koning! verlossen. Maar zo niet, u zij bekend, o koning! dat wij uw goden niet zullen eren, noch het gouden beeld, dat gij hebt opgericht, zullen aanbidden' (Dan. 3:17-18, SV). De Here hééft ze bewaard, door de 'vierde' man te zenden die leek op een zoon der goden (Dan. 3:25). Het bracht Nebukadnessar tot de aanbidding van de God van Sadrach, Mesach en Abednego. Maar zelfs indien die bewaring niet zal plaatsvinden, mag dat Godsvertrouwen volop aanwezig zijn en mag de afwijzing van het aanbidden van andere beelden ondubbelzinnig plaatsvinden. De profeet Habakuk zegt: '... Al zou de vijgenboom niet bloeien, en er geen opbrengst aan de wijnstokken zijn, de vrucht van de olijfboom teleurstellen; al zouden de akkers geen spijs opleveren, de schapen uit de kooi verdreven zijn en er geen runderen in de stallingen zijn, nochtans zal ik juichen in de HERE, jubelen in de God van mijn heil. De HERE Here is mijn kracht: Hij maakt mijn voeten als die der hinden, Hij doet mij treden op mijn hoogten' (Hab. 3:17-19). Om dat geloof zal het gaan in de eindtijd. Niet zien, en tóch geloven. Alles tegen, misschien een vreselijk lot tegemoet, maar: nóchtans zal ik juichen! De HERE Here is mijn kracht! Hoe zijn de Joodse en christelijke martelaren niet zó hun soms vreselijke dood tegemoet gegaan.

666

'... En het maakt, dat aan allen, de kleinen en de groten, de rijken en de armen, de vrijen en de slaven, een merkteken gegeven wordt op hun rechterhand of op hun voorhoofd, [en] dat niemand kan kopen of verkopen, dan wie het merkteken, de naam van het beest, of het getal van zijn naam heeft.
Hier is de wijsheid: wie verstand heeft, berekene het getal van het beest, want het is een getal van een mens, en zijn getal is zeshonderd zesenzestig ... En allen, die op de aarde wonen, zullen het (beest) aanbidden, ieder, wiens naam niet geschreven is in het boek des levens van het Lam, dat geslacht is, sedert de grondlegging der wereld' (Openb. 13:16-18; 13:8).
Het beeld van het beest spreekt. Het sprekende beeld stelt de persoonlijke aanwezigheid van het beest present, zodat het beest als het ware via zijn beeld alomtegenwoordig aanwezig is. In iedere huiskamer, bij ieder persoonlijk. Zal dat gebeuren via de TV? Radio? Smartphone? iPad? Facebook? Twitter? Apps? Sprekende computers, tot in de modern auto's toe, zijn technische ontwikkelingen waaraan we al min of meer gewend zijn. De stem van de antwoordapparaten en de keuzemenu's, van de saldolijn en de girofoon, de sprekende bestellijnen van de postorderbedrijven; ze horen bij het begin van een ontwikkeling die nog tot grote hoogte

zal uitgroeien. Wie zal het zeggen! Beeldschermen maken de sprekende instanties zichtbaar. Pincodes, elektronisch gecontroleerde vingerafdrukken of irissen, scannen van onderhuidse chips, alles lijkt mogelijk te worden. Tot nog toe alleen in het geld- en informatieverkeer of om beveiligingsredenen, maar als het systeem gekoppeld wordt aan politieke of godsdienstige overtuigingen? Dan lig je eruit, voordat je er erg in hebt.

Wat aan het beeld zo opvallend is, is dat de mensen het zelf maken. Ze worden ertoe geïnspireerd door 'de valse profeet', maar ze maken het zelf. Ze ontwikkelen computers en software-programma's, waarmee ze alles kunnen registreren. Ze maken satellieten, videoschermen, glasvezelkabelnetten, laserstralen, radarinstallaties en alles wat erbij hoort. We staan nog maar aan het begin van een ontwikkeling die in een razend tempo doorgaat. Voor velen is het niet meer bij te houden. De hele wereld lijkt wel één grote machine te worden waar mensen geen grotere functie meer hebben dan een radertje in de machine. Tel-baar onderdeel van het systeem. De door de denkende mens ontwikkelde schaakcomputer, Deep Blue, versloeg al in 1997 de destijds meest briljant schakende mens Kasparov.

Vooral in het economisch verkeer is de invloed van supercomputers merkbaar. Internationale economische transacties worden in enkele seconden uitgevoerd. Enorme geldbedragen schieten de aarde over, om overal geleide economische ontwikkelingen mogelijk te maken. Is dat verkeerd? Op zich genomen niet. Maar er zit een verkeerde mens achter, die ongetwijfeld ook deze geweldige vondsten – door God in de Schepping ingeschapen mogelijkheden – ten kwade zal aanwenden. Als de kwade genius oppermachtig wordt, ligt het wereldomvattend systeem op alle gebieden voor hem klaar ... Hij hoeft het alleen maar in bezit te nemen en tot zijn eigen doeleinden te gebruiken. Het is door mensen ontwikkeld en het zal door mensen gebruikt worden.

Grote verwachtingen gaan ermee gepaard: toename van welvaart, werk voor iedereen, een goed sociaal vangnet, goede oudedagsvoorzieningen, vrijetijdsbestedingen te kust en te keur, vermaak op alle niveaus, een intens communicatienetwerk met computers, mobiele telefoons, e-mail en internet. Intense administratie van persoonsgegevens, sofinummers, paspoortnummers, fiscale nummers.

Tellen speelt een grote rol in de eindtijd. Het is opvallend dat het beest in Openbaring een getal heeft – 666 – hoe je dat getal verder ook interpreteert. De vervolmaking van de administratiegegevens door de moderne computertechnieken maakt het eigenlijk steeds meer ónmogelijk om te ontsnappen aan de greep van de autoriteiten. Zolang die overheid 'dienaresse Gods' is naar Romeinen 13 is er niets aan de hand. Dan beseft die overheid haar hoge roeping Gods, om de goeden te beschermen en de kwaden te straffen. Dan dienen al deze nieuwe vindingen om alles in de maatschappij op rolletjes te laten lopen, onder het motto, ook van deze nieuwe administratietechnieken: gemak dient de mens. Maar ontwikkelt die overheid zich naar een overheid als 'dienaresse van satan' naar Openbaring 13 dan zit iedereen als een rat in de val. Doe je niet mee met de euforie van de nieuwe tijd, dan 'hang' je. En je staat overal geregistreerd. Je kunt geen kant meer op.

Merkteken

Iedereen wordt geregistreerd. Je ontvangt je eigen merkteken, op je voorhoofd of je rechterhand. Wat zou dat kunnen zijn? Laat de technische speculaties maar achterwege. Dat zal in de loop der tijd vanzelf wel duidelijk worden. Maar er zit ook een geestelijke betekenis achter. De verzegelden van Israël werden aan hun voorhoofd verzegeld: '... en hij zeide: Brengt geen schade toe aan de aarde, noch aan de zee, noch aan de bomen, voordat wij de knechten van onze God aan hun voorhoofd verzegeld hebben' (Openb. 7:3).

Israël moest de belijdenis van De Naam aanbrengen op hun voorhoofd en hun rechterhand. '... Hoor dan, Israël, en onderhoud ze naarstig, opdat het u wèl ga, en opdat gij zeer talrijk wordt, zoals de HERE, de God uwer vaderen, u heeft toegezegd, in een land, vloeiende van melk en honig. Hoor, Israël: de HERE is onze God; de HERE is één! Gij zult de HERE, uw God, liefhebben met geheel uw hart en met geheel uw ziel en met geheel uw kracht. Wat ik u heden gebied, zal in uw hart zijn, gij zult het uw kinderen inprenten en daarover spreken, wanneer gij in uw huis zit, wanneer gij onderweg zijt, wanneer gij nederligt en wanneer gij opstaat. Gij zult het ook tot een teken op uw hand binden en het zal u een voorhoofdsband tussen uw ogen zijn, en gij zult ze schrijven op de deurposten van uw huis en aan uw poorten' (Deut. 6:3-9).

Maar nu krijgen allen de band met de antichrist en zijn rijk aangebracht op het voorhoofd of op de rechterhand. Niet alleen mannen, zoals in het Joodse volk alleen de mannen en de jongens de gebedsriemen aanleggen en het doosje met de belijdenis op hun voorhoofd en arm binden. Dan gaat het ieder aan: mannen, vrouwen, jong, oud, rijk, arm, slaaf, vrije, werkgever, werknemer, leerling, meester, zwart, blank, en ga zo maar door.

Het is het uiterlijk teken van wat ieder innerlijk beheerst. Je kunt niet kopen of verkopen als je dit partijlidmaatschap niet bezit. In de landen van het communisme, nazisme of fascisme, of welke politieke of religieuze leus de dictatuur ook maar voerde en voeren zal: als je niet wilde of wilt meedoen, kun je een goede opleiding of een goede baan wel vergeten. Ook Duitse predikanten moesten de eed van trouw aan Hitler afleggen. En de communistische 'Jugendweihe' vond plaats op de leeftijd van 12-14 jaar waarop jonge mensen bij de Lutheranen belijdenis van hun geloof zouden afleggen. En wie in het verleden aan het systeem niet mee wilde doen, belandde ten slotte in het concentratiekamp.

Letters zijn getallen

Het merkteken van het beest is een getal. Er zijn geen parallellen bekend in de antieke geschiedenis, zelfs niet in de vorm van brandmerken dat soms alleen bij dieren en slaven aan het voorhoofd geschiedde, maar zonder enig verband met de goddelijke keizercultus of het economisch verkeer van die dagen. Noch het Grieks, noch het Hebreeuws, noch het Latijn kent getallen. De letters van het alfabet worden voor getallen gebruikt: A=1, B=2, C=3 et cetera. Zodoende kon een naam omgezet worden in getallen. In Pompeii is op een muur een ingekraste inscriptie gevonden (zoals geliefden hun naam soms in een boom kerven, met een hart erbij!) waarop stond: 'Ik hou van haar wier getal is 545'! Wat betekent 666? De meest verbreide mening is dat Nero bedoeld wordt. Sommige handschriften hebben het over het getal 616, in plaats van 666. Het getal is het getal van een mens. Het beest als systeem heeft aan de top een mens als beest. De Hebreeuwse en de Griekse opsomming van de volledige naam van Keizer Nero komt uit op 666 en in het Latijn wordt het 616 – vandaar handschriften met beide getallen. De oude Kerk was ervan overtuigd dat keizer Nero op een of andere wijze zou terugkeren, dat deze monsterachtige keizer hét type was van het beest dat komen zou. '... Hier is de wijsheid: wie verstand heeft, berekene het getal van het beest, want het is een getal van een mens, en zijn getal is zeshonderd zesenzestig' (Openb. 13:18). De interpretaties van de naam van het beest, uitgedrukt in 666, waren en zijn legio: keizers als Nero, Titus, Trajanus, Domitianus, maar ook de paus: Vicarius Filii Dei (= plaatsvervanger van de Zoon van God), Maarten Luther, Calvijn, Napoleon, Wilhelm II, Hitler, Mussolini. En hierboven somden we nog een veel langere lijst van namen op! Maar niet voor tweeërlei uitleg vatbaar zijn de namen waarmee de 144.000 op hun voorhoofd gekenmerkt zijn: de Naam van het Lam en van de Vader!

Het getal is het getal van een mens, het is het getal van het beest, en keizer Nero belichaamde dat allemaal. In het getal '6' zit ook ongetwijfeld nog iets anders, dat verder wijst dan alleen maar naar een letterlijke naam. Zes is het getal van de mens, op de zesde dag geschapen, die zes dagen van de week zal zwoegen. Het getal '6' in veelvoud duidt menselijke macht en menselijk vermogen aan. Salomo's jaarinkomen was 666 talenten goud. En het hemeltergende beeld van koning Nebukadnessar was zestig ellen hoog en 6 ellen breed en er worden 6 soorten muziekinstrumenten genoemd. Noach was 600 jaar oud toen God een einde maakte aan de goddeloze mensheid en hun werken van geweldenarij in de voortijd. Aan de toren van Babel werkten volgens de traditie 600.000 bouwlieden. Na 6 dagen komt de zevende dag, de dag van rust, de dag van God. 'Beestmensen' zullen nooit boven de '6' uitkomen, zullen nooit de zeven en de veelvouden van zeven bereiken. Voor de door de draak geïnspireerde beestmensen ligt er een onoverkomelijke grens bij de '6'. Zij worden afgesneden als de zevende dag komt, de Messiaanse Sabbat, en dán zullen de werkelijke overwinnaars geopenbaard, onthuld worden!

Waterdicht systeem

Europa heeft al vele omwentelingen meegemaakt. De Franse revolutie, de communistische revolutie, Hitlers Derde Rijk. Telkens waren de beloften schoon, de leuzen geweldig, de toekomstperspectieven uiterst veelbelovend en rooskleurig. Vrijheid, gelijkheid en broederschap. De klassenloze maatschappij. Het duizendjarige vrederijk van de bruin- en zwarthemden. (Interessant is de studie naar het ontstaan van deze nieuwe administratiesystemen in het Derde Rijk, waar bijvoorbeeld IBM ten volle bij betrokken was. Zie: *IBM and the Holocaust, The strategic Alliance between Nazi Germany and America's most powerful Corporation*, door Edwin Black.) Dan zouden de administraties met die ouderwetse kaartenbakken snel verdwijnen, en zou het systeem waterdicht kunnen worden: niemand zou meer aan de greep van de nazi-jagers kunnen ontkomen. Gelukkig is het er toen uiteindelijk nog net niet van gekomen, hoe vele mensen er destijds toch wel degelijk ondanks het toen nog onvolmaakte administratiesysteem opgespoord, afgevoerd en vermoord konden worden! Nieuwe Rijken in naam van de mens, met schone beloften, sociale gerechtigheid en vrede. Welvaart voor allen, nadrukkelijk in naam van de mens.

Brave new world

Lukt het straks 'het systeem' werkelijk waterdicht iedereen te registreren en te controleren? Het economisch boycotsysteem lijkt te suggereren dat er toch nog altijd gelovige 'dissidenten' bij Israël en de volkeren zullen zijn, die men op deze wijze te pakken wil krijgen. Een economische boycot, waarbij die van de Arabische landen tegen Israël in de jaren zeventig en tachtig van de vorige eeuw nog maar kinderspel is.

De administratie en registratie door de computers is nagenoeg perfect. Iedereen doet mee: klein, groot, arm, rijk, vrijen en slaven. Maar straks worden de rollen omgedraaid: dan roepen diezelfde mensen, koningen en groten, oversten, rijken, machtigen en slaven en vrijen: '... En de koningen der aarde en de groten en de oversten over duizend en de rijken en de machtigen en iedere slaaf en vrije verborgen zich in de holen en de rotsen der bergen; en zij zeiden tot de bergen en tot de rotsen: Valt op ons en verbergt ons voor het aangezicht van Hem, die gezeten is op de troon, en voor de toorn van het Lam' (Openb. 6:15-16).

Uiteindelijk zal de mensheid bestaan uit twee soorten mensen: zij die het teken van God op hun voorhoofd dragen en zij die het teken van het beest op hun voorhoofd en rechterhand dragen. Vrome Joden dragen in hun gebedsriemen op de linkerarm – dicht bij het hart – en op het voorhoofd – dicht bij het verstand – de belijdenis van De Naam in de doosjes met daarin de tekst uit Deuteronomium 6. Op het voorhoofd ontvingen en ontvangen vele christenen het teken van de Heilige Doop, in de Naam des Vaders en des Zoons en des Heiligen Geestes. Aan het voorhoofd worden de

144.000 verzegeld. '... en hij zeide: Brengt geen schade toe aan de aarde, noch aan de zee, noch aan de bomen, voordat wij de knechten van onze God aan hun voorhoofd verzegeld hebben' (Openb. 7:3). Niet zichtbaar, maar geestelijk. '... De een zal zeggen: Ik ben des HEREN, een ander zal zich noemen met de naam Jakob, en een derde zal op zijn hand schrijven: van de HERE, en de naam Israël aannemen' (Jes. 44:5). Met hoofd, hart en hand Hem ten eigendom, en levend onder Zijn bescherming.

Conclusie

Dus: wie is dé antichrist? Een mens van grote arrogantie die het toppunt van menselijke macht bereikt in het slot van de eindtijd. Hij zal zich trots laten voorstaan en zichzelf plaatsen boven de Allerhoogste en het uitverkoren volk des Heren: Joden en Christenen/Israël en de Gemeente vervolgen. Hij zal ten slotte zelfs een goddeloze wereld aanvoeren in een strijd die ten diepste tegen Jezus Christus Zelf gericht is. Openbaring 16 zegt: '... En ik zag uit de bek van de draak en uit de bek van het beest en uit de mond van de valse profeet drie onreine geesten komen, als kikvorsen; want het zijn geesten van duivelen, die tekenen doen, welke uitgaan naar de koningen der gehele wereld, om hen te verzamelen tot de oorlog op de grote dag van de almachtige God. Zie, Ik kom als een dief. Zalig hij, die waakt en zijn klederen bewaart, opdat hij niet naakt wandele en zijn schaamte niet gezien worde. En hij verzamelde hen op de plaats, die in het Hebreeuws genoemd wordt Harmagedon' (Openb. 16:13-16).

Maar dat is dan ook meteen het begin van het einde van dé antichrist. '... Hij zal zijn staatsietenten opslaan tussen de zee en de berg van het heilig Sieraad [dus in Israël] – maar dan komt hij aan zijn einde, zonder dat iemand hem helpt' (Dan. 11:45). Wanneer dé antichrist naar Armageddon komt, zal hij de toorn van Jezus Messias ontmoeten. Christus zal dé antichrist ontdoen van al zijn macht en zijn goddeloze wereldregering geheel vernietigen. '... Hij zal woorden spreken tegen de Allerhoogste, en de heiligen des Allerhoogsten te gronde richten; hij zal er op uit zijn tijden en wet te veranderen, en zij zullen in zijn macht gegeven worden voor een tijd en tijden en een halve tijd; dan zal de vierschaar zich nederzetten, en men zal hem de heerschappij ontnemen en hem verdelgen en vernietigen tot het einde. En het koningschap, de macht en de grootheid der koninkrijken onder de ganse hemel zal gegeven worden aan het volk van de heiligen des Allerhoogsten: Zijn koningschap is een eeuwig koningschap, en alle machten zullen het dienen en gehoorzamen' (Dan. 7:25-27).

In het einde, ondanks zijn onvoorstelbaar grote verworven macht waarvan de grote dictators in het verleden nog slechts konden dromen: het einde van dé antichrist in de poel die brandt van vuur en zwavel. '... En het beest werd gegrepen en met hem de valse profeet, die de tekenen voor zijn ogen gedaan had, waardoor hij hen verleidde, die het merkteken van het beest ontvangen hadden en die zijn beeld aanbaden; levend werden zij beiden geworpen in de poel des vuurs, die van zwavel brandt. En de overigen werden gedood met het zwaard, dat kwam uit de mond van Hem, die op het paard zat; en al de vogels werden verzadigd van hun vlees' (Openb. 19:20-21).

Maar veel belangrijker dan de vraag: wie is dé antichrist?, is de vraag: Wie is Jezus Christus? Want het antwoord kennen op vraag één helpt je niets als je niet ook het antwoord op vraag twee kent. Als je niet wilt delen in het eeuwig oordeel over dé antichrist en de zijnen, dan komt het erop aan dat je weet Wie Jezus Christus is, en dat je een persoonlijk geloof en een eigen relatie met Hem hebt door het geloof en de genade van God. Hij is de Koning der koningen en de Heer der Heren die spoedig komen zal om alle dingen voor eeuwig nieuw te maken! '... Wie de Zoon heeft, heeft het leven; wie de Zoon van God niet heeft, heeft het leven niet' (1 Joh. 5:12).

6

Dé Grote Verdrukking en Israël

In nogal wat eindtijdschema's kom je deze volgorde van gebeurtenissen tegen: aan het tijdperk van de 'Kerk/Gemeente' en de wereldwijde verkondiging van het Evangelie komt een einde met de 'Opname' van de ware christelijke 'Kerk/Gemeente' die verschijnt voor de rechterstoel van Christus om loon naar werken te ontvangen. Daar in de hemelse gewesten vindt dan de 'Bruiloft van het Lam' plaats.

Voordat dan 7 jaar later het 'Duizendjarig Vrederijk' op aarde begint – het Millennium – vinden op aarde (waar dan dé antichrist regeert) nog twee belangrijke gebeurtenissen plaats: de Grote Verdrukking voor Israël, en daarna het oordeel over de volkeren van de wereld (Matt. 25:31-46), vlak voordat het Vrederijk aanbreekt.

Men citeert over die Grote Verdrukking voor Israël dan vaak met name Jeremia: '... Dit nu zijn de woorden die de HERE over Israël en Juda gesproken heeft. Want zo zegt de HERE: Angstgeschrei horen wij, schrik en geen heil. Vraagt toch, ziet, of een man baart; waarom zie Ik iedere man met zijn handen aan zijn heupen als een barende en heeft elk een lijkkleur gekregen? Wee, want groot is die dag, zonder weerga; een tijd van benauwdheid is het voor Jakob' (Jer. 30:4-7).

En ook Daniël: '... Te dien tijde zal Michaël opstaan, de grote vorst, die de zonen van uw volk terzijde staat; en er zal een tijd van grote benauwdheid zijn, zoals er niet geweest is sinds er volken bestaan, tot op die tijd toe' (Dan. 12:1).

Daarnaast citeert men dan Zacharia: '... Zwaard, waak op tegen mijn herder, tegen de man die mijn metgezel is, luidt het woord van de HERE der heerscharen; sla die herder, zodat de schapen verstrooid worden; en Ik zal mijn hand keren tegen de kleinen ... [maar Ik zal mijn hand tot de kleinen wenden, SV] In het gehele land, luidt het woord des HEREN, zullen twee derden uitgeroeid worden en de geest geven, maar een derde zal daarin overblijven. Dat derde deel zal Ik in het vuur brengen, en Ik zal hen smelten, zoals men zilver smelt, ja hen louteren, zoals men goud loutert. Zij zullen mijn naam aanroepen en Ik zal hen verhoren. Ik zeg: Dat is mijn volk; en zij zullen zeggen: De HERE is mijn God' (Zach. 13:7-9). Door die Grote Verdrukking zal er een geweldige slachting onder Israël in het land Israël worden aangericht, zegt men – Auschwitz was kennelijk nog niet erg genoeg – maar ten slotte zal dan het overblijfsel van Israël door deze Grote Verdrukking tot geloof in de Here Jezus komen, zegt men dan.

Men legt de uitspraak van de Here Jezus uit Matteüs ernaast: '... Wanneer gij dan de gruwel der verwoesting, waarvan door de profeet Daniël gesproken is, op de heilige plaats ziet staan – wie het leest, geve er acht op – laten dan wie in Judea zijn, vluchten naar de bergen. Wie op het dak is, ga niet naar beneden om zijn huisraad mede te nemen, en wie in het veld is, kere niet terug om zijn kleed mede te nemen. Wee de zwangeren en de zogenden in die dagen. Bidt, dat uw vlucht niet in de winter valle en niet op een sabbat. Want er zal dan een grote verdrukking zijn, zoals er niet geweest is van het begin der wereld tot nu toe en ook nooit meer wezen zal' (Matt. 24:15-21).

Ten slotte houdt men dan de gelovige christenen de uitspraak van de Here Jezus voor uit Openbaring: '... Omdat gij het bevel bewaard hebt om Mij te blijven verwachten, zal ook Ik u bewaren voor de ure der verzoeking die over de gehele wereld komen zal, om te verzoeken hen, die op de aarde wonen' (Openb. 3:10).

De conclusie is dan als volgt: er komt een verschrikkelijke periode van Grote Verdrukking over de wereld die zeven jaar duren zal (in twee gedeelten van drieënhalf jaar), maar u als gelovigen zult dat niet meemaken, want u bent dan opgenomen in de hemel. Die verdrukking vindt dan op aarde plaats en is voor Israël, en daarna zullen de volkeren der wereld nog hun oordeel ontvangen.

We maken het met name bij ons werk van 'Christenen voor Israël' wel mee dat wanneer we ons inspannen voor de actie 'Breng de Joden Thuis (naar Israël)' door geld in te zamelen, dat men ons zegt: Doe dat toch niet! Israël zal nog ooit eens een groot Auschwitz worden, wanneer straks in de Grote Verdrukking twee derden daar uitgeroeid zullen worden. Laat de Joden toch blijven zitten waar ze nu ook maar in de wereld zitten, daar zijn ze veiliger dan in Israël!

Verdrukking voor Israël en zegen voor de Kerk?

Wat moeten we hier nu van denken? Klopt dat allemaal wel zo precies? Of is het weer het oude liedje: de zegeningen zijn voor de christelijke Kerk/Gemeente, maar het oordeel, de vloek en de rampen zijn voor Israël? Zo heeft de Kerk het eeuwenlang in de vervangingstheologie de mensen voorgehouden. Het lijden van Israël en de wereldwijde verstrooiing onder de volkeren is de straf voor Israël vanwege het afwijzen en vermoorden van Jezus, zei men. Toen hield Israël op het uitverkoren volk van God te zijn, en werd de Kerk het nieuwe uitverkoren volk van God, zei men. De zegeningen voor de Kerk, de vloek voor Israël.

Stelt men in deze opvatting van de 'Opname vóór de Grote Verdrukking' niet in wezen precies hetzelfde? Is het een nieuwe vorm van christelijk antisemitisme? Als het echt erg wordt op aarde onder dé antichrist zijn wij als Gemeente gelukkig precies op tijd in de hemel opgenomen, en breekt de Grote Verdrukking op aarde voor Israël aan. Misschien dat ze dan – 'die ongelovige en ongehoorzame Joden' – eindelijk tot geloof in Jezus komen.

Luther zei aan het einde van zijn leven eigenlijk precies hetzelfde: wie niet horen wil, moet voelen. Teleurgesteld dat de Joden door zijn bijbelgetrouwe prediking toch niet tot geloof in Jezus kwamen, zei hij ten slotte als verbolgen oude man de meest verschrikkelijke dingen over de Joden: Verbrand hun boeken en hun synagogen, jaag ze uit je land, geef ze nooit de mogelijkheid een fatsoenlijk beroep uit te oefenen, geef ze een stevige afranseling et cetera. Het enige wat hij niet zei, was: Vermoord ze!, maar voor de rest zei hij eigenlijk alles. Je gelooft je ogen niet, als je het in zijn eigen handschrift leest, zoals ik gedaan heb. Niet goedschiks tot geloof komen: dan maar kwaadschiks! De nazi's hebben hem graag aangehaald, toen ze met hun oplossing voor het Joodse probleem aankwamen: de 'Endlösung' door de Holocaust.

Hoe komt een mens echter tot geloof? Nood leert bidden, wordt wel eens gezegd. Maar nood leert evenzeer vloeken. Hoe kan God het toelaten, hoor je nogal eens om je heen als het over het lijden in de wereld gaat. Nu me dit of dat overkomen is – een kind overleden, een geliefde ernstig ziek en in bijkans ondragelijk lijden overleden – heb ik mijn geloof in God vaarwel gezegd, en bid ik niet meer, hoor je dan zeggen. Misbruik van kinderen, moord- en slachtpartijen in de Derde Wereld, honger, onderdrukking, en ga zo maar door. Sinds Auschwitz kunnen we niet meer in een persoonlijke God geloven, die alles in deze wereld leidt, zeiden de God-is-dood-theologen. Vloek God en sterf, zegt de vrouw van Job.

Trouwens, over Auschwitz gesproken: erger lijden dan dat is voor Israël niet denkbaar. Zijn Joden toen tot geloof in Jezus gekomen?

Of door het lijden door de eeuwen heen, met name in de landen van het christendom, toen ze met miljoenen op de meest gruwelijke wijze zijn afgeslacht, soms met de crucifix van Jezus voor ogen? Is de hele gedachtegang dat Israël door verdrukking tot geloof in Jezus zal komen op zich niet gewoon onzinnig? Om niet te zeggen demonisch?

Hoe komen mensen tot vertrouwen op God, tot geloof in Jezus? Door de liefde van God. Door Zijn genade die Hij door de Heilige Geest schenkt. Doordat de liefde van Jezus tot je doordringt, zondaarsliefde. Doordat Hij je de ogen opent. 'Onverdiende zaligheen', zegt Gezang 173:1. Graag citeer ik enkele strofen uit dit couplet en uit het zesde couplet. 'Alle roem is uitgesloten, onverdiende zaligheen heb ik van mijn God genoten, 'k roem in vrije gunst alleen! Dat heet gadelooz' ontferming, dat genade rijk en vrij! God schenkt redding, schenkt bescherming, schenkt z'aan zondaars, schenkt z'ook mij.'

Zacharia 12:10 spreekt van een uitstorting des Geestes op gans Israël in Jeruzalem en in het gehele land Israël. Als de volheid der heidenen zal zijn ingegaan, zal gans Israël zalig worden, weet Paulus in Romeinen 11:25-27. Alleen zo komt een mens tot geloof, berouw, bekering. Doordat God Zich ontfermt en Zijn Heilige Geest schenkt, die de ogen en de harten en het verstand opent voor het volbrachte werk van Jezus. Zo is het voor mensen uit de volkeren, uit de heidenwereld, en zo is het voor Israël en zal het voor Israël niet anders zijn.

Voordat we ons wat verder willen gaan bezighouden met wat de Bijbel profetisch 'schildert' over de toekomst van Israël, de Gemeente, de volkeren en de wereld, eerst enkele kanttekeningen bij de aangehaalde bijbelteksten uit Jeremia 30, Daniël 12, Zacharia 13, Matteüs 24 en Openbaring 3.

Land of wereld: kanttekeningen bij de Grote Verdrukking voor Israël

Het valt mij telkens op dat de teksten uit Jeremia 30 en Daniël 12 vaak maar half geciteerd worden, zoals ook ik hierboven deed. Lezen we echter Jeremia 30:7 in zijn geheel, dan staat er: '... Wee, want groot is die dag, zonder weerga; een tijd van benauwdheid is het voor Jakob; maar daaruit zal hij gered worden.' En Daniël 12:1 zegt: '... Te dien tijde zal Michaël opstaan, de grote vorst, die de zonen van uw volk terzijde staat; en er zal een tijd van grote benauwdheid zijn, zoals er niet geweest is sinds er volken bestaan, tot op die tijd toe. Maar in die tijd zal uw volk ontkomen: al wie in het boek geschreven wordt bevonden.'

Grote benauwdheid voor Jakob/Israël, jazeker, maar daaruit zal hij gered worden! Hij zal ontkomen! Michaël, Israëls aartsengel, zal het volk Israël terzijde staan en met zijn hemelse legerscharen de strijd in de hemelse gewesten aanbinden met de machten der duisternis die op Israëls vernietiging uit zijn. Dus geen 'Auschwitz' in Israël voor het Joodse volk!

Heilsgeschiedenis in drie verzen

Maar hoe moeten we dan Zacharia 13:7-9 lezen? Vers 8 zegt: '... In het gehele land, luidt het woord des HEREN, zullen twee derden uitgeroeid worden.' Dus toch een 'Auschwitz' in Israël? Of lezen we verkeerd, en is er verkeerd – en/of tendentieus – vertaald? Wat staat er? 'Kol-ha-aretz', 'het gehele land' óf 'de gehele wereld'? Hoe moet je dit vertalen? Want als we verderop in Zacharia lezen, dan staat er: '... En de HERE zal koning worden over de gehele *aarde*; te dien dage zal de HERE de enige zijn, en zijn naam de enige' (Zach. 14:9). Een geweldig toekomstperspectief! En niemand zal bestrijden dat het Koningschap van de HERE eenmaal de ganse aarde, de gehele wereld betreffen zal. Maar in het Hebreeuws wordt in beide gevallen hetzelfde woord gebruikt dat eerst vertaald wordt met 'land' en dan vervolgens met 'aarde'! Waarom niet in beide gevallen vertalen óf met 'land', óf met 'aarde'?

Wie een Portugese of Spaanse Bijbel heeft, kent dit probleem niet. In beide gevallen wordt hetzelfde vertaald: 'aarde', dus in 'de gehele wereld'. En dat is mijns inziens volkomen terecht. Wie het verband van Zacharia 13:7-9 tot zich laat doordringen, ontdekt een volgorde der gebeurtenissen die heel in het kort Israëls geschiedenis schetst.

Allereerst wordt er een herder gedood, die de metgezel des HEREN is. Voor christenen is het duidelijk dat hier het lijden en sterven van Christus bedoeld wordt. Daarna worden de schapen verstrooid. Zo is het in de geschiedenis ook geweest. Na het sterven van Jezus hebben de Romeinen in het jaar 70 (en later nog eens in het jaar 135) het Joodse volk over de aarde verstrooid en de stad Jeruzalem en de Tempel met de grond gelijk gemaakt.

Vervolgens, zegt de profeet, zullen in de gehele *wereld* twee derden uitgeroeid worden. Niet alleen gebeurde dat in de jaren 70 en 135 (zelfs als men dus wil vertalen: in 'het gehele land', is ook dat *dan* inmiddels toen reeds geschied door deze onvoorstelbare slachtingen door de Romeinen), maar wie de getallen van de Jodenslachtingen in de laatste 2000 jaar bij elkaar optelt, zal ontdekken dat ook in de afgelopen eeuwen twee derden wereldwijd van het Joodse volk uitgeroeid is geworden, en dat er op dit moment nog slechts een derde van het Joodse volk over is. Er zijn thans nog slechts ongeveer 15 miljoen Joden over in de wereld. In Israël ongeveer 5 miljoen, in de Verenigde Staten ongeveer 5 miljoen, in de voormalige Sovjet-Unie ongeveer 2 miljoen en de rest nog her en der verspreid over de wereld. Dat is alles wat er over is van het Joodse volk na de slachtingen der eeuwen.

Die een derde die er over is zal vervolgens gelouterd – niet vernietigd! – worden, zegt Zacharia. En dat zal ertoe leiden dat Israël '... mijn naam zal aanroepen en Ik zal hen verhoren' (Zach. 13:9). Dan zal het eindelijk goed zijn tussen de HERE en Zijn eerstgeboren zoon Israël. Er komt nog een Grote Verdrukking, maar van vernietiging zal geen sprake zijn. Wel loutering!

Toorn voor de volken, niet voor Israël

Als Hij opnieuw verschijnt op aarde, zal Zijn gewaad bespat worden met het bloed van de volkeren – niet het bloed van Israël – die Hij in Zijn toorn vertreden zal. Jesaja zegt: '... En Ik vertrapte volken in mijn toorn, maakte hen dronken in mijn grimmigheid en deed hun bloed ter aarde stromen' (Jes. 63:6). Vergelijk Openbaring 19:11-16. Geen oordeel of toorn dus voor Israël, maar voor de heiden volkeren.

In Matteüs 24 is het heel goed mogelijk dat de daar genoemde gruwel der verwoesting die staat op de heilige plaats betrekking heeft op de twee moskeeën die staan op de plaats waar eens de Tempel stond, op de berg Sion. De prediking van haat die daarvan uitgaat, veroorzaakt in toenemende mate geweld in Israël. Maar niet alleen in Israël. Islamitisch terrorisme treft inmiddels vele landen op aarde. Misschien zal het eenmaal leiden tot een 'jihad', een heilige oorlog, die zijn weerga in Israël en daarbuiten nog niet gehad heeft. Maar opnieuw zal er voor Israël ontkoming zijn! Ontsnapping door vluchten!

Ten slotte zegt Openbaring 3:10 heel duidelijk dat de ure der verzoeking over de gehele wereld komen zal. Niet exclusief voor Israël dus, maar iedereen zal ermee te maken krijgen. Israël, de Gemeente/Kerk, de volkeren, ja, ten slotte de schepping zelf.

Bewaren voor de ure der verzoeking

Hoe zien Openbaring 3:10 en Johannes 17:15 het 'bewaren voor de ure der verzoeking'?
Laten we eerst Openbaring 3:10 eens wat nauwkeuriger bekijken. Het is immers de enige tekst die de 'Grote Verdrukking' en de zogenoemde 'Opname van de Gemeente' met elkaar in verband lijkt te brengen. Dat gebeurt bijvoorbeeld niet in 1 Tessalonicenzen 4:13-17, of in 1 Korintiërs 15:50-53. Daar wordt wel gesproken over de 'Eerste Opstanding', over de grote verandering die zal optreden als Christus komt – hoe we Hem tegemoet zullen gaan in de lucht (de 'Opname'), hoe doden opgewekt worden en de dan levenden Hem samen tegemoet zullen gaan, hoe sterfelijke lichamen onsterfelijkheid zullen aandoen en grote heerlijkheid. Maar er wordt in die gedeelten met geen woord gerept over een of andere 'Grote Verdrukking'. Te veronderstellen dat deze 'geheime' Komst van Christus daaraan vooraf zal gaan, is een volgorde veronderstellen die de Schrift zo niet geeft. Behalve dan in Openbaring 3:10, zeggen de voorstanders van dit eindtijdschema.

Wat staat daar precies? '... Omdat gij het bevel bewaard hebt om Mij te blijven verwachten, zal ook Ik u bewaren voor de ure der verzoeking, die over de gehele wereld komen zal, om te verzoeken hen, die op de aarde wonen. Ik kom spoedig; houd vast wat gij hebt, opdat niemand uw kroon neme' (Openb. 3:10-11). Dus: blijf Mij verwachten, zegt Jezus, laat je niet meeslepen door de waan van de dag, volg geen 'verlossers' hoezeer ze door de mensheid ook massaal verwelkomd, slaafs gehoorzaamd, religieus vereerd worden (als een Marx, Darwin, Freud, Hitler, Stalin, Mao Tse Tung, Napo-leon, etc.), maar blijf uitzien naar Mij. Want Ik zal komen om de grote verlossing te brengen, wereldwijd.

Wie Hem zo zal blijven verwachten, zal Hij bewaren voor de ure der verzoeking, die over de gehele wereld komen zal Wat bedoelt Hij daarmee? Zal Hij ervoor zorgen dat je niet in die ure terecht zult komen doordat Hij je er van tevoren uithaalt – de 'Opname' – en je dus alle ellende van die laatste dagen van de eindtijd niet hoeft mee te maken? Of bedoelt Hij dat Hij je in die dagen zo zal vasthouden en bewaren dat je er doorheen komt, er niet in ondergaan zult, bewaard blijft met het oog op je eeuwige zaligheid en je heerlijke, 'gekroonde' toekomst?

Allereerst: wat is het Griekse grondwoord voor 'verzoeking'? Is dat hetzelfde woord als gebruikt wordt in Matteüs 24:21 – 'grote verdrukking'? Nee, er wordt niet hetzelfde Griekse woord gebruikt. In Openbaring 3:10 gaat het om πειρασμος – peirasmos – en in Matteüs 24:21 om θλιψις – thlipsis.
'Peirasmos' betekent zoveel als 'beproeving', 'test', 'verzoeking' ('... in een tijd van beproeving worden zij afvallig ...' (Luc. 8:13) en '... gij zijt het, die steeds bij Mij gebleven zijt in Mijn verzoekingen ...' (Luc. 22:28), en de 'verzoekingen' van Jezus in de woestijn door de duivel (Luc. 4:1-13).
'Thlipsis' betekent 'verdrukking' ('... weest blijde in de hoop, geduldig in de verdrukking, volhardend in het gebed ...' (Rom. 12:12)). Het woord wordt ook gebruikt voor de pijnlijke geboorteweeën van een vrouw.
De Septuagint – de Griekse vertaling van het Oude Testament, door Joodse geleerden gemaakt rond 250 v.Chr., gebruikt in Daniël 12:1 het woord thlipsis, 'benauwdheid'. In Jeremia 30:7 (= Septuagint Jeremia 37:7) worden de woorden χρονος στενος, 'chronos stenos', gebruikt: een nauwe, enge, benauwde tijd.
Drie verschillende woorden dus: 'peirasmos', 'thlipsis' en 'chronos stenos'. Gaat het daarbij telkens om dezelfde zaak, om dezelfde benauwde tijd, dezelfde verzoeking, beproeving; kortom om dezelfde Grote Verdrukking? Noodzakelijk is dat niet. Mogelijk is dat wel, dus laten we er op dit moment voor het gemak maar even vanuit gaan.

Het gaat dus om een wereldwijde moeilijke tijd. Een tijd van beproeving en van verdrukking. Een benauwde en benauwende tijd. Pijnlijk als geboorteweeën, die voorafgaan aan een nieuwe tijd, een

nieuw begin dat daarna wereldwijd komt: Gods Koninkrijk van vrede en van gerechtigheid. Een tijd van loutering en beproeving, echter niet noodzakelijkerwijs van oordeel.
Gods kinderen komen niet in het oordeel van Gods toorn. Dat oordeel is door Jezus ondergaan en gedragen, in Zijn leven en sterven. '... Want God heeft ons niet gesteld tot toorn, maar tot het verkrijgen van zaligheid door onze Here Jezus Christus, die voor ons gestorven is' (1 Tess. 5:9).

Maar om welke toorn gaat het? Gods toorn van de Grote Verdrukking? Zoals Openbaring 16 zegt: '... Gaat heen en giet de zeven schalen van de gramschap Gods uit op de aarde' (Openb. 16:1). Of gaat het om Gods toorn in Zijn laatste oordeel? Zoals Romeinen 2 zegt: '... Maar in uw weerbarstigheid en onboetvaardigheid van hart hoopt gij u toorn op tegen de dag des toorns en der openbaring van het rechtvaardig oordeel Gods, die ieder vergelden zal naar zijn werken' (Rom. 2:5). Met geen woord wordt in 1 Tessalonicenzen 5 gerept over de Grote Verdrukking en ook niet over de 'Opname'. Zelfs als de zegels, bazuinen, schalen uit het boek Openbaring gerekend zouden moeten worden onder de 'toorn Gods', dan nog is het niet zeker dat Gods kinderen ook daardoor getroffen zullen worden. Toen de tien plagen Egypte troffen (vallen die trouwens onder 'toorn Gods'?), troffen de ergste plagen de kinderen Israëls niet in het land Gosen. Zelfs de plaag van de duisternis niet. '... maar alle Israëlieten hadden licht, waar zij woonden' (Ex. 10:23).

'... Voor die tijd van verzoeking, beproeving, loutering, benauwdheid zal Ik jullie bewaren', zegt de Here Jezus dus in Openbaring 3:10. Wat bedoelt Hij daarmee? Welke woorden gebruikt Hij in het Grieks? Hij gebruikt het werkwoord τηρεω εκ – tereo ek – in de toekomende tijd: 'Ik zal bewaken, beschermen, behoeden, scherp letten op, oppassen, de wacht houden, houden, bewaren, opsparen', om maar enkele betekenissen van dit werkwoord in het Nieuwe Testament te geven, volgens Mullers woordenboek.

In de toekomende tijd en in combinatie met het Griekse woordje ϵκ of ϵξ (ek = uit, zoals wij dat kennen in het woordje ex-, als in exit = uitgang) komt het voor zover mij bekend maar twee keer voor in het Nieuwe Testament: hier in Openbaring 3:10, en ook nog in Johannes 17:15, het zogenoemde Hogepriesterlijk gebed van de Here Jezus. Beide malen dus de Here Jezus persoonlijk aan het woord. Beide malen in een geschrift van de apostel Johannes.

Wat betekent nu τηρησω ϵκ of ϵξ, tereso/tereo ek of ex? Een gezond principe van Schriftverklaring is: tekst-met-tekst vergelijking. Wat betekent dat dan in dit verband 'Ik zal bewaren uit' of 'Ik zal bewaren voor'?

In Johannes 17 bidt de Here Jezus voor Zijn discipelen – en voor allen die door hun woord in Hem zullen gaan geloven – '... Ik bid niet dat Gij hen uit de wereld wegneemt, maar dat Gij hen bewaart voor [tereo ek] de boze' (Joh. 17:15). Dus de Here Jezus bidt níét dat we uit de wereld weggenomen zullen worden, maar dat we in de wereld bewaard zullen worden voor de boze en uit zijn klauwen zullen blijven. Dat we niet zo in de greep van de duivel en de machten der duisternis zullen belanden dat wij ten onder gaan, er onderdoor zullen gaan. Hij zal Zijn schapen behoeden en leiden als de Goede Herder. Ook in deze moeilijke tijden. Hij zal ze er doorheen leiden en helpen, zodat ze veilig de eindstreep zullen halen.

En precies datzelfde zegt Hij in Openbaring 3:10: als jullie Mij uit de hemel zullen blijven verwachten, je oog vast gericht zult houden op Mijn Komst en je niet laat meeslepen door de verleidingen en het geweld van de duivel en de machten der duisternis en dé antichrist en dé valse profeet en door wat of wie dan ook maar, dan zal Ik jullie vasthouden en bewaren voor de ure der verzoeking/beproeving die over de gehele wereld komen zal. Ik zal ervoor zorgen dat jullie veilig de eindstreep zullen halen. Niet eruit halen, maar erin vasthouden, ervoor zorgen dat je veilig aan de overkant komt, zoals Noach en zijn familie veilig in de ark de overkant bereikten en de nieuwe wereld konden betreden. De Israëlieten in het land Goosen bleven op die wijze ook bewaard onder de tien plagen die bestemd waren voor de Egyptenaren.

Dus 'Opname der Gemeente' vóór de 'Grote Verdrukking'? Het lijkt er niet echt op. Jezus zegt: '... In de wereld lijdt gij verdrukking, maar houdt goede moed. Ik heb de wereld overwonnen' (Joh. 16:33). In Matteüs zegt Hij: '... Dan zullen ze u overleveren aan verdrukking en zij zullen u doden [er zullen martelaren zijn, zoals in alle eeuwen], en gij zult door alle volken gehaat worden om Mijn Naams wil.' (Matt. 24:9), en in Johannes 15: '... Gedenkt het woord dat Ik tot u gesproken heb: Een slaaf staat niet boven zijn heer. Indien zij Mij vervolgd hebben, zij zullen ook u vervolgen' (Joh. 15:20). En Paulus zegt: '... dat wij door vele verdrukkingen het Koninkrijk Gods moeten binnengaan' (Hand. 14:22).

Vele beproevingen

Wanneer we ervan uitgaan dat het boek Openbaring de ontwikkeling van de mensheid in de toekomst beschouwt, dan doemt het volgende plaatje op. Het kwaad en het woeden van de machten der duisternis die sinds de zondeval van de mens de wereld geteisterd hebben culmineren ten slotte in de manifestatie van de totale doorbraak van het kwaad, geconcentreerd in het optreden van de 'mens der wetteloosheid', de top van de piramide van een totaal verzondigde mensheid: de antichrist en zijn valse profeet. Wereldwijde heerschappij, vergoddelijking van de staatsmacht, kerk en wereld, religie en staat als twee handen op één buik, meedoen of economisch buitengesloten worden. Joden die vasthouden aan het dienen van de ware God, de God van Abraham, Isaak en Jakob, de God van Israël, zullen vervolgd worden. Het zal een louteringsproces voor Jakob=Israël zijn.

Maar ook de Gemeente die door geloof in Jezus Christus is gekomen tot de aanbidding van dezelfde God van Israël zal beproefd en gelouterd worden. Het kaf zal van het koren gescheiden worden.

Dan komt het aan op volharden, volhouden. '... Maar wie volhardt tot het einde, die zal zalig/behouden worden' (Matt. 24:13) zegt de Here Jezus.

Terwijl de mensheid zal bezwijmen van angst voor de dingen die over de wereld zullen komen, mogen juist dan de gelovigen vol verwachting hun hoofd opheffen, want hun verlossing komt steeds dichterbij (Luc. 21:25-28). Jezus zal spoedig komen, weten ze, zonder enige twijfel. Dat mogen Zijn kinderen zéker weten.

Hij zal begroet worden door Zijn kinderen, die Hem tegemoet zullen gaan wanneer Hij ten slotte komt. Zoals de burgers van een stad hun vorst tegemoet gaan wanneer hij terugkeert naar de hoofdstad van zijn koninkrijk, nadat hij in verre streken de overwinning over de vijand behaald heeft. Samen met Hem betreden ze dan de hoofdstad en neemt Hij plaats op zijn troon om te regeren in recht en gerechtigheid. Vrede zal daarna zijn koninkrijk vervullen.

Maar de vijandige volkeren zullen hun verdiende oordeel ondergaan. '... Wanneer dan de Zoon des mensen komt in zijn heerlijkheid en al de engelen met Hem, dan zal Hij plaatsnemen op de troon zijner heerlijkheid. En de volkeren zullen voor Hem verzameld worden, en Hij zal ze van elkander scheiden, zoals de herder de schapen scheidt van de bokken, en Hij zal de schapen zetten aan zijn rechterhand en de bokken aan zijn linkerhand. Dan zal de Koning tot hen, die aan zijn rechterhand zijn, zeggen: Komt, gij gezegenden mijns Vaders, beërft het Koninkrijk, dat u bereid is van de grondlegging der wereld af. ... Dan zal Hij ook tot hen, die aan zijn linkerhand zijn, zeggen: Gaat weg van Mij, gij vervloekten, naar het eeuwige vuur, dat voor de duivel en zijn engelen bereid is' (Matt. 25:31-34, 41).

Tot troost van de gelovigen zullen die dagen van beproeving en verdrukking van de eindtijd en de regering van dé antichrist en zijn valse profeet ingekort worden, belooft Hij in Matteüs 24:22. En de Bijbel noemt in verschillende toonaarden telkens een periode van $3^1/_2$ jaar. Niet langer. Het is te overzien. Nog even volhouden. Nog even lijden. Nog even strijden. En dan zal Hij komen om alle dingen nieuw te maken. Martelaren zullen er vallen. Anderen zullen niet kunnen kopen of verkopen. Je zult naar de rand van de samenleving gedreven worden. Zoals dat altijd met Joden en christenen gebeurde in de dictaturen die we als voorproefje reeds gekend hebben. Onder het nationaalsocialisme, het communisme en de islam. Gevangenschap, maar soms ook wonderlijke uitreddingen.

'... Terstond na de verdrukking dier dagen zal de zon verduisterd worden en de maan zal haar glans niet geven en de sterren zullen van de hemel allen en de machten der hemelen zullen wankelen. En dan zal het teken van de Zoon des mensen verschijnen aan de hemel en dan zullen alle [ongelovige, ongehoorzame] stammen [volkeren] der aarde zich op de borst slaan [ten teken van rouw] en zij zullen de Zoon des mensen zien komen op de wolken des hemels [de Shechina, de omhulling van de heerlijkheid Gods, zoals in de wolk- en vuurkolom die voor het volk Israël in de woestijn uittrok, de wolk op de berg der verheerlijking, de wolk die Jezus van de Olijfberg ten hemel opnam, en waarvan gezegd werd door de engelen dat Hij op gelijke wijze zou wederkomen] met grote macht en heerlijkheid. En Hij zal zijn engelen uitzenden met luid bazuingeschal [dat lijkt niet erg op een verborgen, geheime Komst voor Zijn Gemeente, want ieders oog zal Hem zien en de lucht zal weerschallen van het geklank van de bazuin/sjofar] en zij zullen Zijn uitverkorenen verzamelen uit de vier windstreken [van over de gehele wereld], van het ene uiterste der hemelen tot het andere' (Matt. 24:29-31). De Eerste Opstanding!

Ook in 1 Tessalonicenzen is er sprake van veel geluid, zodat dat een weinig geheim/verborgen gebeuren is, de Komst van Jezus: '... Want dit zeggen wij u met een woord des Heren: wij, levenden, die achterblijven tot de komst des Heren [die op dat moment levend zijn, en nog niet gestorven zoals zovele van onze broeders en zusters die ons zijn voorgegaan], zullen in geen geval de ontslapenen voorgaan, want de Here zelf zal op een teken, bij het roepen van een aartsengel en bij het geklank ener bazuin Gods, nederdalen van de hemel, en zij die in Christus gestorven zijn, zullen het eerst opstaan; daarna zullen wij, levenden die achterbleven, samen met hen op de wolken in een oogwenk weggevoerd worden, de Here tegemoet in de lucht, en zó zullen wij altijd met de Here wezen' (1 Tess. 4:15-17). De Eerste Opstanding!

Johannes ziet deze geweldige Gemeente, dit volk Gods, als een menigte die niemand tellen kan. Tegen hem wordt gezegd als hij vraagt waar ze vandaan komen: '... dezen zijn het die komen uit de grote verdrukking; en zij hebben hun gewaden gewassen en die wit gemaakt in het bloed des Lams' (Openb. 7:14). Want het bloed van Jezus, Gods Zoon, reinigt van alle zonden. '... en (ik zag) de zielen van hen, die onthoofd waren om het getuigenis van Jezus, en om het woord van God [christenen én Joden?], en die noch het beest noch zijn beeld hadden aangebeden, en die het merkteken niet op hun voorhoofd en op hun hand [zoals de Joden die de gebedsriemen aanleggen met de ware belijdenis op het voorhoofd en de hand/arm, en het teken van de doop op het voorhoofd van de christenen staat en op hun gehele lichaam] ontvangen hadden; en zij werden weder levend en heersten met Christus, duizend jaren lang!' (Openb. 20:4) De Eerste Opstanding!

Vol verwachting blijf ik uitzien ...

'... Gij zijt het, die steeds bij mij gebleven zijt in mijn verzoekingen. En Ik beschik u het Koninkrijk, gelijk mijn Vader het mij beschikt heeft, opdat gij aan mijn tafel eet en drinkt in mijn Koninkrijk. En gij zult zitten op tronen om de twaalf stammen Israëls te richten' (Luc. 22:28-30).

'... Gij echter zijt een uitverkoren geslacht, een koninklijk priesterschap, een heilige natie, een volk (Gode) ten eigendom, om de grote daden te verkondigen van Hem, die u uit de duisternis geroepen heeft tot zijn wonderbaar licht: u, eens niet zijn volk, nu echter Gods volk, eens zonder ontferming, nu in zijn ontferming aangenomen' (1 Petr. 2:9-10).

'... Geliefden, nu zijn wij kinderen Gods en het is nog niet geopenbaard, wat wij zijn zullen; (maar) wij weten, dat, als Hij zal geopenbaard zijn, wij Hem gelijk zullen wezen; want wij zullen Hem zien, gelijk Hij is' (1 Joh. 3:2).

'... En ik zag tronen, en zij zetten zich daarop, en het oordeel werd hun gegeven; en (ik zag) de zielen van hen, die onthoofd waren om het getuigenis van Jezus en om het woord van God, en die noch het beest noch zijn beeld hadden aangebeden en die het merkteken niet op hun voorhoofd en op hun hand ontvangen hadden; en zij werden weder levend en heersten als koningen met Christus, duizend jaren lang. De overige doden werden niet weder levend, voordat de duizend jaren voleindigd waren. Dit is de eerste opstanding' (Openb. 20:4-5).

Soms moet je de Bijbel maar gewoon voor zichzelf laten spreken. Wie naar de toekomst kijkt, beseft dat we in profetische tijden leven. We zien bijbelse profetieën voor onze ogen in vervulling gaan. We zien de terugkeer van het Joodse volk naar het Beloofde Land Israël al meer dan 100 jaar met eigen ogen gebeuren. Dat betekent dat de Here begonnen is Zich vol genade toe te wenden tot zijn volk, zijn eerstgeboren Zoon.

Alle beloften aan Israël gedaan, zullen ook aan Israël vervuld worden. Om de Bijbel maar weer te laten spreken: '... De HERE zal zijn rijke schatkamer, de hemel, voor u openen om op zijn tijd de regen voor uw land te geven en al het werk uwer handen te zegenen, zodat gij aan vele volken zult uitlenen zonder zelf te leen te ontvangen. De HERE zal u stellen tot een hoofd en niet tot een staart, gij zult enkel opgaan en niet neergaan' (Deut. 28:12-13a). Het Koninkrijk voor Israël komt. De vraag van de discipelen in Handelingen 1 – '... Zij dan, die daar bijeengekomen waren, vroegen Hem en zeiden: Here, herstelt Gij in deze tijd het koningschap voor Israël? Hij zeide tot hen: Het is niet uw zaak de tijden of gelegenheden te weten, waarover de Vader de beschikking aan Zich gehouden heeft.' (Hand. 1:6-7) – zal dan positief beantwoord worden bij Zijn Komst in heerlijkheid: Ja, nu is die tijd gekomen! Dan zullen de profetieën van heil, zoals Jesaja 2:2-5; 11:1-10, Micha 5:3 e.a., Heer-lijk in vervulling gaan!

Maar evenzeer zullen alle beloften aan Christus' Kerk, aan Zijn Gemeente gedaan, ook aan Zijn Kerk vervuld worden. Er is geen enkele reden om als gelovige uit de volkeren jaloers te zijn op Israël wanneer het gaat om het heil dat in Gods toekomst in het Koninkrijk geopenbaard zal worden. Ieder op eigen wijze, ieder op zijn en haar eigen plaats. Psalm 2 spreekt over het Koningschap van de Messias. '... Ik wil gewagen van het besluit des HEREN: Hij sprak tot mij: Mijn zoon zijt gij; Ik heb u heden verwekt. Vraag Mij en Ik zal volken geven tot uw erfdeel, de einden der aarde tot uw bezit. Gij zult hen verpletteren met een ijzeren knots, hen stukslaan als pottenbakkerswerk. Nu dan, gij koningen, weest verstandig, laat u gezeggen, gij richters der aarde. Dient de HERE met vreze en verheugt u met beving. Kust de zoon, opdat hij niet toorne en gij onderweg niet te gronde gaat, want zeer licht ontbrandt zijn toorn. Welzalig allen die bij Hem schuilen!' (Ps. 2:7-12). En in Openbaring zegt de Opgestane en Verheerlijkte Christus tegen Zijn Gemeente die overwinnaar geworden is, die trouw gebleven is tot het einde toe, die Zijn werken bewaard heeft, dat zij in diezelfde macht zal delen: '... En wie overwint en Mijn werken tot het einde toe bewaart, hem zal Ik macht geven over de heidenen; en hij zal hen hoeden met een ijzeren staf, als aardewerk worden zij verbrijzeld, gelijk ook Ik van Mijn Vader ontvangen heb' (Openb. 2:26-27). Een toekomst om naar uit te kijken!

Daarom besluit de apostel Johannes wanneer hij in de geest (en in de Geest) getuige geweest is van de laatste grote geestelijke strijd in de hemel en op aarde in Openbaring 22:20b: 'Amen, kom, Here Jezus!' Een bede die Gods kinderen al eeuwenlang vol verwachting in hun harten koesteren! Hij komt, wie weet hoe spoedig reeds, om alle dingen voor eeuwig nieuw te maken.

Het uitverkoren volk

'... De HERE nu zeide tot Abram: Ga uit uw land en uit uw maagschap en uit uws vaders huis naar het land, dat Ik u wijzen zal; Ik zal u tot een groot volk maken, en u zegenen, en uw naam groot maken, en gij zult tot een zegen zijn. Ik zal zegenen wie u zegenen, en wie u vervloekt zal Ik vervloeken, en met u [of: in u] zullen alle geslachten des aardbodems gezegend worden' (Gen. 12:1-3).

Overbekende Schriftwoorden. Zo bekend dat je denkt dat er niets nieuws meer in te ontdekken valt. Maar mij viel ineens wel iets nieuws op. De Here gaat spreken. Met hoorbare stem. Hoe hoorbaar? Denk maar aan de geschiedenis van Samuël. Daar lezen we: '... Toen riep de HERE Samuël, en hij zeide: Hier ben ik. Toen snelde hij naar Eli en zeide: Hier ben ik, gij hebt mij immers geroepen. Doch deze zeide: Ik heb niet geroepen, leg u weer neer. Toen ging hij heen en legde zich weer neer. En de HERE riep Samuël opnieuw. Toen stond Samuël op, ging naar Eli en zeide: Hier ben ik, gij hebt mij immers geroepen. Doch deze zeide: Ik heb niet geroepen, mijn zoon; leg u weer neer. Samuël nu kende de HERE nog niet; nog nooit was hem een woord des HEREN geopenbaard. En de HERE riep Samuël nog eens, voor de derde maal. Toen stond hij op, ging naar Eli en zeide: Hier ben ik, gij hebt mij immers geroepen. Toen begreep Eli, dat de HERE de jongen riep. Daarom zeide Eli tot Samuël: Ga heen, leg u weer neer, en als Hij u roept, zeg dan: spreek HERE, want uw knecht hoort. En Samuël ging heen en legde zich weer op zijn plaats neer. Toen kwam de HERE, bleef daar staan en riep als de vorige keren: Samuël, Samuël! En Samuël zeide: Spreek, want uw knecht hoort' (1 Sam. 3:4-10). Zo heeft de Here gesproken, tot Israël. Israël als openbaringsinstrument van de Allerhoogste, om Hem in de wereld bekend te maken. Om in en door hen de wereld te zegenen. Gesproken tot de aartsvaders en de profeten. En ten slotte, in het laatst der dagen zegt Hebreeën 1:1-2, heeft Hij tot ons gesproken in de Zoon.

De torenbouw van Babel/Babylon is geweest (Genesis 11), en de volkeren gaan hun eigen weg. Bij het licht van hun eigen godsdienst(en), verstrooid over de gehele aarde. Dan spreekt God tot Abraham. God roept Abraham die de vreemde goden dient in Ur der Chaldeeën, het Ur der Babyloniërs. '... En Jozua zeide tot het gehele volk: Zo zegt de HERE, de God van Israël: aan de overzijde der Rivier hebben oudtijds uw vaderen gewoond, Terach, de vader van Abraham en de vader van Nachor, en zij hebben andere goden gediend. Maar Ik nam uw vader Abraham van de overzijde der Rivier, en leidde hem door het gehele land Kanaän; Ik maakte zijn nakomelingschap talrijk en schonk hem Isaak' (Joz. 24:2-3). Weg uit Ur/Babylon, stad van de mens, op weg naar Jeruzalem, stad van God.

Wat gaat de stem van de Allerhoogste, de onzichtbare Schepper van hemel en aarde, nu tegen Abraham zeggen? Gaat Hij aan Abraham met hoorbare stem nu 'de ware godsdienst' uitleggen? Gaat Hij hem onderwijzen hoe je de Allerhoogste en Eeuwige dienen mag en moet, te midden van de afgoden? Nee. Als dat het geval geweest zou zijn, dan had Abraham rustig in Ur kunnen blijven wonen om daar de ware godsdienst te stichten en uit te dragen. Zo van: 'Beste mensen, we zitten er helemaal naast! Al onze godsdienst is afgoderij. De ware God, de enige God, de Schepper van hemel en aarde heeft zojuist tot mij gesproken, en ik zal jullie nu leren hoe je deze ware God voortaan dienen kunt, en moet.' Nee, het allereerste dat de Here zo ongeveer zegt, is: Ga naar een land, een ander land, dat Ik je wijzen zal. Je moet verhuizen naar een ander land. Wat heeft dat er nu mee te maken? Land? Verhuizen? Geen enkele andere 'godsdienststichter' heeft – zover mij bekend – een dergelijke goddelijke opdracht ontvangen.

Wat is er zo belangrijk aan een stukje land? De aarde en haar volheid zijn des Heren (Ps. 24:1; 50:12; 89:12; 96:7-13; 98:4-9). Wat is er dan zo belangrijk aan zo'n klein stukje land, daar in het Midden-Oosten, kleiner nog dan Nederland? Het is bijna het allereerste woord dat de Eeuwige hoorbaar sprekend spreekt. Kennelijk zit daar een diepe betekenis achter. Als de Allerhoogste het verlossingsplan van mens, mensheid, volkeren, ja, de schepping zelf, in werking gaat zetten, begint hij met een man te roepen en te brengen naar een – kennelijk speciaal – land! Waarom? Men kan er op dit moment in de geschiedenis nog slechts naar gissen. Dat zal in de loop van de geschiedenis steeds meer duidelijk gaan worden. Maar opvallend is het wel. Dat land heeft kennelijk heilshistorische betekenis, in verleden, heden en toekomst. En in dat land is straks een bijzondere stad: Jeruzalem. En in dat land en die stad woont een bijzonder volk. En door dat volk is eenmaal een zegen, die zich ten slotte wereldwijd zal uitstrekken. Eerst een land, dan een volk, en ten slotte een zegen.

Voor de Kerk speelde eeuwenlang noch het land, noch het volk, noch de stad Jeruzalem een rol. 'We cut the root and stole the fruit' – we hebben de wortel doorgesneden en de vrucht gestolen. De Kerk beschouwde zichzelf als het nieuwe uitverkoren volk, het nieuwe Israël. Het Beloofde Land werd de hemel. Jeruzalem werd het hemels Jeruzalem. Het aardse Jeruzalem werd niet het centrum van het wereldchristendom. Dat werd Rome, of Constantinopel, of Canterbury, of Moskou, of Genève. Maar Jeruzalem? Maar de Allerhoogste zegt: een land, een volk, een zegen. En zo zal het zijn. Het land, het volk en de stad worden hersteld. Want het Koninkrijk komt, dwars door alles heen. Wie weet hoe spoedig reeds. 'Zijn shaloom wordt wereldwijd, alle dingen maakt Hij nieuw en Hij is de Heer van mijn/ons leven!' Zo zal het aflopen. Maar zo ver zijn we nog niet. En duistere wolken pakken zich alweer samen boven mensheid en wereld. Het rijk van antichristen en dé antichrist in opmars.

Hitler

Abel J. Herzberg heeft in zijn indrukwekkende boek *Kroniek der Jodenvervolging 1940-1945* (eerste druk al in 1950!) de diep geestelijke achtergrond geschetst van wat Hitler en zijn trawanten bewoog. Hij vermeldt allereerst met grote waardering het boek *Edda en Thora* van de christelijke prof. dr. K.H. Miskotte, dat ook 'voor zovele Joden tijdens de bezetting een bron van kracht in alle kommer is geweest'. Het boek is samengesteld uit lezingen die Miskotte sinds 1934 hield in Nederland en in 1937 in Nederlands-Indië, en het werd door hem gepubliceerd in 1939.

Dan citeert Herzberg vervolgens een redevoering van Hauptbefehlsleiter dr. Schmidt, gehouden in Den Haag op 16 mei 1941, die onverholen verklaart dat de '"Germaans-Duitse wedergeboorte eerst dan voleindigd zal zijn, als geen Joodse leer, onverschillig in welke camouflage noch ook op welke wijze, in het Duitse volk vermag binnen te dringen en het te schaden". In welke camouflage (*Tarnung*) dreigt dan naar de mening van deze Duitsers die daarvoor vrezen, "de Joodse leer hun volk weer binnen te dringen en hen te schaden"? Laat Hitler het zelf zeggen: Was niet de Jood altijd en overal de doodsvijand van het komende tijdperk? Was hij niet de meester van de gehate ratio, de beheerder van die zelfverzekerde wetenschap die het leven verwoest in plaats van het te helpen? En ging niet het hele, gehate christendom, het geloof aan de Verlosser, de moraal, het geweten, het begrip der zonde, op het Jodendom terug? Men ziet van welke vijanden het Duitse volk zijn hart moet zuiveren. De rede, en tegelijkertijd de door het christendom aan het jodendom ontleende moraal en geweten, vormen het karakter van de "demon"', aldus Herzberg.

Als 'de Jood', 'het jodendom', 'de gehate ratio', 'de wetenschap', 'het gehate christendom', 'de moraal', 'het geweten', 'het begrip der zonde' en alles wat vanuit de Bijbel, de Godsopenbaring aan Israël, verdwijnt, treedt de demonie in. Dat geldt vandaag nog evenzeer als toen. Telkens opnieuw vlamt vandaag het antisemitisme op, juist ook in de landen van Europa. Haat tegen Joden en haat tegen bijbelgetrouwe christenen. En de Westerse beschaving degenereert.

Andere goden vullen nu het vacuüm op: humanisme, materialisme, immoraliteit, occultisme, vele andere godsdiensten, natuurreligie, moeder aarde, evolutionisme, individualisme, ik-ben-een-god-in-het-diepst-van-mijn gedachten, en vele andere oude goden keren terug. En niet te vergeten: de islam. Voltrekt er zich een Godsoordeel over Europa? Zegt de Allerhoogste nu als het ware tegen ons: 'Jullie hebben mijn Joodse volk veracht dat Ik als een zegen onder jullie gezonden had? Jullie hebben het bespot, geminacht, bestolen, afgeranseld, verkracht, uitgemoord? Daarom zeg Ik tegen mijn volk: keer terug naar huis. Jullie wereldwijde missie is bijna voorbij. Kom terug naar het Beloofde Land, naar Israël. Ik ga jullie voorbereiden en klaarmaken voor de volgende fase van de wereldgeschiedenis. De komst van mijn Koninkrijk, en de komst van de Koning van dat Koninkrijk is nabij. En jullie volkeren: Ik zend jullie nu andere vreemdelingen, met een andere god. Eens zien hoe leuk jullie dat vinden?'

Het heidendom steekt de kop weer op. Europa wenst geen vermelding van God of de Joods-christelijke wortels die Europa gevormd hebben in de tekst van de grondwet van het nieuwe Europa. Het nieuwe Europa wordt een nieuwe onderneming in de naam van de mens. Maar de mens is een gevallen mens, speelbal van zijn eigen driften en de machten der duisternis. Vele pogingen werden alreeds in de geschiedenis ondernomen om te komen tot een heilsstaat in naam van de mens: Franse revolutie, Russische revolutie, nationaal-socialisme. We zeiden het reeds. Het evolutie-denken stuwde het optimisme naar grote hoogten en werkte door op welhaast alle terreinen van wetenschapsbeoefening. Maar twee wereldoorlogen maakten aan dat optimisme snel een einde. Het postchristelijke tijdperk met postmodernisme en nihilisme kwam ervoor in de plaats. Na de industriële revolutie, de biologische revolutie en de informatietechnologie worden wetenschap en techniek de nieuwe goden. Niets en niemand anders kan ons nog redden en de wereld uit het slop trekken, denken velen. 'Ni Dieu et ni maître' – geen God en geen meester.

Hoe ten slotte het kosmisch drama afloopt dat in de eindtijd tot zijn hoogtepunt komt, daarover laat de Bijbel geen twijfel bestaan. Filippenzen 2 zegt over de verheerlijkte Christus dat eenmaal alles en allen Hem onderworpen zullen zijn: '... Daarom heeft God Hem ook uitermate verhoogd en Hem de naam boven alle naam geschonken, opdat in de naam van Jezus zich alle knie zou buigen van hen, die in de hemel en die op de aarde en die onder de aarde zijn, en alle tong zou belijden: Jezus Christus is Here, tot eer van God, de Vader!' (Fil. 2:9-11)
En 1 Korintiërs zegt over Hem: '... Want Hij moet als koning heersen, totdat Hij al zijn vijanden onder zijn voeten gelegd heeft. De laatste vijand, die onttroond wordt, is de dood, want alles heeft Hij aan zijn voeten onderworpen. Maar wanneer Hij zegt, dat alles onderworpen is, is blijkbaar Hij uitgezonderd, die Hem alles onderworpen heeft. Wanneer alles Hem onderworpen is, zal ook de Zoon zelf Zich aan Hem onderwerpen, die Hem alles onderworpen heeft, opdat God zij alles in allen' (1 Kor. 15:25-28).

Toenemende Jodenhaat

In het dagboek *Jeder Tag ein Gedenktag* van de onlangs overleden Simon Wiesenthal lees ik op de dag dat ik dit schrijf – 14 oktober – wat er in de geschiedenis van de Jodenhaat en Jodenvervolging op die dag gebeurde in de geschiedenis van Europa.

1542 – Twintig nakomelingen van onder dwang gedoopte Joden in Lissabon ter dood veroordeeld en op de brandstapel verbrand.
1905 – In Kamenskoje in Rusland, breekt een pogrom uit die twee dagen voortduurt. Drie Joden worden vermoord, honderdvijftig Joodse families verliezen alle bezittingen.

1938 – Vanaf deze dag worden in Wenen dagelijks synagogen geschonden en Thorarollen verbrand.
1942 – Vandaag wordt in het ghetto van Kobryn (tegenwoordig in Wit-Rusland gelegen) opnieuw een verdere 'actie' uitgevoerd. Joden organiseren hun zelfverdediging. De binnendringende Duitsers worden aangevallen. Er ontstaat een groot gevecht. Het lukt honderd Joden de bossen in te vluchten, waar ze zich bij de Partizanen aansluiten. Afgezien van een kleine groep van arbeiders, die later om het leven gebracht wordt, is Kobryn nu 'Judenrein'.
Leden van de SS vermoorden duizend Joden uit het getto van Antopol (Antonopol), tegenwoordig gelegen in Wit-Rusland.
In het Poolse Bereza Kartuska plegen de leden van de Joodse Raad collectief zelfmoord. Daarmee reageren ze op het bevel van de Nazi's dat alle Joden zich de volgende dag moeten verzamelen om gedeporteerd te worden; ze zouden dwangarbeid in de Oekraïne moeten gaan verrichten, heet het. Door hun zelfmoord informeren ze de Joodse gemeente over de ware aard van datgene wat hen te wachten staat.
Ongeveer vierhonderdvijftig Joden uit Grodek Jagiellonski, tegenwoordig gelegen in de Oekraïne, worden gedeporteerd naar het vernietigingskamp Belzec.
Leden van de SS vermoorden driehonderd Joden in Kamien Kozyrski in Wolhynien.
1943 – Uit Grosec in het district Warschau worden drieduizend Joden naar Bialobrzeg gedeporteerd.
In het vernietigingskamp Sobibor komt het tot een opstand onder leiding van Alexander Pechersky. Daarbij proberen Joden te vluchten. Elf Leden van de SS en tweehonderd Joden worden gedood, vierhonderd Joden kunnen ontkomen.

Zomaar een dag uit de geschiedenis van het jodendom in Europa. Dit dagboek beschrijft de hartverscheurende gebeurtenissen van de afgelopen eeuwen van 1 januari tot 31 december, 365 dagen lang. Jaar na jaar. Elke dag opnieuw. Om te gedenken. Om nooit te vergeten. Om waakzaam te zijn. Want de Jodenhaat sluimert nooit. De machten der duisternis zitten nimmer stil.

Telkens opnieuw zal die Jodenhaat proberen – gehuld in welke dekmantel van religieuze of niet-religieuze, politieke of niet-politieke, christelijke, islamitische of humanistische, communistische of fascistische gedachtegangen en ideologieën en overtuigingen, al dan niet gekoppeld aan Israël, als Joodse staat een steen des aanstoots – het Joodse volk te discrimineren, belachelijk te maken, politieke hetze ertegen te voeren, en indien mogelijk uiteindelijk van de kaart te vegen.

Waakzaam blijven. Nimmer de lessen van de geschiedenis vergeten. Omdat dan het gevaar dreigt dat we die geschiedenis telkens opnieuw op een of andere manier zullen moeten overdoen. Opdat de lijsten en opsommingen in het dagboek van Simon Wiesenthal niet nog langer worden. Informeren, informeren, informeren, dat willen we doen als 'Christenen voor Israël. Door onze publicaties, waarin de krant een voortrekkersrol vervult en de tijdschriften 'Israël & de Kerk' en 'Profetisch Perspectief'. De avonden in het land. Voordrachten, spreekbeurten, studiedagen, zangavonden. Jeugdactiviteiten, zoals Isreality. Vrouwenactiviteiten, dagtochten naar o.a. het Corrie ten Boomhuis, Kamp Amersfoort, Joodse synagogen in Leiden, Amersfoort en Haarlem, etc. Humanitaire projecten in Israël steunen. Helpen met Aliyah. Internationale activiteiten. Europese Coalitie voor Israël, om in Brussel en Straatsburg en in de parlementen van de 27 lidstaten van Europa politieke vertegenwoordigers en regeringsleiders te herinneren aan hun verantwoordelijkheid met betrekking tot Israël en het Joodse volk. De kerken oproepen tot solidariteit en hun krachtige inzet om het toenemend antisemitisme te bestrijden. Om te wijzen op de tekenen der tijden. Leven in de eindtijd. Teveel om alles op te noemen.

Nog niet zo lang geleden was ik in Griekenland. Het boek *Waarom Israël?* is inmiddels in het Grieks vertaald (de achttiende taal, van de inmiddels meer dan twintig talen waarin het boek vertaald is) en er was een eerste conferentie van ons werk 'Christians for Israël International' in Thessaloniki (Macedonië) belegd voor voorgangers, predikanten en geïnteresseerde gemeenteleden uit vele kerken en gemeenten. Op dat moment werd aldaar ook de 14-delige Engelstalige DVD-serie 'Why Israël' voorzien van Griekse ondertitels in het videoproductiebedrijfje ter plaatse. Geheel onverwacht vond er daar toen een 'toevallige' ontmoeting met een Joodse zakenman plaats, een van de klanten en opdrachtgevers voor dit bedrijf. Hij zag dat er iets over Israël met Griekse ondertitels geproduceerd werd, en raakte geïnteresseerd. Binnen een dag kwam van het een het ander.

We – Panos Karagounis, onze man in Griekenland, en ik – werden nog diezelfde dag uitgenodigd bij de acht man tellende commissie van de Joodse synagoge om te vertellen wie we waren en wat we deden. En de volgende dag maakten we de dienst in de Joodse synagoge mee en konden we op uitnodiging van de rabbijn na afloop vertellen aan de kleine gemeente, onder het genot van hapjes en drankjes, over ons en ons werk. Een buitengewone hartelijke ontmoeting. Na afloop spraken vele Joodse gemeenteleden ons aan om te vertellen hoe bemoedigd ze waren. Een oudere Joodse dame liet ons ineens spontaan op haar onderarm de tatoeage met haar Auschwitz-nummer zien. Ze was een van de weinige Holocaustoverlevenden. Het teken van het beest. Een van de vele tekenen uit de loop der geschiedenis. Dit hadden ze nooit van christenen verwacht. In 1942 zijn binnen enkele maanden 49.000 Joden uit Thessaloniki weggevoerd naar Auschwitz-Birkenau en andere vernietigingskampen in Polen. De Kerk zweeg. Slechts een handjevol overleefde.

Maar we maakten ook nog iets anders mee. Bij het bezoek aan een van de schitterende Griekse historische musea bewonderden we de artistieke uitingen van de Griekse cultuur. Prachtige beelden, sculpturen van meer dan tweeduizend jaar oud. Op bordjes werd telkens een toelichting gegeven over de achtergrond van het tentoongestelde, ook soms via een video of DVD met achtergrondinformatie. Totdat we zomaar, geheel onverwacht en onaangekondigd, een DVD zagen aan de voet van een van de beeldhouwwerken met een geheel andere boodschap. Een paar Arabische/Palestijnse jongetjes, spelend met al dan niet echte vuurwapens waren te zien. Ze springen op een ezel en gaan naar 'de muur', het veiligheidshek in Israël. Dan verschijnt ineens dreigend een Israëlische jeep met aan boord een paar Israëlische 'moordmachines', soldaten in volle bewapening, die naar de onschuldige jongetjes toe racet, terwijl zij angstig achter hun ezel wegduiken. Weer een moordaanslag op onschuldige kinderen? Voordat dat duidelijk wordt, volgt ineens de aftiteling. Maar de anti-Israëlische gevoelens zijn inmiddels opgewekt, de haat is weer gezaaid. We hebben ertegen geprotesteerd in het museum. Maar men zei ons dat dit een door het ministerie van cultuur georganiseerde actie voor mensenrechten was, in alle musea van Griekenland.

Wat kan ik daar nou aan doen?

Zoals hierboven beschreven, vindt ons boek *Waarom Israël?* zijn weg in vele talen over de wereld. Het werd voorjaar 2007 in Nederland hernieuwd uitgegeven. Inmiddels kwamen ook de Poolse en Hongaarse vertaling klaar. Deze laatste is gemaakt door een lerares Engels aan een Gymnasium in Boedapest (Hongarije), en de Poolse editie verscheen afgelopen zomer (2010). Aanvankelijk meldde de Hongaarse vertaalster enthousiast dat ze er ook al een christelijke uitgever voor gevonden had. Maar even later ontving ik een e-mail van haar waarin ze schreef dat deze christelijke uitgeverij het boek nog eens goed bekeken had, maar er toch maar van afzag. Misschien wel drukken, maar niet de naam van hun uitgeverij eraan verbinden. Waarom niet? Letterlijk was tegen haar gezegd: De Kerk vandaag kan niet verantwoordelijk gehouden worden voor wat de Kerk/het christendom vroeger jegens de Joden gezegd en gedaan heeft. Dit boek geeft de Kerk alleen maar een slecht geweten! Ons treft geen schuld. Bij navraag bleek men de uitvoerige documentatie achter in het boek *Waarom Israël?* opgenomen als Appendix A over de relatie tussen Joden en de Kerk in de afgelopen 2000 jaar zelfs nauwelijks bekeken te hebben. Geen interesse. Vermoei ons niet met de feiten. Daar krijgen we alleen maar een slecht geweten van.

Zomaar een voorbeeld. Maar het maakt duidelijk in welke geestelijke strijd we staan, en hoe nodig het is de christenheid wereldwijd bewust te maken van wat er in het verleden allemaal is geschied – en ook nog in het heden geschiedt - omdat het theologisch denken dat dit huiveringwekkende christelijk antisemitisme mogelijk gemaakt heeft nog altijd in grote delen van de christenheid blijft voortbestaan.

Het christelijk antisemitisme heeft in Europa een klimaat geschapen waarin miljoenen Joden konden worden afgeslacht, keer op keer. Niet alleen in de laatste grote vernietiging van de Holocaust, maar in alle eeuwen in de landen van het christendom. Pas als de Kerk zich daarvan bewust is, schuld belijdt en nieuwe wegen inslaat in haar relatie met het jodendom en met Israël, kan er reiniging en vernieuwing plaatsvinden. Een proces van verandering dat niet alleen in de top van de kerken moet plaatsvinden, maar dat ook moet doordringen tot de basis van de kerk, tot de 'leken', tot de voorgangers, priesters en pastoors, predikanten, ouderlingen en diakenen, commissieleden en 'gewone' gelovigen, van hoog tot laag. Het zou kunnen leiden tot een geestelijke opleving en vernieuwing ondanks alle teruggang en leegloop in ons postchristelijk tijdperk. En de Here zal het zegenen. Het is broodnodig, want nieuw antisemitisme, Jodenhaat, steekt overal de kop weer op, gehuld in oude en nieuwe religieuze, filosofische en politieke verpakkingen.

De Kerk moet haar schuld voor die bijna duivelse theologie belijden, die eeuwenlang geleid heeft tot het vergieten van stromen van Joods bloed. Echte bekering van dit christelijk antisemitisme, voordat het te laat is en het christendom verantwoording zal moeten afleggen voor Gods troon. Ook wij christenen zouden persoonlijk ons verstand, ons hart en onze ziel moeten onderzoeken, of er zich daar geen verborgen christelijk of politiek antisemitisme bevindt. Want uiteindelijk zal God ons erop aanspreken, op dit theologisch denken dat eeuwenlang christelijk antisemitisme gevoed heeft, en dat ook vandaag in vele delen van de christenheid nog onverminderd doorgaat. Hoewel er sinds de Tweede Wereldoorlog gelukkig ook het een en ander ten goede veranderd is.

Joods bloed aan de handen

Hoe kan de Kerk straks Jezus in Zijn Komst ontmoeten met Joods bloed aan haar handen, het bloed van eeuwen? Velen denken misschien wel net als die christelijke uitgeverij in Hongarije: Wat kan ik daar nou aan doen? Wat heb ik te maken met wat zich 'kerk' en 'christen' noemende lieden in het verleden allemaal gezegd en gedaan hebben? Mij treft geen schuld. Ik heb niets gedaan. Ik heb geen kolonialisme bedreven. Ik zat niet in de slavenhandel. Ik heb verre volkeren niet onderdrukt en uitgeplunderd. Ik heb geen indianen vermoord. Ik nam niet deel aan de Kruistochten. Ik heb geen Joden op de brandstapel gezet, of ze de schuld van de pestepidemie in Europa gegeven, of van ze gezegd dat ze 'Godmoordenaars' zijn. Maar trouwens: Zij hebben toch voor het overgrote deel Jezus verworpen en ze zijn daarom nu toch niet meer 'Gods uitverkoren volk'? En hoe triest het ook is, als je wilt weten wat er met mensen gebeurt die zich keren tegen de HERE en tegen Zijn Gezalfde, dan moet je maar eens naar het Joodse volk kijken. Het is vreselijk, al die Jodenvervolging door de eeuwen heen, maar ja, zij hebben Jezus vermoord en nu worden ze door God gestraft. Ze zeiden toch ook zelf: Zijn bloed kome over ons en over onze kinderen? Ja, het is heel erg, alles wat er met de Joden gebeurt, maar het is een waarschuwing voor ons allemaal! Ik heb zelf niet geheuld met de Duitse bezettingsregering in de Tweede Wereldoorlog. Ik wakker de vervangingstheologie niet aan, en doe ook niet mee aan pro-Palestijnse of anti-Israël activiteiten. Laat me met rust!

Haat tegen Israël is haat tegen God

Waarom zouden we schuld belijden over het verleden? Haat tegen de Joden is haat tegen de God van de Joden. Dit komt duidelijk naar voren uit de luide klacht van de psalmdichter naar de hemel (Ps. 83). Uit de diepten van de ellende van het Joodse volk zegt hij: O God, ziet U dit alles niet? Natuurlijk ziet U het, maar zwijg dan niet, houd U niet stil, blijf niet werkeloos, o God. Want het zijn niet slechts ónze vijanden, maar het gaat ook U Zelf aan! Zij zijn uw vijanden, uw haters. Ze smeden een aanslag tegen Uw volk, want dat zijn wij, dat is Israël: uw volk. Ze willen Uw beschermelingen treffen, en daarmee gaat het U aan. Ze willen U in uw hart treffen, en hoe willen de vijanden dat doen? Door het Joodse volk als volk te verdelgen, zodat aan de naam van Israël niet meer wordt gedacht.

Haat heeft ook het schijnchristendom gepredikt, als legitieme haat tegen de 'Godmoordenaars'. Maar Jezus Christus was het Lam Gods dat om de zonden van de wereld zijn leven vrijwillig aflegde en aan het kruis bad: Vader, vergeef het hun want ze weten niet wat ze doen. Maar deze vorm van 'christelijke' theologie, zeg maar: antichristelijke theologie, heeft het hele Joodse volk eeuwenlang collectief verantwoordelijk gehouden voor de dood van Jezus. De Kerk is minder barmhartig dan God. Het kan niet vaak genoeg herhaald worden: kruistochten, inquisitie, pogroms en Holocaust zijn vormen van christelijk antisemitisme of vonden in de christelijke wereld plaats. En ook vandaag doet de Wereldraad van Kerken de ene pro-Palestijnse uitspraak na de andere. Ook heeft de Rooms-Katholieke Kerk, ondanks allerlei positieve verklaringen en voorzichtige uitspraken over het christelijke antisemitisme in het verleden, jarenlang de staat Israël toch niet echt helemaal erkend. Het bezoek aan Israël van paus Johannes Paulus II in 2000 en de woorden van berouw die hij daar sprak, zijn een goed uitgangspunt voor een betere verhouding. Maar de woorden moeten door daden gevolgd worden. De nieuwe lijn van het Vaticaan om tot een betere verhouding met de Joden te komen, lijkt zich onder paus Benedictus XVI – voorheen kardinaal Ratzinger – voort te zetten. Hetgeen echter nog niet betekent dat Rome zijn Midden-Oosten politiek zo grondig wijzigt dat het plan om Jeruzalem te internationaliseren wordt opgegeven.

De Kerk is Israël

Een aantal jaren geleden las ik de dissertatie van Arnold Fruchtenbaum met de aansprekende titel: *Israëlology – The Missing Link in Systematic Theology*. Vele eeuwen lang was er voor Israël geen plaats in de theologie. Het Apostolicum en de andere belijdenisgeschriften die de grondslag vormen van de christenheid, zoals de Geloofsbelijdenis van Nicea, of die van Athanasius, stammend uit de tijd dat de Kerk nog grote eenheid had, maar ook de Protestantse belijdenisgeschriften reppen met geen woord over Israël of het Joodse volk. Die lege plaats van Israël in de belijdenisgeschriften kan en moet in onze tijd opgevuld worden. En dat niet alleen in Nederland. Het is de hoogste tijd, voordat het te laat is en de wederkomst des Heren ons als Kerk inhaalt zonder dat we boete hebben kunnen doen voor ons verleden, en dan voor Hem staan met Joods bloed aan onze handen, het bloed van twintig eeuwen christendom, met belijdenisgeschriften die géén plaats voor Israël hebben ingeruimd.

De vervangingstheologie (de leer dat Israël afgedaan heeft als Gods uitverkoren volk, nadat de Joden voor het overgrote deel Jezus niet hadden aangenomen, en die de kerk beschouwt als het nieuwe volk van God, als drager van de goddelijke belofte uit de Heilige Schrift, terwijl de vervloekingen en veroordelingen het Joodse volk en Israël toegeschoven werden en worden) is eeuwenlang verkondigd en diep in het 'bloed' van de Kerk gaan zitten, zowel in de Rooms-Katholieke theologie als in de Protestantse en Oosters-Orthodoxe kerken. Zelfs in Evangelische en in Pinkstergemeenten tref je het aan.

Met name onder de Arabische en Palestijnse christenen is deze leer nog diep en sterk verbreid, zodat ze vaak weinig moeite hebben in te stemmen met de haat en de veroordelingen die hun islamitisch-Arabische landgenoten in de richting van Israël ventileren. Gelukkig is er nu ook een Arabische vertaling van *Waarom Israël?* gereed – en is inmiddels reeds gedrukt en bij 'Christenen voor Israël' in Nijkerk verkrijgbaar – en het zou fijn zijn als die in Israël onder Arabische en Palestijnse christenen verspreid zou worden! En in Jordanië, en in de gehele Arabische wereld!
Want haat tegen Israël is haat tegen God. Ook christelijke haat tegen Israël, hoe theologisch ook ingekleed, is haat tegen God. Velen wijzen tegenwoordig op een kentering in het denkklimaat in de christelijke wereld jegens Israël. Hoe diep dat gaat, moet nog blijken. De beste jaren van dat nieuwe theologische denken hebben we in Nederland zelfs misschien alweer achter de rug.

We moeten doen zoals Nederlandse christenen, zoals Corrie ten Boom (en vele anderen), die hun leven gaven om de Joden te verdedigen toen een van de grootste antichristen van de geschiedenis, Hitler, losbarstte. Zij kozen onvoorwaardelijk partij vóór de Joden, en tégen de vijanden van het Joodse volk en van God. Ze hielpen niet alleen Messiasbelijdende Joden, ze waren er voor álle Joden. Deze christenen wisten, dat de Joden Gods volk zijn, zijn uitverkoren volk, zijn eerstgeborene! Wie in Yad Vashem in Jeruzalem de bomen ter gedachtenis aan de rechtvaardigen onder de volken bekijkt, ziet vele namen van christenen en niet-christenen (Nederlandse namen, Poolse, Franse, etc.), die bereid waren hun leven op te offeren om Joden te redden.

Concentratiekamp

Het drong ineens tot me door toen ik in Majdanek was, een van de kleinere concentratiekampen, maar alles is er: gaskamers, barakken, prikkeldraad, een plaats voor verschrikkelijke medische experimenten, crematoria et cetera. Er is ook nog altijd een grote ashoop waar kleine stukjes bot uitsteken, met een betonnen dak erover, zodat de regen deze asberg niet kan wegspoelen. In de buurt ervan is een klein stationnetje. En net als in Auschwitz-Birkenau vond daar de selectie plaats. De Duitse officieren – in het geval van Auschwitz vaak ook dr. Mengele om slachtoffers te selecteren voor zijn medische experimenten – stonden daar en zeiden of wezen simpelweg: links, links, links, links, rechts, rechts, links, etc. De Joden hadden geen flauw idee wat dat betekende. Maar links betekende: direct naar de gaskamer, crematorium, vuur, einde. Rechts betekende: je mag wat langer leven vanwege medische experimenten die we met je gaan uithalen, of als hoeren voor onze elitetroepen en officieren, of om als slaaf te werken in de fabrieken en industrieën in de buurt. Maar uiteindelijk ga je allemaal links.

In Matteüs 25 doet de Zoon des mensen de selectie. Dan zegt Hij wie links of rechts gaan. Rechts betekent: onvoorstelbaar grote heerlijkheid en eeuwig leven. Links betekent: oordeel, vuur, eeuwige straf, einde. En de norm is: wat heb je gedaan voor een van deze míjn minste broeders. Je ziet Hem bijna met zijn vinger om Zich heen wijzen; een van deze 'achenebbisj' Joden, mijn geringste broeders naar het vlees. Natuurlijk bedoelde Hij ook dat we goed moeten zijn voor onze medechristenen die lijden, ook vandaag nog als martelaren sterven, o.a. in de landen van de islam. En Hij bedoelde ook dat we goed moeten zijn voor elke mens die in deze wereld lijdt. Maar Hij bedoelde in de eerste plaats: wat hebben jullie volkeren, kerken, individuele personen met deze mijn broeders naar het vlees gedaan, toen ze wereldwijd verstrooid en onder jullie waren, en verdrukt, mishandeld, geminacht, beroofd, in concentratiekampen gegooid en vermoord werden. Heb je iets geprobeerd te doen, ook al kon je niet veel doen? Geprezen zij je naam. Heb je niets gedaan, zelfs niet geprobeerd? Vervloekt ben je. We moeten dat maar in zijn volle scherpte laten staan en tot ons laten doordringen. Ook al weet je van de zaligheid door geloof en genade.

Kiezen voor het te laat is

Dat geldt ook vandaag nog, nu het antisemitisme opnieuw in allerlei oude en nieuwe vormen opduikt, nu Israël terugkeert naar zijn land. Hoe gedraag ik me? Hoe gedraagt de Kerk zich? Wat zijn de politieke beslissingen die de overheden nemen? Nederland, Rusland, Duitsland, Amerika, Europa, Azië, Afrika, Verenigde Naties, wat doen we met z'n allen met de Joden, met Israël? Hoe reageren wij persoonlijk? Spreken we of zwijgen we? Eenmaal zullen we het uit zijn mond horen: '... Komt, gij gezegenden Mijns Vaders, beërft het Koninkrijk, dat u bereid is van de grondlegging der wereld af' (Matt. 25:34). Of, zoals Hij het zegt in de gelijkenis van de talenten: '... Wél gedaan, gij goede en getrouwe slaaf, over weinig zijt gij getrouw geweest, over veel zal Ik u stellen; ga in tot het feest van uw heer ... En werpt de onnutte slaaf uit in de buitenste duisternis. Daar zal het geween zijn en het tandengeknars' (Matt. 25:23,30).

Er is een tijd geweest dat in de theologie gezegd werd: de God van het Oude Testament is een heilige, toornende, wrekende God, maar de God van het Nieuwe Testament is een liefdevolle, barmhartige, vergevende God. Niets is minder waar. De God van het Oude Testament is niet anders dan de God van het Nieuwe Testament: barmhartig, liefdevol en vergevend, groot van goedertierenheid, maar ook heilig, toornend, wrekend. En de liefdevolle Jezus is ook de Rechter die de Vader alles in handen gegeven heeft, ook het oordeel. De toorn van het Lam dat geslacht is, is aanstaande. Wie weet hoe spoedig reeds. Daarom: 'Kom tot uw Heiland, toef langer niet. Kom nu tot Hem die redding u biedt. Die ook voor u de hemel verliet. Hoor naar Zijn roepstem en kom.' Voordat het te laat is.

Schuld belijden

Schuld belijden. Net als Daniël. Echt, en diep gemeend. Niet tegen andere kerken en christelijke groeperingen zeggen: 'Ja, jullie moeten maar eens schuld belijden, jullie zijn zo fout geweest'. We moeten ons vereenzelvigen met de schuld van de Kerk. Iemand zei eens: 'Als je met de vinger wijst naar een ander, dan wijzen er tenminste drie vingers naar jezelf!' We moeten zijn zoals Daniël, die zei: 'Wij hebben gezondigd en misdreven'. Hij, de rechtvaardige, die op God vertrouwde in een vijandige omgeving en trouw bleef aan zijn Joodse spijswetten, ondanks alle risico's die daaraan vastzaten, hij identificeerde zich met de schuld van zijn volk: wij hebben gezondigd, ik, mijn volk en mijn voorvaders. Hij deed zelfs schuldbelijdenis namens anderen. Hij identificeerde zich met de schuld van het volk Gods waartoe hij behoorde, hoewel hij persoonlijk niets verkeerds gedaan had.

Zo mag iedere christen zeggen, als deel van de christelijke gemeente van alle eeuwen en alle plaatsen: wij hebben gezondigd. Dat leidt tot nieuw leven in de gemeente, tot vernieuwing van het geloof en misschien zelfs wel tot opwekking. Want zo lang er onbeleden zonden en schuld in het leven van een mens zijn, kan de Heilige Geest niet de volle zegen geven. Dat geldt persoonlijk, maar ook voor de gemeente in haar geheel. En vanuit dat zondebesef leven; niet hoogmoedig ten opzichte van het Joodse volk, maar nederig. Geen woorden (zo weinig mogelijk), maar daden (zoveel mogelijk). Niet door het één of twee keer te zeggen, of door een plechtige verklaring af te leggen. Het moet een grondhouding van de Kerk zijn als zij met Israël van doen heeft. Ze moet pal staan in solidariteit met Israël en het Joodse volk. Wie weet wat de HERE dan door die bekering van de kerk nog met Israël en de volkeren van deze wereld gaat doen; wat voor zegen Hij nog bereid is te geven. Dat laten we maar aan Hem over. Maar het beest is in opmars.

Laodicea versus Filadelfia

Wie de zeven zendbrieven van de Opgestane en Verheerlijkte Heer Jezus Christus leest in het boek de Openbaring van Jezus Christus aan Johannes, beseft dat het hier niet slechts om zeven brieven gaat aan zeven gemeenten in Klein-Azië aan het begin van onze jaartelling, maar dat het ook gaat om brieven aan de gemeente van Jezus Christus van alle plaatsen en alle tijden in de afgelopen 2000 jaar.

Er zijn zelfs uitleggers die in de zeven brieven de karakteristieken menen te kunnen zien van zeven opeenvolgende fasen in de kerkgeschiedenis van de afgelopen 2000 jaar. In deze kerkhistorische visie denkt men dan bij de eerste brief aan Efeze aan de vroege kerk, de apostolische oerkerk, de 'Efeze-kerk'. De 'Smyrna-kerk' is vervolgens de martelaarskerk onder de vervolgingen door de Romeinse keizers. De 'Pergamum-kerk' is dan de staatskerk beginnend bij keizer Constantijn en het begin van het pausdom. De 'Tyatira-kerk' vervolgens is de bloeitijd van de Roomse Kerk. De 'Sardes-kerk' is een in dode orthodoxie verzandende kerk van na de Reformatie. De 'Filadelfia-kerk' is dan de kerk van de grote opwekkings- en zendingsbewegingen en van het Reveil van de 19e eeuw, doorlopend in de twintigste eeuw. En ten slotte de 'Laodicea-kerk', de totaal verwereldlijkte en vrijzinnige kerk van het einde, vlak voor Jezus' Wederkomst. Hoe dat ook zij: de zeven gemeenten moeten niet slechts ná elkaar, maar ook náást elkaar gezien worden.

Filadelfia was (en is!) een kleine stad in een gebied waar regelmatig aardbevingen plaatsvinden. Vaak werd zij herbouwd en zij stond bekend om de wijnbouw, zodat de Griekse god Bacchus (Dionysius) er vereerd werd. Juist door de vele aardbevingen is het een onaanzienlijk stadje gebleven. Toch is deze gevaarlijke plaats geen ruïne geworden – in tegenstelling tot de meeste andere genoemde steden in Asia – en wordt het dus nog altijd bewoond. En: er is in deze islamitische stad Allasehir nog steeds een kleine christelijke gemeente! Allasehir – dat wil zeggen: stad Gods/stad van Allah. Een geweldige vervulling van de belofte uit Openbaring: '… En schrijf aan de engel der gemeente te Filadelfia: Dit zegt de Heilige, de Waarachtige, die de sleutel Davids heeft, die opent en niemand zal sluiten, en Hij sluit en niemand opent' (Openb. 3:7). Als Hij opent, zal niemand sluiten. Ook de islam niet die in Turkije en Noord-Afrika en in het Midden-Oosten zeer vele christelijke kerken en gemeenten 'gesloten' heeft.

Dus, blijf Mij verwachten, zegt Jezus, laat je niet meeslepen door de waan van de dag, volg geen 'verlossers' hoezeer ze door de mensheid ook massaal verwelkomd, slaafs gehoorzaamd, religieus vereerd worden (zoals een Marx, Darwin, Freud, Hitler, Stalin, Mao Tse Tung, Napoleon, etc.), maar blijf uitzien naar Mij. Want Ik zal komen om de grote verlossing te brengen, wereldwijd.

Hoe anders is dat in Laodicea. Wanneer we kijken naar Filadelfia, zien we daar dat deze gemeente in de kerkhistorische visie model staat voor de periode van de geweldige zendings- en evangelisatiebewegingen van de 19e en 20ste eeuw. Deze begonnen bij de opwekkingen in Amerika en Engeland met mannen als George Whitefield, John Wesley, Charles G. Finney en Dwight L. Moody, gingen door in bewegingen in Europa als het Réveil, de opkomst van de zendingsorganisaties en bijbelgenootschappen, en lopen door tot in onze dagen. Als we dan kijken naar de periode van Laodicea, staat die gemeente model voor de kerk in de eindtijd, die lauw en wereldgelijkvormig ermee parallel gaat. Een kerk die de Bijbel als gezaghebbend woord van God heeft losgelaten. Zo is de 'Laodiceakerk' geworden tot een vrucht van eeuwenlange hogere bijbelkritiek. Ze staat als onkruid tussen het koren, het goede graan, en samen groeien ze op tot de oogst (Matt. 13:24-30, 36-43). Het onkruid, de dolle tarwe, lijkt als twee druppels water op het echte graan, maar het draagt geen vrucht, omdat het wortelstelsel van de dolle tarwe zich ver uitstrekt en zich onder de grond rond de wortels slingert van het goede graan. Wie het probeert uit te trekken, trekt onherroepelijk het goede graan mee uit. Alleen de engelen zullen bij de oogst het goede graan, de echte tarwe, kunnen onderscheiden en scheiden van het onkruid, de dolle tarwe.

Het vormen van een 'ware' Kerk is in de loop van de kerkgeschiedenis al vele malen geprobeerd, maar het is altijd een vruchteloze onderneming gebleken: afscheidingen, eigen groepsvorming van reformatorische-, evangelische-, pinkster-, charismatische-, katholieke-, orthodoxe- of welke signatuur dan ook, hebben tot veel verdriet geleid. En het is een ongeoorloofd scheuren van het lichaam van Christus geweest waarover de Kerk diep bedroefd behoort te zijn en waarvoor ze schuld dient te belijden tegenover haar Heer.

Laodicea betekent hetzelfde als 'democratie': het volk aan de macht. 'De stem van het volk is de stem van God', zeiden de Romeinen. Niet wat God en zijn Woord zeggen, is beslissend, maar wat wij vinden. Ook de wetten in ons land komen zo op democratische wijze tot stand. Wet wordt wat de meerderheid van stemmen vindt. Over richtlijnen voor het geloof wordt in de kerk(en) bij meerderheid van stemmen beslist. Er moet voldoende 'draagvlak' zijn, zegt men. Geen gehoorzaam buigen onder het gezag van God en zijn Woord of de door Hem ingestelde ordeningen en gezag van overheid en burger, ouderlijk gezag, leermeester en leerling, werkgever en werknemer, maar ieder doet wat goed is in zijn ogen (Richt. 17:6, 21:25). Of het nu de seksuele moraal betreft, of vragen rondom de bescherming van het leven (abortus en euthanasie), relatievormen, doorbreken van gezagsverhoudingen door democratiseringsprocessen: vanaf Christus' eerste komst is het geheimenis der wetteloosheid (2 Tess. 2:3 en 7, 1 Joh. 3:4) bezig als een zuurdesem het gehele brood te doorzuren. Maar bij het vieren van Pesach moesten en moeten Joden alle zuurdesem, alle gist, uit huis verwijderen. En dat geldt ook voor ons persoonlijke en kerkelijk leven!

Kortom, ook in de afval van de eindtijd is het de moeite waard om vol te houden, om tot 'Filadelfia' te behoren, en niet bezwijken voor de druk van 'Laodicea'. Er staat veel op het spel. Zijn Koninkrijk dat niet van deze wereld is, van deze 'aioon', van deze fase van de wereldgeschiedenis, zal tóch eenmaal komen als Hij verschijnt in Heer-lijkheid. Wie daartoe behoort, gaat een grote toekomst tegemoet en zal delen in Zijn Koninklijke majesteit en met Hem regeren. Zoals Hij het reeds de overwinnaars van Tyatira beloofde: '... En wie overwint en Mijn werken tot het einde toe bewaart, hem zal Ik macht geven over de heidenen; en hij zal hen hoeden met een ijzeren staf, als aardewerk worden zij verbrijzeld, gelijk ook Ik van Mijn Vader ontvangen heb' (Openb. 2:26-27).

De apostel Petrus

'... Want wij zijn geen vernuftig gevonden verdichtsels nagevolgd, toen wij u de kracht en de komst van onze Here Jezus Christus hebben verkondigd, maar wij zijn ooggetuigen geweest van zijn majesteit. Want Hij heeft van God, de Vader, eer en heerlijkheid ontvangen, toen zulk een stem van de hoogwaardige heerlijkheid tot Hem kwam: Deze is mijn Zoon, mijn geliefde, in wie Ik mijn welbehagen heb. En deze stem hebben ook wij uit de hemel horen komen, toen wij met Hem op de heilige berg waren' (2 Petr. 1:16-18).
De apostel Petrus is een oud man geworden. Hij weet dat het moment van zijn overlijden snel naderbij komt. En zoals dat met oudere mensen vaak gaat, wil hij nog éénmaal zijn geestelijke 'kinderen' en misschien wel 'kleinkinderen' iets op het hart binden, ze duidelijk maken dat hem iets zó na aan het hart ligt, dat zij het nooit zullen vergeten. Hij hoopt dat ze ook na zijn heengaan daaraan zullen denken, het allerbelangrijkste dat hij ze nog één keer kan meegeven. Tot driemaal toe zegt hij: dáár wil ik jullie aan herinneren! Hij gaat ze nog één gebeurtenis uit de vele herinneringen van zijn leven met de Here Jezus vertellen, zodat ze het nooit zullen vergeten, en ook hem – Petrus – in hun herinnering daarmee in verband zullen brengen. Zoals kinderen en kleinkinderen zich opa en/of oma – of vader en/of moeder – herinneren en het soms tegen elkaar zeggen: Weet je nog dat hij of zij tegen het einde van hun leven

altijd dáárover met ons sprak, of we het horen wilden of niet! Dat vonden ze kennelijk zó belangrijk ...

Wat wil Petrus meegeven? Vertelt hij nog éénmaal hoe hij zag dat de Here Jezus de wind en de golven op het Meer van Galilea bestrafte en ze Hem gehoorzaam waren, zodat kennelijk de krachten van de natuur Hem onderworpen zijn? Of hoe Hij speeksel en stof van de aarde mengde en deze brei op de lege kassen van de blindgeborene legde en zo als het ware het oog schiep, zodat hij ziende werd? Of hoe vijf broodjes en twee vissen zich onder zijn scheppende handen vermenigvuldigden, zodat zelfs twaalf manden vol brokken óver waren nadat duizenden mensen zich ermee gevoed hadden? Of hoe Hij riep: 'Lazarus kom uit', en deze gestorven mens opstond uit het graf en naar buiten kwam, terwijl er reeds een lijklucht hing en het lichaam al begonnen was tot ontbinding over te gaan? Of hoe ook hij Jezus in de steek gelaten en verloochend had en van verre zag hoe het Lam Gods zijn vreselijke dood stierf aan het kruis? Of hoe Johannes en hij vroeg in de morgen naar het graf gegaan waren, maar Hij er niet was, alleen het graflinnen wat ingezakt maar in de vorm van het lichaam, zodat Johannes het zag en geloofde dat Hij wel verrezen móest zijn, omdat het onmogelijk is het lichaam eruit te halen en dan dat graflinnen weer zo terug te brengen in de vorm van het lichaam? Hoe dat kan, begrijp je niet, maar het is de enige verklaring! Zodat ze vervolgens begrepen dat de steen niet van het graf was weggenomen om Hem eruit te laten, maar om ons erin te laten! Want als graflinnen je niet tegenhoudt, dan ook een steen niet, en ook een gesloten deur niet, toen ze bijeen waren en Hij ineens verscheen en in hun midden stond, zonder dat hij een spook of een geest of een hallucinatie was, en later ook ineens weer verdween. Of hoe Hij ...? Nee, niets van dat alles.

Dat wat Petrus de gemeente – en dus ook ons allen – aan het eind van zijn leven wil inprenten voordat hij de dood sterven zal waarmee hij zijn Heer verheerlijken zal, is dit: Jezus komt in heerlijkheid! Het zijn geen sprookjes die we als apostelen jullie verkondigd hebben toen we met jullie spraken over de kracht en zijn Komst in

Heer-lijkheid ('parousie'). Apostelen moesten oog- en oorgetuigen van Jezus zijn. Ze moesten alles met Hem meegemaakt hebben. Wanneer Judas een eind aan zijn leven gemaakt heeft, moet er iemand in zijn plaats komen. Het wordt Mattias, om de plaats van deze dienst en dit apostelschap in te nemen, waarvan Judas vervallen is. Hij wordt gekozen – op hem valt het lot – '... van de mannen, die zich bij ons hebben aangesloten in al de tijd, dat de Here Jezus bij ons in- en uitgegaan is, te beginnen bij de doop van Johannes tot de dag dat Hij van ons werd opgenomen, één van hen met ons getuige worden van zijn opstanding' (Hand. 1:21-22). De apostel Johannes schrijft in zijn eerste brief: '... Hetgeen was van den beginne, hetgeen wij gehoord hebben, hetgeen wij gezien hebben met onze (eigen) ogen, hetgeen wij aanschouwd hebben en onze handen getast hebben van het Woord des levens, hetgeen wij gezien en gehoord hebben, verkondigen wij ook u' (1 Joh. 1:1-3).

Petrus zegt nu: Dit wil ik jullie allemaal nog één keer meegeven voordat ik sterf. Jezus komt in Heerlijkheid! En ik heb het als het ware zelf al gezien en gehoord. Ik was erbij destijds, op de berg der verheerlijking, samen met Johannes en Jakobus (Luc. 9:28-36). Met mijn eigen oren heb ik toen de stem gehoord uit de wolk die de Shechina – de Heerlijkheid des Heren – omhulde, toen Hij zei: '... Deze is Mijn Zoon, de uitverkorene, hoort naar Hem.' En ik heb zelf gezien hoe de gestalte van Jezus als het ware doorgloeid werd van eeuwigheidgehalte, en dat het aanzien van zijn gelaat veranderde en zijn kleding stralend wit werd. En ik was ook reeds getuige van de opstanding der doden toen werkelijk Mozes en Elia daar bij ons waren. Het was zó goed, dat ik in mijn naïviteit gezegd heb: '... Meester, het is goed dat wij hier zijn, laten wij drie tenten opslaan, voor U een, en voor Mozes een, en voor Elia een; want hij wist niet wat hij zei' (Luc. 9:33).

Zijn komst in heerlijkheid is geen sprookje, geen fabeltje, geen vernuftig gevonden verdichtsel. Het is echte realiteit. Een voorproefje daarvan heb ik toen reeds ervaren, gezien en gehoord, zegt Petrus. En daarom verkondig ik het jullie, zodat je het nooit zult

vergeten, ook als ik er niet meer ben. En ik doe dat als apostel, als oor- en ooggetuige!
'Vol verwachting blijf ik uitzien, tot die dag eens dagen zal; en de Heiland op de wolken, weerkomt met bazuingeschal', zegt een opwekkingslied.

Toorn

'... En de koningen der aarde en de groten en de oversten over duizend en de rijken en de machtigen en iedere slaaf en vrije verborgen zich in de holen en de rotsen der bergen; en zij zeiden tot de bergen en tot de rotsen: Valt op ons en verbergt ons voor het aangezicht van Hem, die gezeten is op de troon, en voor de toorn van het Lam; want de grote dag van hun toorn is gekomen en wie kan bestaan?' (Openb. 6:15-17)

Wat betekent dat? Hoe zal zijn komst in heerlijkheid zijn? Het zal tweeërlei inhouden: heerlijkheid en oordeel. Enerzijds zegt de Here Jezus als Hij gesproken heeft over de tekenen der tijden die aan zijn Komst in Heerlijkheid voorafgaan: '... Wanneer dan deze dingen beginnen te geschieden, richt u op en heft uw hoofden omhoog, want uw verlossing genaakt' (Luc. 21:28). Na de duisternis en de vervolgingen in de laatste dagen van de eindtijd is er grote heerlijkheid voor de verlosten des Lams! '... Zie, Ik kom spoedig, houd vast wat gij hebt opdat niemand uw kroon neme' (Openb. 3:11).

Anderzijds spreekt hij over een verschrikkelijk oordeel over de volkeren. Een laatste waarschuwing voor een verloren wereld. '... Kust de Zoon, opdat Hij niet toorne en gij onderweg niet te gronde gaat, want zeer licht ontbrandt zijn toorn. Welzalig allen die bij Hem schuilen!' (Ps. 2:12; zie ook Jes. 35:4; 63:1-6; 61:2b) Nog is het genadetijd. Nog mogen de volkeren der wereld komen om het water des levens om niet te drinken. Maar tegelijkertijd begint Israël thans reeds terug te keren naar huis, naar het Beloofde Land. De cirkel is bijna rond. Jezus komt spoedig.

7

Nabetrachting

'... Bekeert u, want het Koninkrijk der hemelen is nabij gekomen' (Matt. 3:2 én 4:17). Johannes de Doper en de Here Jezus verkondigen precies dezelfde boodschap, zelfs woordelijk: '... Bekeert u, want het Koninkrijk der hemelen is nabij gekomen' En heel Jeruzalem, en geheel de Jordaanstreek en heel Judea lopen uit naar Johannes en laten zich dopen (Matt. 3:5).

Bij deze doop is het interessant te kijken naar de dooppraktijk van de sekte van Qumran, daar in dezelfde streek bij de Dode Zee. Zij hebben ons de Dode Zeerollen nagelaten, die daar in 1947 en latere jaren in kruiken in de spelonken gevonden werden, met o.a. oeroude, meer dan 2000 jaar oude bijbelhandschriften.

Als je wilde toetreden tot deze leefgemeenschap moest je al je aardse bezittingen verkopen en al je eigendom overdragen aan de leefgemeenschap. Dat was je bekering: je totale toewijding aan God en je totale afwending van deze wereld. Pas dan mocht je je laten dopen. Die doop was dus geen afwassing van zonden, maar reiniging van je lichaam als sluitsteen van het innerlijke reinigingsproces dat door bekering had plaats gevonden. Eerst de reiniging van je innerlijk, van geest en ziel, eerst bekering en pas daarna doop, waterreiniging van het lichaam.

De discussie of Johannes de Doper ooit lid van de sekte van Qumran geweest is, zal nog wel een tijdje voortduren. Dat Johannes het echter níet meer was toen hij begon te dopen in de Jordaan, lijkt echter duidelijk. In Lucas 3 lezen we hoe ook tollenaren en soldaten zich bekeren en zich willen laten dopen. Johannes zegt dan: dat kan, maar dan daarna ánders terug de wereld in. Vordert niet meer dan u voorgeschreven is. Plundert niemand uit en perst niets af en wees tevreden met je soldij. Dus niet: leef voortaan afgezonderd van de wereld, ga een vorm van klooster of leefgemeenschap in, maar: bekeer je, laat je dopen als reiniging en toewijding van je lichaam en keer terúg de maatschappij in om daar een zoutend zout en een lichtend licht te zijn.

Als Jezus komt om zich door Johannes te laten dopen, heeft Hij aan de innerlijke voorwaarde geheel voldaan. Hij is rein van ziel en geest. Hij ontvangt dan de doop als reinigingsbad van het lichaam, en als toewijding aan God. Zo begint Hij aan zijn openbare optreden, daartoe toegerust met de Heilige Geest die als een duif op Hem neerdaalt.

Waar Jezus is, is het Koninkrijk der hemelen. Toen Hij op aarde was, was het Koninkrijk der hemelen in Hem present en werden de tekenen van het Koninkrijk opgericht: zieken werden genezen, zonden vergeven, boze geesten uitgedreven, hongerigen gespijzigd, doven werden horend, blinden konden weer zien, verlamden weer lopen, doden werden opgewekt en de krachten van de natuur werden bedwongen. Rondom Hem ontstonden lichtplekken in de duisternis. In Lucas lezen we: '... Maar indien Ik door de vinger Gods de boze geesten uitdrijf, dan is het Koninkrijk Gods over u gekomen' (Luc. 11:20). Hoewel het Koninkrijk Gods dus bij Christus' eerste komst in Israël heel dichtbij gekomen was, in zeker zin zelfs aangebroken was, is het op dát moment nog niet de tijd dat het ook werkelijk wereldwijd zal doorbreken.

Nadat Jezus ten hemel is gevaren, begint de tweede vorm van het Koninkrijk der hemelen: die in de harten van zijn volgelingen. 'En door jullie heen, door de kracht van de Heilige Geest zal Ik dezelfde tekenen van het Koninkrijk oprichten', zegt Hij. Dan niet slechts in Israël – Jezus Zelf is nooit buiten Israël geweest en de tekenen van het Koninkrijk werden rondom Hem dus alleen in Israël zichtbaar – maar nu wereldwijd: het Evangelie van het Koninkrijk mag en moet wereldwijd verkondigd worden. En dus worden nu al tweeduizend jaar lang de tekenen van het Koninkrijk wereldwijd zichtbaar.

De derde vorm van het Koninkrijk komt wanneer Jezus komt om te heersen op de troon van zijn vader David in Jeruzalem, en de volkeren de oorlog niet meer zullen leren, omdat vanuit Jeruzalem het Woord Gods zal uitgaan en de vrede de ganse aarde bedekken zal. Hij zal de volkeren hoeden met een ijzeren staf, knots, scepter, zegt Psalm 2, later geciteerd in Openbaring 2:26-27.

Onze Vader

Als de Here Jezus aan zijn discipelen het 'Onze Vader' leert, dan begint het gebed hiermee: '... Onze Vader die in de hemelen zijt, uw naam worde geheiligd; uw Koninkrijk kome; uw wil geschiede, gelijk in de hemel alzo ook op de aarde' (Matt. 6:9-10).

Wat bedoelt Hij met het bidden om de komst van het Koninkrijk? Gaat het om een geestelijk koninkrijk dat leeft in de harten van de mensen? Dat behoort er ongetwijfeld ook toe. Dat is wat ik hierboven 'fase 2' noemde van het Koninkrijk. Paulus zegt: '... Want het Koninkrijk Gods bestaat niet in eten en drinken, maar in rechtvaardigheid, vrede en blijdschap, door de Heilige Geest. Want wie door deze Geest een dienstknecht is van Christus, is welgevallig bij God, en in achting bij de mensen' (Rom. 14:17-18). Door wedergeboorte ontvangt een mens de Heilige Geest. '... In Hem zijt gij, toen gij gelovig werd, ook verzegeld met de Heilige Geest der belofte, die een onderpand is van onze erfenis' (Ef. 1:13-14). En zo is de kerk een vorm van het Koninkrijk Gods, een gemeenschap van mensen die, door het geloof in Christus en de inwoning van de Heilige Geest, in de wereld Christus dient en in woord en werk tekenen opricht van het Koninkrijk dat komt, zoals Hij dat Zelf tijdens zijn leven deed.

Daarom zegt Hij dat deze tekenen óók de gelovigen zullen volgen. Ja, dat ze zelfs grotere dingen zullen doen dan Hij deed. '... De woorden, die Ik tot u spreek, zeg Ik uit Mijzelf niet; maar de Vader, die in Mij blijft, doet zijn werken. Gelooft Mij, dat Ik in de Vader ben en de Vader in Mij is: of anders, gelooft om de werken zelf. Voorwaar, voorwaar, Ik zeg u, wie in Mij gelooft, de werken, die Ik doe, zal hij ook doen, en grotere nog dan deze, want Ik ga tot de Vader; en wat gij ook vraagt in Mijn Naam, Ik zal het doen, opdat de Vader in de Zoon verheerlijkt worde. Indien gij Mij iets vraagt in Mijn Naam, Ik zal het doen' (Joh. 14:10-14). 'En Hij zeide tot hen: Gaat heen in de gehele wereld, verkondigt het evangelie aan de ganse schepping. Wie gelooft en zich laat dopen, zal behouden worden, maar wie niet gelooft, zal veroordeeld worden. Als tekenen zullen deze dingen de gelovigen volgen: in Mijn Naam zullen zij boze geesten uitdrijven, in nieuwe tongen zullen zij spreken, slangen zullen zij opnemen, en zelfs indien zij iets dodelijks drinken, zal het hun geen schade doen; op zieken zullen zij de handen leggen en zij zullen genezen worden' (Marc. 16:15-18).

Als Johannes de Doper, door Herodes in de gevangenis opgesloten, aan Hem gaat twijfelen, laat hij aan Hem door enkele van zijn volgelingen vragen: '... Zijt Gij het die komen zou, of hebben wij een ander te verwachten?' (Matt.11:3) En het antwoord dat de Here Jezus geeft, is een citaat uit Jesaja. Wie Jesaja 35 opslaat, ziet dat het citaat daar 'naadloos' overgaat in profetieën die daar ook met een veranderde natuur te maken hebben. Het gehele gedeelte luidt: '... Dan zullen de ogen der blinden geopend en de oren der doven ontsloten worden; dan zal de lamme springen als een hert en de tong van de stomme zal jubelen; want in de woestijn zullen wateren ontspringen en beken in de steppe, en het gloeiende zand zal tot een plas worden en het dorstige land tot waterbronnen; waar de jakhalzen verblijven en legeren, zal gras met riet en biezen zijn' (Jes. 35:5-7). Maar daaraan vóóraf gaat: '... Weest sterk, vreest niet; zie, uw God [Israëls God, dus] zal komen met wraak, met de vergelding Gods; Hij zal komen en Hij zal u verlossen' (Jes. 35:4). Johannes vraagt dus: bent U de Koning, de Messias, die allereerst het oordeel over de goddeloze volkeren zal brengen en daarna het Koninkrijk van vrede zal oprichten? Waar is uw Koninkrijk? Waar is het oordeel over de volkeren? Waar is de wraak en de vergelding Gods? En Jezus ontkent dat niet. Dát Koninkrijk komt nog, na de wraak, de vergelding, het oordeel Gods. Hij laat alleen zien dat er een andere fase van het Koninkrijk aan vooraf zal gaan.

Het citaat in Lucas 4, gelezen uit Jesaja 61, is daarin ook heel opmerkelijk. Het luidt: '... De Geest des Heren HEREN is op mij, omdat de HERE mij gezalfd heeft; Hij heeft mij gezonden om een blijde boodschap te brengen aan ootmoedigen, om te verbinden gebrokenen van hart, om voor gevangenen vrijlating uit te roepen en voor gebondenen opening der gevangenis; om uit te roepen een jaar van het welbehagen des HEREN' (Jes. 61:1-2a). Zo citeert Hij het in de synagoge in Nazaret (Luc 4:18-19). Daarna sluit Hij de boekrol van Jesaja, geeft die aan de synagogendienaar en gaat zitten. En daarna zegt Hij: '... Heden is dit Schriftwoord voor uw oren vervuld' (Luc. 4:21).

Maar in Jesaja volgen er dan nog een paar woorden, namelijk: '... en een dag der wrake van onze God!' (Jes. 61:2b) Maar zover is het kennelijk nog niet! Het oordeel, de dag der wrake, voorafgaand aan de komst van het Koninkrijk op aarde, wordt naar de toekomst verschoven. Eerst mag het aangename jaar des HEREN op aarde komen. En dat aangename jaar van Gods genade, van de verkondiging van het Evangelie wereldwijd, duurt nu al bijna tweeduizend jaar. Overal mogen mensen tot God komen, worden hun zonden vergeven en mogen ze een van de vormen van het Koninkrijk ervaren: Jezus in hun hart. Er zal een lange genadetijd zijn vóór de Dag des Heren komt. Elementen die bij de profeten van het Oude Testament dus onlosmakelijk verweven lijken te zijn, koppelt de Here Jezus los van elkaar.

Eérst mag de verkondiging van het Evangelie wereldwijd plaatsvinden, daarná het oordeel, en dan het Koninkrijk wereldwijd. Eerst de verborgen vorm van het Koninkrijk in de harten van de mensen, daarna het Koninkrijk in zijn uiterlijke, zichtbare, wereldwijde gestalte. Maar dat Koninkrijk zal wel onlosmakelijk met Israël verbonden zijn.

Als de Here Jezus zijn grote kruislijden volbracht heeft, als de zonden (meervoud) der wereld verzoend zijn, als de zonde (enkelvoud) als macht gebroken is, als de duivel en de machten der duisternis verslagen zijn, als Hij triomferend opgestaan is uit de doden, dan vragen zijn discipelen ook terecht met reikhalzend verlangen: '... Here, herstelt Gij in deze tijd het koningschap voor Israël?' (Hand. 1:6) Had de engel Gabriël niet twee dingen aan Zijn moeder Maria beloofd: '... En de engel zeide tot haar: Wees niet bevreesd, Maria; want gij hebt genade gevonden bij God. En zie, gij zult zwanger worden en een zoon baren, en gij zult Hem de naam Jezus geven. Deze zal groot zijn en Zoon des Allerhoogsten genoemd worden, en de Here God zal Hem de troon van zijn vader David geven, en Hij zal als koning over het huis van Jakob heersen tot in eeuwigheid, en zijn koningschap zal geen einde nemen' (Luc 1:30-33). Welnu, de eerste belofte is vervuld, het heilig kind is geboren en het heeft zijn leven gegeven als het reine Lam Gods als verzoening voor de zonden. Dus nu kan de tweede belofte in vervulling gaan, denken zijn discipelen. Jezus is opgestaan uit de doden en leeft dus eeuwig en kan dus nu gaan zitten op de troon van zijn vader David en heersen te midden van Jakob (= de twaalf stammen Israëls: de tien stammen van Israël + de twee stammen van Juda) en omdat Hij eeuwig leeft zal zijn Koningschap geen einde nemen. Een logische conclusie! En de Here Jezus zegt dan ook niet: Wat een domme vraag. Begrijpen jullie nu nog niet dat het niet om een aards koninkrijk gaat waarbij voor Israël een vooraanstaande plaats zal zijn ingeruimd, maar dat het om een hemels, een geestelijk, een innerlijk koninkrijk gaat? Nee, Hij zegt alleen: '... Het is niet uw zaak de tijden of gelegenheden te weten, waarover de Vader de beschikking aan Zich gehouden heeft, maar gij zult kracht ontvangen, wanneer de heilige Geest over u komt, en gij zult mijn getuigen zijn te Jeruzalem en in geheel Judea en Samaria en tot het uiterste der aarde' (Hand. 1:7-8).

De Here Jezus zegt dus eigenlijk: dát koninkrijk waarin Israël een belangrijke rol zal spelen, dat komt wel, máár ... nu nog niet. Nu eerst de wereldwijde verkondiging van het Evangelie waar jullie kracht voor zullen ontvangen door de Heilige Geest. Wanneer fase 3 aanbreekt van het Koninkrijk, dat weet de Vader alleen. De Here Jezus ontkent niet dat het er niet ooit eens van komen zal, alleen nú nog niet. En voordat de einden der aarde met het Evangelie bereikt zijn, zal er wel enige tijd overheen gaan. Dat is niet een opdracht die in een paar weken vervuld kan zijn. Dat plaatst trouwens de gedachten aan een 'Nah-Erwartung', de gedachte dat de discipelen zouden gedacht hebben dat Jezus elk moment kon wederkomen, ook in een ander licht. Dat lijkt niet erg waarschijnlijk. Zij moeten geweten hebben, zich gerealiseerd hebben, dat het dus wel enige tijd in beslag zou gaan nemen. De zendingsreizen van Paulus zijn het begin van het brengen van het Evangelie tot aan de einden der aarde, in zijn geval tot aan de einden van het Romeinse Rijk. Maar er zijn ook nog een China, Japan, India, de Amerika's, Afrika et cetera. Pas in onze dagen – ook door de moderne media – gaat het Evangelie tot aan de einden der aarde.

Zo zegt Hij het ook in de rede over de laatste dingen, op de Olijfberg: '... En dit evangelie van het Koninkrijk zal in de gehele wereld gepredikt worden tot een getuigenis voor alle volken, en dán zal het einde [van deze aioon, deze periode van de geschiedenis van mens en wereld gekomen zijn en breekt de volgende fase aan] gekomen zijn' (Matt. 24:14). De verborgen vorm van het Koninkrijk in de harten van de mensen, in de gemeente, in de kerk van Jezus Christus, komt eerst.

Revolutie?

Die verkondiging van het Evangelie van het Koninkrijk is geen prediken van de revolutie. Als het Jezus begonnen was om een koninkrijk dat met geweld opgericht zou kunnen of moeten worden, dan zou Hij nooit tegen Pilatus gezegd hebben: '... Mijn

Koninkrijk is niet van deze wereld. Indien mijn Koninkrijk van deze wereld geweest was, zouden mijn dienaars gestreden hebben, opdat Ik niet aan de Joden zou overgeleverd worden; nu echter is mijn Koninkrijk niet van hier.' Zijn Koninkrijk wordt uit de hemel geschónken in alle fasen waarin het op aarde gerealiseerd wordt. Het wordt niet met aardse machtsmiddelen afgedwongen. Het is niet van beneden, maar komt van boven. Geen stromen van bloed vloeien bij deze ontplooiing van zijn Koninkrijk, althans nog niet in fase 1 en 2. En waar dat wel in de geschiedenis van het christendom gebeurd is – bijvoorbeeld in de eeuwen van het kolonialisme – moet de Kerk ernstig schuld belijden. Maar als Pilatus Hem vraagt of Hij dus toch een koning is, beaamt Jezus dat. Boven zijn hoofd aan het kruis staat dan ook op een bordje geschreven: 'Jezus de Nazoreeër, de Koning der Joden' (Joh. 19:19). Het staat er zelfs in het Hebreeuws, het Latijn en het Grieks, zodat de hele wereld het lezen kan.

Maar Hij is meer dan dat. Hij is niet slechts een Koning, Hij is de Weg, en de Waarheid en het Leven. Hij is de weg tot God. Hij is de waarheid tegen alle leugen en tegen de vader der leugen, de duivel in. Hij is het Leven, het eeuwige leven. Niet alleen verkondigt Hij dat, Hij is het ook, Zelf. In Persoon. Een prachtig lied zegt: 'Jezus, Gij zijt de weg tot God, 't Woord dat de schepping bereidde, 't licht, dat de duisternis ten spot ons op de heilsweg wil leiden. Blindelings doolt de wereld voort, sterven, dat is haar laatste woord. Heiland, wil Gij haar bevrijden!'

Eerst moest het doodsprincipe, dat in de door de mens gevallen schepping was gaan heersen, overwonnen worden. De aarde is om uwentwil, mens, vervloekt. De mens gaat de dood leren kennen, als gevolg van de zonde, en de schepping met hem. '... Want wij weten, dat tot nu toe de ganse schepping in al haar delen zucht en in barensnood is,' zegt Paulus. '... Want de schepping is aan de vruchteloosheid onderworpen, niet vrijwillig, maar om (de wil van) Hem, die haar daaraan onderworpen heeft, in hope echter, omdat ook de schepping zelf van de dienstbaarheid van de vergankelijkheid zal bevrijd worden tot de vrijheid van de heerlijkheid der kinderen Gods' (Rom. 8:19-23).

Niet een opgaande lijn, een evolutie, beheerst de schepping, maar een neergaande lijn van uitsterven en uitdoven. De dood heerst over de schepping als gevolg van de zonde van de mens. We kunnen ons nauwelijks voorstellen hoe de schepping eruit had gezien als we God hadden gehoorzaamd en vol liefde hadden vertrouwd. Zelfs nu nog, als mensen naar Gods Woord, de Thora, zouden luisteren, die zijn richtlijnen voor het leven weergeven, zou de aarde alreeds een veel aangenamer plaats om te wonen zijn, ondanks de zonde. Maar we kozen voor onszelf, tegen God en voor de tegenstander van God. En de gevolgen zijn verschrikkelijk. De prachtige natuur lijdt – door ons. En we gaan maar door met het vervuilen van de aarde en het uitputten van de natuurlijke bronnen. We laten niets over voor onze kinderen en kleinkinderen. Moge het Koninkrijk en de vernieuwing van alle dingen spoedig komen!

Maar het omslagpunt heeft in de geschiedenis plaatsgevonden: Christus is gestorven, en, wat meer is, opgestaan uit de doden! Het bruggenhoofd van de overwinning is gevestigd. Vanuit dat punt zullen de dingen anders worden. Eerst in de harten van de mensen, in heel zijn gemeente, door de Heilige Geest. Daarna ook openbaar, wanneer Hij wederkomt en zijn Koninkrijk zichtbaar zal oprichten.

En daar heeft Israël alles mee te maken. Daar heeft de terugkeer van het Joodse volk, zoals wij die al tientallen jaren voor onze ogen zien voltrekken, alles mee te maken. Het is het begin, het voorspel tot de verlossing, wereldwijd. Israël is op weg naar zijn rust. Van Jeruzalem zal de wet uitgaan. De volkeren zullen de oorlog niet meer leren. Vrede zal de ganse aarde bedekken. Dan zal het Koninkrijk gekomen zijn. Omdat dan ook de Koning van dat Koninkrijk gekomen zal zijn. De Messias van Israël, de Koning der koningen en de Here der Heren, Jezus Christus.

Kerk wordt Koninkrijk?

Gaat de geschiedenis van deze wereld 'naadloos', geleidelijk aan over in dat Koninkrijk? Zal de wederkomst van Christus het proces van vrede dat door de mensheid zal worden opgezet (en dat in de tegenwoordig nagestreefde nieuwe wereldorde steeds meer zijn beslag lijkt te krijgen) als het ware afronden, voltooien? De sluitsteen van het menselijk bouwwerk?

Nee, dát zal dé 'antichrist' zijn. De christus-in-de-plaats-van-Christus. Want het Griekse woord 'anti' betekent 'in de plaats van'. Maar het betekent ook: 'tegen', tegen Christus, tegen God, tegen de christenen en tegen de Joden, gehuld in schone schijn. Woorden van verzoening, van verdraagzaamheid, van de eenheid van alle godsdiensten, van vrede, van brood en spelen voor iedereen. Welvaart en geluk. Er zullen mooie beloftes worden gedaan: de staat garandeert voorspoed, welvaart en geluk voor iedereen. Medische zorg en ziekenhuizen zullen voor ieder gratis ter beschikking zijn. Geen grenzen of beperkingen. De wetenschap garandeert onze toekomst en zal al onze problemen overwinnen. Seksuele lusten mogen als nooit tevoren bevredigd worden. Maar geen dwarsliggers meer. Die moeten worden omgeschoold, heropgevoed, omgeturnd, en als ze niet willen, zullen ze gedwongen in psychiatrische ziekenhuizen opgenomen worden (zoals in de voormalige Sovjet-Unie), of in concentratiekampen vernietigd. En we zullen deze mensen weten op te sporen, want onze administratieve systemen zullen feilloos zijn. De computers zullen machtig zijn. En onze politie-eenheden zullen zowel nationaal als internationaal zeer nauwgezet werken. Iedereen zal gedwongen worden mee te doen, voor zijn of haar bestwil en voor dat van allen. Het beest wil door allen aanbeden worden, en zal door allen aanbeden worden. Wie niet wil, zal eerst van het economisch systeem uitgesloten worden. Velen zullen hun trouw aan Christus en aan het Woord van God met de dood moeten bekopen.

'... Velen zullen komen onder mijn naam en zeggen: Ik ben het, en zij zullen velen verleiden...' (Marc. 13:6). In zijn rede over de laatste dingen begint de Here Jezus te spreken over de verwoesting van Jeruzalem en de Tempel. Wanneer de discipelen dan vragen: Zeg ons, wanneer zal dat geschieden en wat is het teken, wanneer al deze dingen in vervulling zullen gaan?, dan begint Hij allereerst hen te waarschuwen voor gééstelijke verleidingen. Valse christussen en valse profeten. In Matteüs 24 noemt Hij ze zelfs drie keer: vers 5, 11 en 23-24. Daarná noemt Hij oorlogen, aardbevingen en hongersnoden, als het begin der weeën. We spraken er al over.

Het is omstreeks het jaar 30 wanneer Hij deze woorden spreekt, en in het jaar 70 ís Jeruzalem gevallen en de Tempel verwoest. Bedoelt de Here Jezus dat er tussen het jaar 30 en het jaar 70 velen zullen komen in Zijn Naam? Dat zou kunnen, want Flavius Josephus bericht over een hele reeks messiassen kort voor en na de komst van de Here Jezus.

Apocalyptische tijd

En het wás een apocalyptische tijd.
Vóór de val van Jeruzalem in het jaar 70 leek de eindtijd welhaast aangebroken te zijn.
Bij een bloedbad in Caesarea, met gevechten tussen Syriërs en Joden vinden 20.000 Joden de dood. In Syrië staan in vele grote steden deze twee bevolkingsgroepen als doodsvijanden tegenover elkaar. In het hele Romeinse Rijk is veel onrust en zijn er veel onlusten. Het centrale gezag is ver te zoeken. Binnen enkele jaren volgen maar liefst 5 keizers elkaar op: Nero, Galba, Otho, Vitellius en Vespasianus. Onder keizer Claudius in het jaar 46 is er een geweldige hongersnood (zie Hand. 11:28) en bij aardbevingen tijdens keizer Nero in o.a. Klein-Azië gaan hele steden tegen de vlakte, zoals bijvoorbeeld Laodicea en Hiërapolis. Door een aardbeving en een vulkaanuitbarsting in het jaar 63 worden Pompeï en Herculaneum onder de as bedolven. In het jaar 64 gaat onder keizer

Nero de helft van de eeuwige stad Rome in vlammen op, met vele duizenden slachtoffers, en ga zo maar door. De Romeinse geschiedschrijver Tacitus zegt: 'Ik neem mij voor een boekwerk te schrijven dat rijk is aan rampen, bloedig vanwege slachtingen, en verscheurd door opstanden.'

Maar toch: er is geen sprake van lieden die claimen de wedergekomen Jezus te zijn of die zich als messiassen presenteren in Jezus' Naam, in die dagen vóór de val van Jeruzalem. Wél is er sprake van lieden die zich tooien met de titel Messias, of die de indruk wekken dat te willen zijn. En ook is er sprake van vele misleiders binnen en buiten de christelijke en Joodse gemeentes.

Dat soort dingen gebeurt nu eenmaal in apocalyptische tijden. Volksmenners, verlossers, profeten, met allerlei schone leuzen en schitterende (sociale) programma's, die, als ze de kans krijgen, met groot machtsvertoon en veel en wreed geweld de weg wijzen naar allerlei schone aardse paradijzen. Utopia binnen handbereik! Ook toen al. Mensen zoals ene Jonatan, en Teudas (zie Hand. 5:36), Dositeus, Simon Magus (Hand. 8:9), Menander, 'de Egyptenaar' (Hand. 21:38), etc. En ook later, na de val van Jeruzalem, tijdens de Joodse opstand onder keizer Hadrianus, van 132-135 is er Bar Kochba, die door de beroemde rabbi Akiba als Messias begroet en erkend wordt. Ze kunnen gerekend worden tot de 'vele antichristen' waar 1 Johannes 2:18 over spreekt. Ze claimen niet Jezus te zijn, maar maken wel aanspraak op zijn titel messias, gezalfde, christus, verlosser. Zij zijn grote en kleine misleiders.

De Here Jezus waarschuwt voor dergelijke lieden, onder andere aan het einde van de Bergrede (Matt. 7:15-20). Roofgierige wolven in schapenvacht, noemt Hij ze. Ze komen in hun eigen naam, niet in de Naam van de Vader, zoals Hij van Zichzelf zei. En Hij voorspelt: '... Ik ben gekomen in de Naam Mijns Vaders, en gij neemt Mij niet aan; indien een ander komt in zijn eigen naam, die zult gij aannemen' (Joh. 5:43). Mensen die komen in de naam van de mens. Torenbouwers van Babel. Ideologen en filosofen van allerlei aard en soort. Grote woorden en leuzen. Rechts nationaalsocialisme en links communisme. Vrijheid, gelijkheid en broederschap, zoals in de Franse revolutie. Revolutie in naam van de vrede en in naam van het menselijk paradijs dat voor het grijpen zou liggen, binnen handbereik. Theologie van de revolutie. En het eindigt altijd in stromen bloed. Miljoenen mensen worden er afgeslacht, vermoord, vergast, vernietigd. En dat alles in naam van de vooruitgang.

De mens wil zijn als God. De verleiding en de val in het paradijs laten dat al zien. In naam van de mens tot goddelijke hoogte stijgen, zoals ook zijn meester Lucifer in naam van zichzelf wilde opstijgen en zich aan de Allerhoogste wilde gelijkstellen. Ongebreidelde machten van wetenschap en techniek moeten de gevallen mens daarbij helpen. En alles wat deze vooruitgang in de weg durft te staan, dient 'heropgevoed' te worden, of anders genadeloos verwijderd te worden.

Geen God en geen gebod. 'Ni Dieu, ni maître.' Enkele jaren geleden waren er in Amsterdam groepen jongeren die zichzelf: 'autonomen' noemden, zichzelf-tot-wet, zelf de wet bepalend. Geen erkenning van een van buitenaf komende wet, of die nu van God of van mensen afkomstig is. Merkwaardig is het, dat de antichrist in 2 Tessalonicenzen 2:8 'de wetteloze', de a-nomos (nomos betekent wet, in het Grieks) genoemd wordt. 1 Johannes 3 zegt: '... Ieder, die de zonde doet, doet ook de wetteloosheid, en de zonde ís wetteloosheid' (1 Joh. 3:4). '... Het geheimenis der wetteloosheid is reeds in werking' (2 Tess. 2:3-4). zegt Paulus, en straks komt de grote afval en zal dé mens der wetteloosheid (dat mensentype is reeds in opkomst!) '... de zoon des verderfs zich openbaren, de tegenstander, die zich verheft tegen al wat God of voorwerp van verering heet.' Daniël zegt van hem in Daniël 11:36 dat hij zich zal verhovaardigen en zich verheffen tegen elke god, zelfs tegen de God der goden zal hij ongehoorde woorden spreken, en hij zal voorspoedig zijn, totdat de maat van de gramschap vol is.

Maar dan zal de Zonne der gerechtigheid opgaan en de Morgenster in onze harten in de volkomen vernieuwing van alle dingen! Dat is de christelijke hoop. Daar zien we met verlangen naar uit. Dat geeft ons moed om vol te houden, zelfs als het rijk van de antichrist zich steeds meer manifesteert. Zijn tijd zal slechts kort zijn. De Bijbel spreekt over drieënhalf jaar, tweeënveertig maanden, 1260 dagen, een tijd + tijden (2) + een halve tijd = drieënhalf. Nog even lijden, nog even strijden, en dan komt de grote bevrijding! Jezus komt echt en Hij komt spoedig om alle dingen voor eeuwig nieuw te maken.

En straks zal Hij komen om te zitten op de troon van zijn vader David om wereldwijd te heersen temidden van Jakob = Israël, en de vrede zal uitgaan van Jeruzalem en de wereld bedekken, en de volkeren zullen de oorlog niet meer leren: de derde gestalte van het Koninkrijk Gods. Daarin zal ten slotte de schepping zelf betrokken worden zodat er uiteindelijk een nieuwe hemel en een nieuwe aarde zal zijn waarin voor eeuwig gerechtigheid zal bestaan, en God zal zijn alles en in allen.

En daar heeft Israël dus alles mee te maken. Daar heeft de terugkeer van het Joodse volk, zoals wij die al tientallen jaren voor onze ogen zien voltrekken, alles mee te maken. Het is het begin, het voorspel tot de verlossing, wereldwijd. Israël is op weg naar zijn rust. Van Jeruzalem zal de wet uitgaan.

'... En het zal geschieden in het laatste der dagen: dan zal de berg van het huis des HEREN vaststaan als de hoogste der bergen, en hij zal verheven zijn boven de heuvelen. En alle volkeren zullen derwaarts heenstromen en vele natiën zullen optrekken en zeggen: Komt, laten wij opgaan naar de berg des HEREN, naar het huis van de God Jakobs, opdat Hij ons lere aangaande zijn wegen en opdat wij zijn paden bewandelen. Want uit Sion zal de wet uitgaan en des HEREN woord uit Jeruzalem. En Hij zal richten tussen volk en volk en rechtspreken over machtige natiën. ... Dan zullen zij hun zwaarden tot ploegscharen omsmeden en hun speren tot snoeimessen; geen volk zal tegen een ander volk het zwaard opheffen, en zij zullen de oorlog niet meer leren' (Micha 4:1-3 en Jes. 2:2-4).

De volkeren zullen de oorlog niet meer leren! Vrede zal de ganse aarde bedekken. Dan zal het Koninkrijk gekomen zijn, omdat dan ook de Koning van dat Koninkrijk gekomen zal zijn. De Messias van Israël, de Koning der koningen en de Here der Heren, Jezus Christus zal komen in gerechtigheid. '... En ik zag de hemel geopend, en zie, een wit paard; en Hij, die daarop zat, wordt genoemd Getrouw en Waarachtig, en Hij velt vonnis en voert oorlog in gerechtigheid. En Zijn ogen waren een vuurvlam en op Zijn hoofd waren vele kronen en Hij droeg een geschreven naam, die niemand weet dan Hijzelf. En Hij was bekleed met een kleed, dat in bloed geverfd was, en Zijn naam is genoemd: het Woord Gods. En de heerscharen, die in de hemel zijn, volgden Hem op witte paarden, gehuld in wit en smetteloos fijn linnen. En uit zijn mond komt een scherp zwaard, om daarmede de heidenen te slaan. En Hijzelf zal hen hoeden met een ijzeren staf en Hijzelf treedt de persbak van de wijn der gramschap van de toorn Gods, des Almachtigen. En Hij heeft op zijn kleed en op zijn dij geschreven de naam: Koning der koningen en Here der Heren' (Openb. 19:11-16).

We schuiven steeds verder de duistere eindtijd in, maar één ding is zeker: wanneer we deze dingen zien beginnen te geschieden, mogen we weten dat onze verlossing nabij is (Luc. 21:28). Richt u op en heft uw hoofden omhoog! Want het betekent dat Jezus spoedig wederkomt om alle dingen voor eeuwig nieuw te maken!

Een reus op lemen voeten

Hoe zal het gaan met de Europese Unie? Heeft het iets te maken met bijbelse profetie? Heeft Rome ermee van doen? En Israël? Zitten we in de opmars naar het rijk van de antichrist? Daniël zag een opeenvolging van wereldrijken, in de vorm van elkaar opvolgende beesten, monsters. Ook in de vorm van een beeld samengesteld uit verschillende metalen en met twee benen en voeten met tien tenen. Een reus op lemen voeten. Johannes ziet een beest uit de (volkeren)zee oprijzen met zeven koppen en tien horens. En een tweede beest dat reclame maakt voor het eerste beest zodat iedereen erin gaat geloven en er achteraan loopt. Hij ziet hoe drie van de zeven koppen weggedrukt worden en hoe er één voor in de plaats komt. Hij ziet hoe het beest opereert vanaf zeven bergen. Valt er nog wel een touw aan vast te knopen?

Het laatste wat we van de draak (de duivel in Openb. 12) horen is dat hij staat op de oever van de (wereld)zee, de (volkeren)zee. Om tot zijn doel te komen, broedt hij een stinkend ei uit, want uit de zee rijst een beest op. Hijzelf had zeven koppen en tien horens, maar geen kronen op de horens. Die heeft het beest wel. Macht. Effectieve 'gekroonde' macht. Er is nog een verschil: de draak heeft kronen op zijn zeven koppen, het beest heeft namen van godslastering op zijn zeven koppen. Het beest zit op een troon: het regeert. De zeven koppen zijn zeven koningen en de tien horens zijn tien koningen (Openb. 17:10-12) die hun macht van het beest ontvangen. De tijd van het einde is gekomen. Het laatste deel van de strijd breekt aan. De strijd tussen de Here en zijn Gezalfde en hun koningschap, en het rijk, de rijken, van satan. Het beest was al even genoemd als beest uit de afgrond dat de twee getuigen overwon en hen doodde (Openb. 11:7). De draak is uit de hemel gestoten, en het gaat nu om de aarde. De aardse macht van het beest is satanische macht en staat in het teken van de godslastering. De duivel is de chef van het beest. Hij is de baas.

Zoals met alle 'wereld'rijken gaat het in de Bijbel om het perspectief vanuit Israël en Jeruzalem. Andere 'wereld'rijken of beschavingen, zelfs in andere werelddelen zoals de Afrikaanse rijken, de Noord- en Zuid-Amerikaanse rijken, de rijken van India, China en Japan, etc. liggen 'buiten beeld', althans tot op het moment dat ook zij te maken hebben met Israël en Jeruzalem. Zo zijn er bijvoorbeeld de koningen, die van de opgang der zon komen in Openbaring 16:12. Zij komen dus van het Oosten. Het Nabije Oosten, of het Verre Oosten? In het Romeinse Rijk kwamen de Parten uit het Oosten, een woest ruitervolk dat heerste van de Eufraat tot de Ganges in India, en van de Kaspische Zee tot de Indische oceaan. Een nomadenvolk dat een grote bedreiging voor Rome vormde. Maar in de eindtijd zullen alle volkeren optrekken naar Jeruzalem voor het grote treffen van de slag van Harmagedon. Ook de koningen – meervoud – van de opgang der zon. China? India? Japan? De Centraal-Aziatische republieken Kazachstan, Oezbekistan, Tadzjikistan, Kirgizië et cetera? Mongolië? De Arabische landen?

Daniël weet van vier rijken, waarbij het vierde rijk zich ten slotte splitst in twee benen en tien tenen. Johannes ziet tien rijken/koningen en zeven rijken/koningen in Openbaring 13 en 17. Hoe zit dat: vier rijken, zeven rijken, tien rijken en verschillende aantallen koningen waarvan er ten slotte drie weggebroken worden zodat er zeven overblijven en het beest/antichrist zelf de achtste is. En vijf zijn er gevallen, één is er nog, en één komt er nog. Daar zijn al heel wat legpuzzeltjes over gemaakt! Wie zijn gedachten daar verder over wil vormen, leze onder andere mijn *Zie, Hij Komt*, *Het boek Openbaring van dag tot dag* en dr. W.J. Ouweneels *De Negende Koning*.

Het gaat erom dat we gaan zien waarheen we op weg zijn. De ontknoping van deze fase van de wereldgeschiedenis nadert. We naderen steeds meer het moment dat het laatste wereldrijk zich ontplooit. En het zal alles in zich verenigen. Volgden in de geschiedenis het Egyptische, en het Assyrische, en het Babylonische, en het Medo-Perzische, en het Griekse (dat onder zijn vier generaals verdeeld werd), en het Romeinse, en de post-Romeinse Rijken elkaar op; in het einde verschijnen ze allemaal weer tegelijkertijd op het wereldtoneel, met alle karakteristieken en kenmerken die ze elk voor zich vertegenwoordigden. Het gehele beeld van Daniël staat op zijn voeten, het achtste rijk, als ten slotte de steen het treft aan de voeten en het hele beeld vergruizelt. Het is een reus op lemen voeten. Het hoofd van goud, de borst en armen van zilver, de buik en lendenen van koper, de benen van ijzer en de voeten van ijzer en kleiachtig leem. Daniël zegt: '... Terwijl gij bleeft toezien, raakte, zonder toedoen van mensenhanden, een steen los, die het beeld trof aan de voeten van ijzer en leem en deze verbrijzelde; toen werden tegelijkertijd het ijzer, het leem, het koper, het zilver en het goud verbrijzeld, en zij werden gelijk kaf op een dorsvloer in de zomer, en de wind voerde ze mee, zodat er geen spoor meer van te vinden was; maar de steen die het beeld getroffen had, werd tot een grote berg, die de gehele aarde vulde' (Dan. 2:34-45).

De achtste is uit de zeven en wordt gevormd door de zeven. Alle voorgaande rijken worden samengebald in het achtste rijk. Goddelijke grandeur, despotische macht over leven en dood, een ijzeren wetgeving, een ijzeren militaire vuist, een mengeling van democratie en dictatuur (de tien tenen zijn een menging van ijzer en kleiachtig leem, geweld en volkswil, zoals ook de kerk van de laatste dagen de kerk van Laodicea is – laos dikè, de macht/het recht aan het volk, het equivalent van democratie – dèmos kratein, het volk regeert), geweldige weelde en welvaart, verfijnde cultuur en grof zingenot, fijnzinnig van filosofie, religie, cultuur, wetenschap en techniek.

Alles geheel ten dienste van het Rijk, als dienst aan allen en onder leiding van de beste(n) van allen. De leider als vredevorst. Pas later zal hij zich ontpoppen als wrede dictator die niet schroomt ultieme machtsmiddelen aan te wenden om zijn 'Pax Romana' wereldwijd af te dwingen door enkele kleine, laatste verzetshaarden op te ruimen. Fundamentalistische dwarsliggers, of het nu Joden of christenen zijn, worden niet geduld. De macht van de militante islam is al gebroken, of wordt gebroken. Een voor allen en allen voor een. Vrijheid, gelijkheid en broederschap. Rechtvaardige inkomensverdeling en gezamenlijke bestrijding van de milieuproblematiek. Eerlijke verdeling van de (schaarse) energiebronnen. Medische en sociale voorzieningen voor allen. Wereldwijd voldoende voedsel en een welvaartsniveau dat slechts een weinig ligt onder dat van West-Europa thans. Nationale legers worden onderdeel van de internationale vredesmacht, politietroepen die wereldwijd kunnen optreden en overal kunnen worden ingezet. Vermaak en massamedia als nooit tevoren. Een propagandamachine (het tweede beest, de valse profeet) die zijn weerga niet kent. Maar de inspiratiebron is van beneden. De machten der duisternis triomferen als nooit tevoren. En het eindigt in een baaierd van bloed. Want de Here zal opstaan tot de strijd. Hij zal zijn haters wijd en zijd, verjaagd, verstrooid doen zuchten.

De Europese Unie begint al aardig de grenzen van het oude Romeinse Rijk te vertonen, met zijn zevenentwintig lidstaten. Schotland en Wales behoorden daar nauwelijks bij, enkele Oost-Europese landen wel, of gedeeltelijk, Noord-Afrika was er op een of andere manier mee verbonden, evenals Turkije en het Midden-Oosten. De ene Europese munt is flink in opmars. De Europese Unie groeit uit van een economisch samenwerkingsverband naar een politiek samenwerkingsverband, een markt van 450 miljoen mensen en een internationale politieke machtsfactor van betekenis. Als religieus systeem ontwikkelt het Europese christendom zich in de Wereldraad van Kerken langzaam maar zeker steeds verder tot een pluriforme eenheid, en de relatie met de Rooms Katholieke Kerk zal ook wel uiteindelijk goed komen. De Oosterse Orthodoxie en de Anglicanen doen al mee, terwijl de Evangelicals en de Pinksterkerken goede relaties zeer op prijs stellen.

Relaties met jodendom en islam – en ook met andere wereldgodsdiensten – worden verbeterd in interreligieuze conferenties. Bij een wereldeenheid behoort toch zeker ook een pluriforme wereldreligie? De vrouw – die Johannes ‘hoer’ noemt – rijdt op het beest, zegt Johannes in Openbaring 17:3. Zo is het altijd bij de grote dictaturen geweest. Politieke macht en geestelijke macht grijpen in elkaar. De hoer, het religieuze systeem van de eindtijd, heult met de nieuwe machthebbers. Ze ontwikkelt theologieën en filosofieën die het beest in de kaart spelen. Maar het beest zal ten slotte zijn ware gezicht tonen. En het einde van de vrouw/hoer zal uiteindelijk verschrikkelijk zijn. Als de politiek de kerk voor haar karretje kan spannen, zal ze het niet laten. Maar als ze de kerk niet meer nodig heeft, zal ze haar onder zijn poten vertrappen. De vrouw/

hoer inspireerde zelfs de politieke macht, maakte de mensen er wereldwijd rijp voor, en had zelf, via de koningen der aarde ook haar deel van de macht. Maar politieke dictators dulden geen afhankelijkheid van wie dan ook. Berooid en naakt maken (Openb. 17:16), haar vlees eten en haar verbranden, plunderen en platbranden, zijn niet alleen uiting van beestachtige wreedheid, maar ook van rancune, opgekropte woede en haat. Niets blijft er over van haar, net als van haar type 'Izebel' (2 Kon. 9:30-37). Alsof wilde beesten haar te pakken hebben genomen.

Niet alleen het machtsblok 'Europa' is in opmars (met als 'verlengstuk Noord-Amerika, Australië/Nieuw Zeeland en andere Europese uitzaaiingen elders in de wereld), ook Afrika doet pogingen om zich te verenigen, evenals Latijns-Amerika, het Midden-Oosten, India, China en Japan, Zuidoost Azië, etc. De wereld begint steeds meer uit een aantal (tien?) machtsblokken te bestaan. Het begint met 'vrijhandelszones' maar men gaat ook steeds meer overleg plegen over politieke kwesties. En de grote ontmoetingsplaats van alle volkeren en naties is het gebouw van de Verenigde Naties in New York. De wereld wordt een groot dorp.

Wanneer je dat vanuit Israël en Jeruzalem aanschouwt, kan ik mij voorstellen dat de schrik je steeds meer om het hart slaat. De geluiden dat het probleem Jeruzalem nu eindelijk maar eens moet worden opgelost en dat die stad uiteraard niet uitsluitend de hoofdstad van een onafhankelijke Joodse staat Israël kan zijn, worden steeds luider, evenals dat het 'Beloofde Land' moet worden opgedeeld en gedeeld moet worden met anderen, en dat Joden nu eindelijk eens een toontje lager moeten gaan zingen. Oplaaiend antizionisme en antisemitisme en anti-judaïsme, en anti-Israëlische-politieke geluiden nemen hand over hand toe. De geestelijke strijd tussen 'Jeruzalem' en 'Babylon' neemt in alle hevigheid toe.

Het nieuwe Europa ontwikkelt zich in naam van de mens. Uit de onvoorstelbare wereldbranden van de laatste eeuw, wereldoorlogen die een geteisterd Europa achterlieten, herrijst een Feniks uit zijn as. Een glanzende vuurvogel. Een adembenemende 'Brave New World'. Een nieuw humanisme komt op, soms gecombineerd met een religieus besef als dat van de 'New Age'. Zelfs de paus kon niet verhinderen dat in de nieuwe grondwet van Europa er geen verwijzing komt naar God, noch naar de Joods-christelijke tradities en waarden die Europa eeuwenlang gevormd en gestempeld hebben. Maar de mens is een gevallen mens. De opstand tegen God jaagt in zijn bloed. En de machten der duisternis staan klaar om er nog een schepje bovenop te doen, met de satan als grote meester op de achtergrond. Alle schone leuzen ten spijt, de neergang en het einde zal gruwelijk zijn.

De nieuwe geest van het humanisme lijkt verdacht veel op die van het oude hellenisme dat door de Grieken, en met name door Alexander de Grote en zijn nazaten, wereldwijd verspreid werd. En hoewel ten slotte militair en politiek Rome over het Griekse rijk heen walste, de Griekse filosofie, cultuur en beschaving veroverden Rome.

Ooit is die geest van het hellenisme al eens krachtig in botsing gekomen met de God van Israël. Een van de generaals die een stuk van het Griekse rijk na de dood van Alexander kreeg toebedeeld, was Seleucus. Hij krijgt het gebied ten noordoosten van Israël. Ptolemaeus, een andere Griekse generaal, kreeg Egypte, het zuidwesten van Israël. En die twee (en hun nazaten) gingen elkaar regelmatig te lijf om elkaars grondgebied te betwisten, met Israël in het midden! Toen ten slotte Antiochus Epiphanes (een van de 'Seleuciden') zich met bebloede kop moest terugtrekken uit Egypte, koelde hij zijn woede op het gehate Israël. Hij verbood de Joden zich te besnijden (een gruwel voor een Helleen die gelooft in een gezonde geest in een gezond lichaam en in mooie Olympische Spelen met prachtige 'onbeschadigde' gespierde mannelijke lichamen) en om de sabbat te houden. Een beeld van Zeus in de Joodse Tempel in Jeruzalem, varkens (het meest onreine dier voor Joden) offeren op het altaar in de Tempel, en dat alles op straffe des doods als je niet meedeed. Het leidde tot de opstand onder de Makkabeeën. We spraken er reeds over in hoofdstuk 5. En zowaar, het hellenisme en Antiochus werden verjaagd na bloedige strijd. De Tempel werd gereinigd en opnieuw ingewijd, en de Joden vieren dit heugelijke feit nog altijd in onze maand december tijdens het Chanoekafeest. De botsing tussen de natuurlijke mens en de mens die wil leven bij de openbaring Gods was beslecht ten gunste van de laatste.

Alles wat er ooit was, zal er ten slotte opnieuw zijn, in 'optima forma' en in uiterste consequentie. De grote politieke systemen van de wereldgeschiedenis en de grote religieuze systemen van de mensheid zullen steeds meer hand in hand gaan. Een steeds meer uitzichtloze situatie voor vrome Joden en voor bijbelgetrouwe christenen. Ten slotte trekken alle volkeren op naar Jeruzalem, voor de laatste beslissende slag, om de gehate laatste dwarsliggers 'mores' (goede manieren) te leren. Want 'zo zijn onze manieren' en iedereen moet meedoen. De christenen zijn wereldwijd allang 'kalt gestellt', geëlimineerd of gelijkgeschakeld.

Misschien lukt het een aantal te overleven aan de rand van de samenleving. Maar kopen of verkopen zonder het teken aan je hand of je voorhoofd is eigenlijk onmogelijk, zeker als het contante geld nog slechts een ondergeschikte rol speelt. Je plastic kaartje met vingerafdruk, of je ingebouwde chip, of je 'Privium-iris-identificatie' krijg je alleen als je politiek en religieus zuiver op de graat bent. De fabelachtige computeradministratiesystemen houden alles bij. Vluchten kan niet meer. Maar eens zal de Here ingrijpen. De afloop wordt geheel anders. De God van Israël zal Zich voor het oog der volkeren betonen als de Heilige, de Enige, de Eeuwige God. De God van Israël, die is de God van Abraham, Isaak en Jakob, de Vader van onze Here Jezus Christus.

Wij kijken tegen de buitenkant van de dingen aan. De buitenkant van de geschiedenis is wat radio, TV en andere media ervan zeggen, hoe er onder de koffie thuis en op het werk over gepraat wordt. Wat de deskundigen ervan vinden. Dat is allemaal de buitenkant.

Maar er is ook een binnenkant aan de geschiedenis. En er is er maar Een die die binnenkant kent. Dat is Hij die hemel en aarde gemaakt heeft. Hij heeft de geschiedenis van mens en wereld vast in handen. En Hij doet geen ding of Hij openbaart het zijn knechten, de profeten. Door Israëls profeten heeft Hij gesproken. Zijn Woord is vast en zeker. Hemel en aarde zullen voorbijgaan, zegt de Here Jezus, maar mijn woorden zullen geenszins voorbijgaan. Gods Woord houdt stand in eeuwigheid, zegt Luther, en zal geen duimbreed wijken. In Gods Woord treffen we de binnenkant van de geschiedenis aan.

En als we dan naar dat Woord kijken, dan zijn er in de Bijbel nog vele onvervulde profetieën, zoals bijvoorbeeld Jesaja 17:1-2 dat spreekt over een volledige verwoesting van Damascus, de hoofdstad van Syrië, dat je bij helder weer vanaf de Golanhoogvlakte in Israël kunt zien liggen. Of Jesaja 19:16-17 waarin Egypte siddert voor Israël vanwege wat de hand des Heren door het land van Juda gaat doen tegen Egypte. Of Psalm 83 met daarin een eerste ring van landen vlak om Israël heen met Assur (Irak op de achtergrond) die gezamenlijk eensgezind zeggen: 'Komt, laten we hen als volk vernietigen, zodat aan de naam van Israël niet meer gedacht wordt.' Of Ezechiël 38 en 39 met daarin een tweede, wijdere ring van landen om Israël heen (Syrië en Egypte worden hier niet meer genoemd!) die Israël plotseling van de kaart willen vegen. Met Turkije, en de voormalige Sovjetrepublieken en Rusland op de achtergrond? Een islamitische heilige oorlog, een 'jihad', tegen Israël? En Zacharia 12 en 14 waarin ten slotte alle volkeren, je zou kunnen zeggen in onze dagen: de Verenigde Naties, die lastige steen Jeruzalem zullen trachten te tillen.

Johannes ziet in het boek Openbaring brandende sterren uit de hemel vallen. Hij spreekt over de vernietiging van een kwart en een derde der mensheid, en de vergiftiging van het leven in zee. Gaat het hier om ABC-wapens? Als je leest hoe de Here strijdt in Ezechiël 38 en 39, en in Zacharia 14, dan huiver je.

En daarmee wordt dan ook meteen duidelijk dat al deze dingen niet buiten Hem omgaan, dat er inderdaad Een is die de geschiedenis vast in zijn handen houdt, en de geschiedenis van mens en wereld dwars door de oordelen en plagen heen leidt naar het door Hem gestelde doel: de komst van zijn Koninkrijk. Maar Noach en zijn familie waren veilig en geborgen in de ark toen de oordelen Gods over de aarde gingen. Petrus schrijft dat zo ook wij veilig en geborgen kunnen zijn in Hem, als opnieuw de goddelijke plagen over de aarde zullen gaan.

Er zijn oorlogen des Heren, waarin Hij strijdt aan de zijde van zijn volk Israël. Het Oude Testament is er vol van, opdat de volkeren zullen weten Wie waarlijk God is: de Heilige Israëls. '... En de Here zal koning worden over de gehele aarde; te dien dage zal de Here de Enige zijn, en zijn naam de Enige' (Zach. 14:9). '... Ik zal Mij groot en heilig betonen en Mij doen kennen ten aanschouwen van vele volken; en zij zullen weten dat Ik de Here ben' (Ez. 38:23).

Hij zal niet laten varen wat Zijn hand begon. Hij zal trouw zijn aan zijn verbonden die Hij met Israël gesloten heeft. Hij zal alles wat Hij Israël beloofd heeft ook aan Israël vervullen. Zoals Hij ook alles wat Hij aan zijn Kerk, zijn Gemeente beloofd heeft, ook aan zijn Gemeente vervullen zal. Daarom weten we dat we nog niet staan voor het 'einde van de wereld', voor de vernietiging van alles. Er zijn immers nog zoveel onvervulde beloften voor Israël! Ja, eenmaal zullen alle volkeren de Here dienen (zie als voorproefje Jesaja 19:23-25!) en zij zullen opgaan naar Jeruzalem om daar het Loofhuttenfeest te vieren, zegt Zacharia 14:16. Dan zal vanuit Jeruzalem de vrede de ganse aarde bedekken. Ja, Hij zal ten slotte alle dingen nieuw maken! Een nieuwe hemel en een nieuwe aarde waarop gerechtigheid woont. De schepping zelf zal verlost worden. Ja, eenmaal zal elke knie zich buigen, en zal elke tong belijden dat Jezus Christus is Here, tot eer van God de Vader, zegt Paulus. Gods kinderen gaan een onvoorstelbaar heerlijke toekomst tegemoet, ook al zullen de geboorteweeën van het nieuwe Koninkrijk heel pijnlijk zijn. Gruwelijke beelden toveren de profeten ons voor, zoals te lezen in Ezechiël 39, Zacharia 14:12-13, Openbaring 8 en 9, Jesaja 63:1-6, Openbaring 19:11-16.

Maar Jesaja zegt ons: '... Want de Here doet het horen tot het einde der aarde: Zegt tot de dochter Sions: zie, uw heil komt; zie, zijn loon is bij Hem en zijn vergelding gaat voor Hem uit' (Jes. 62:11). Welk een troost is in dat alles dat de Here het doet horen tot de einden der aarde. 'Zegt tot de dochter Sions: zie, uw heil komt!' Dwars door alles heen gaat de Here door met het uitvoeren van Zijn eeuwige raadsbesluiten. En mag Israël het horen namens God uit de mond van een van haar grootste profeten: Zie, uw heil komt! '... Vrees niet, Ik help u. Vrees niet, gij wormpje Jakob, gij volkje Israël! Ik ben het die u help, luidt het woord des Heren, en uw Verlosser is de Heilige Israëls' (Jes. 41:14).

Het heil gaat aanbreken voor Israël. De verlossing nadert voor Israël, dwars door alles heen. Wat is dat 'heil' en die 'verlossing'? Het is de komst van een Persoon. Want Jesaja zegt: 'Zie, zijn loon is bij Hem.' Het heil dat komt en de verlossing die ermee gepaard gaat ontstaat door de komst van Iemand, van een Persoon. De grote Verlosser van Israël nadert, om als de Messias van Israël, als de Gezalfde des Heren, als de Koning der koningen en de Here der Heren, als de grote Zoon van David het heil en de verlossing voor Sion te brengen. Dat is Israëls hoop. Dat is ons aller hoop. Zijn Komst verwachten wij. We leven in de Adventstijd van de eindtijd. Het zal door de diepte heengaan, de geboorteweeën van het Koninkrijk zullen elkaar steeds sneller opvolgen en ook steeds pijnlijker worden – soms haast onverdraaglijk – maar ten slotte zal het gebeuren: de Zonne der gerechtigheid zal opgaan en zijn vrede zal de ganse aarde bedekken.

Alleen, als Hij komt, zullen weldra zijn klederen bespat zijn met bloed, omdat Hij de wijnpersbak van de toorn van God zal treden en volken zal vertrappen in zijn toorn, zegt Jesaja 63:1-6. Een verschrikkelijk oordeel over de volkeren. Johannes haalt de woorden aan in Openbaring 19:11-16, en spreekt over het hoeden van de heidenen/volkeren met een ijzeren staf. Jesaja zegt niet alleen: 'Zijn loon is bij Hem', maar hij zegt ook: 'Zijn vergelding gaat voor Hem uit.'

Daarom: wees gewaarschuwd, volkeren van Europa en in de rest van de wereld. U bent slechts 'een reus op lemen voeten'. Overweeg driedubbel wat uw politieke besluitvormingen ten aanzien van Israël gaan inhouden. Want eenmaal zal Hij u daarover ter verantwoording roepen, als Hij komt als de 'steen' om het gehele beeld te verpulveren en om zijn Koninkrijk wereldwijd te vestigen. Dat geldt ook voor de houding die de Kerk in de laatste dagen gaat aannemen tegenover Israël. Staan we naast onze Joodse oudere broeder? Of huilen we mee met de wolven in het bos van de publieke opinie? Moge de Here ons helpen om, ondanks alle dreigingen, rustig en trouw door te gaan met ons gebed en onze inzet voor het Joodse volk en Israël, totdat Hij komt om alle dingen voor eeuwig nieuw te maken!

Bibliografie

Banks, William D. (1985), *The Heavens Declare*, Kirkwood: Impact Christian Books

Black, Edwin (2001), *IBM and the Holocaust*, New York: Crown Publishers

Bullinger, E.W. (1974), *The Companion Bible*, London: Samuel Bagster and Sons Ltd

Bullinger, E.W. (1967), *The Witness of the Stars*, Grand Rapids: Kregel Publications

Dam, W. C. van (1970), *Dämonen und Besessene*, Aschaffenburg: Paul Pattloch Verlag

Dwight Pentecost, J. (1978), *Things to Come*, Grand Rapids: Zondervan Publishing House

Fleming, Kenneth C. (1981), *God's Voice in the Stars*, Dubuque: ECS Ministries

Fruchtenbaum, Arnold G. (1989), *Israelology, The Missing Link in Systematic Theology*, Tustin: Ariel Ministries

Fruchtenbaum, Arnold G. (1997), *The Footsteps of the Messiah*, Tustin: Ariel Ministries

Gabriel, Mark A. (2003), *Islam and the Jews*, Florida: Charisma House

Gesenius, Wilhelm (1921), *Hebräisches und Aramäisches Handwörtebuch über das Alte Testament*, Leipzig: F.C.W. Vogel

Gispen, prof.dr. W.H. e.a. (1982), *Bijbelse Encyclopedie*, Kampen: J.H. Kok

Glashouwer, ds. Willem J.J. (2007), *Waarom Israël?*, Heerenveen: Barnabas

Glashouwer, ds. Willem J.J. (2008), *Waarom Jeruzalem?*, Heerenveen: Barnabas

Glashouwer, ds. Willem J.J. (2004), *Zie, Hij komt – Het boek Openbaring van dag tot dag*, Heerenveen: Barnabas

Herzberg, Abel J. (1995), *Kroniek der Jodenvervolging 1940-1945*, Amsterdam: Em. Querido's Uitgeverij

Hislop, Alexander (1916), *The Two Babylons*

Hyme, Albert & Mary Stanton (1976), *Streams of Civilization*, San Diego: Creation-Life Publishers

Koch, dr. Kurt E. (1985), *Seelsorge und Okkultismus*, Berghausen: Evangelisationsverlag

Ouweneel, Willem J. (2003), *De Negende Koning*, Soesterberg: Uitgeverij Aspekt B.V.

Philberth, Bernhard (1975), *Christliche Prophetie und Nuklearenergie*, Stein am Rhein: Christiana Verlag

Pink, Arthur W. (1988), *The Antichrist*. Grand Rapids: Kregel Publications

Rolleston, Frances (2007), *Mazzaroth*, London: Rivingtons

Seiss, Joseph A. (1972), *The Gospel in the Stars*, Grand Rapids: Kregel Publications

Shahid, dr. Samuël (2005), *The Last Trumpet: A Comparative Study in Christian-Islamic Eschatology*, Longwood: Xulon Press

Shoebat, Walid & Joel Richardson (2008), *God's War on Terror - Islam, Prophecy and the Bible*, Newton: Top Executive Media

Shorrosh, dr. Anis A. (1988), *Islam Revealed – A Christian Arab's View of Islam*, Nashville: Thomas Nelson

Skolnik, Fred e.a. (2007), *Encyclopaedia Judaica*, Detroit: Macmillan Reference USA

Toynbee, Arnold (1976), *Mankind and Mother Earth*, New York: Oxford University Press

Wiesenthal, Simon (1988), *Jeder Tag ein Gedenktag, Chronik jüdischen Leidens*, Gerlingen: Bleicher Verlag

Woodrow, Ralph (1981), *Babylon Mysterie Religion*, California: Ralph Woodrow Evangelistic Association

Ye'or, Bat (2003), *The Dhimmi, Jews and Christians under Islam*, London: Associated University Press

Van dezelfde auteur verscheen eerder:

Zie, Hij komt! ISBN 978-90-5030-852-6
UITGEVERIJ BARNABAS - HEERENVEEN

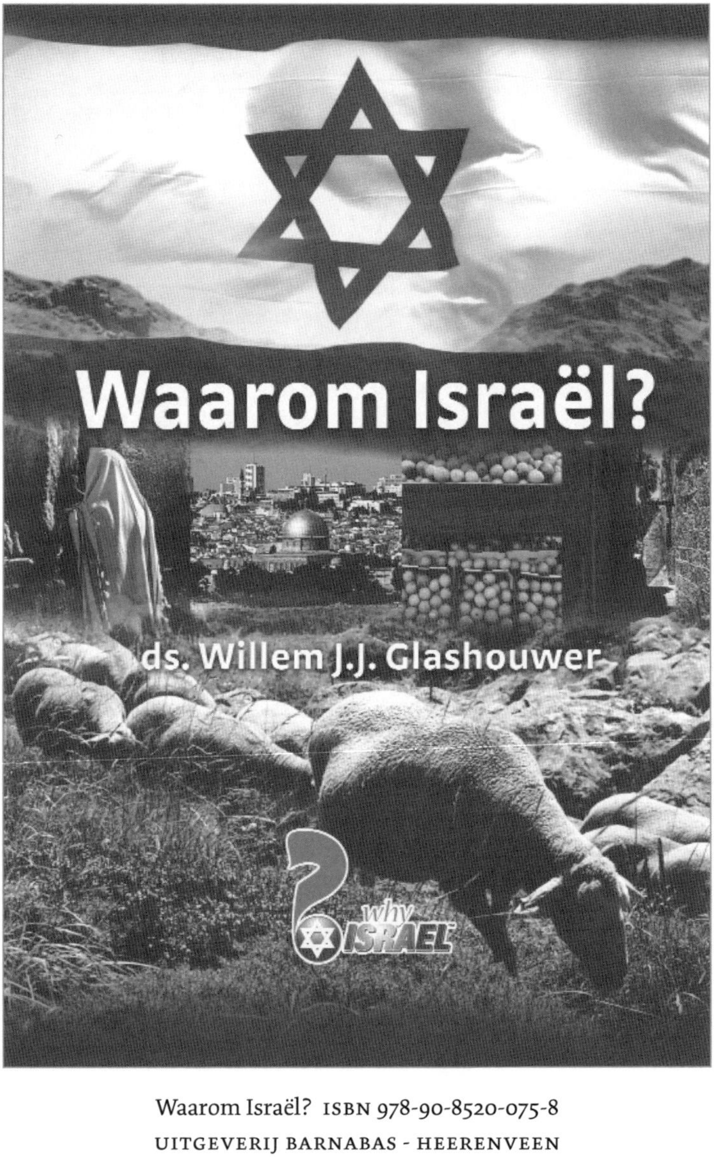

Waarom Israël? ISBN 978-90-8520-075-8
UITGEVERIJ BARNABAS - HEERENVEEN

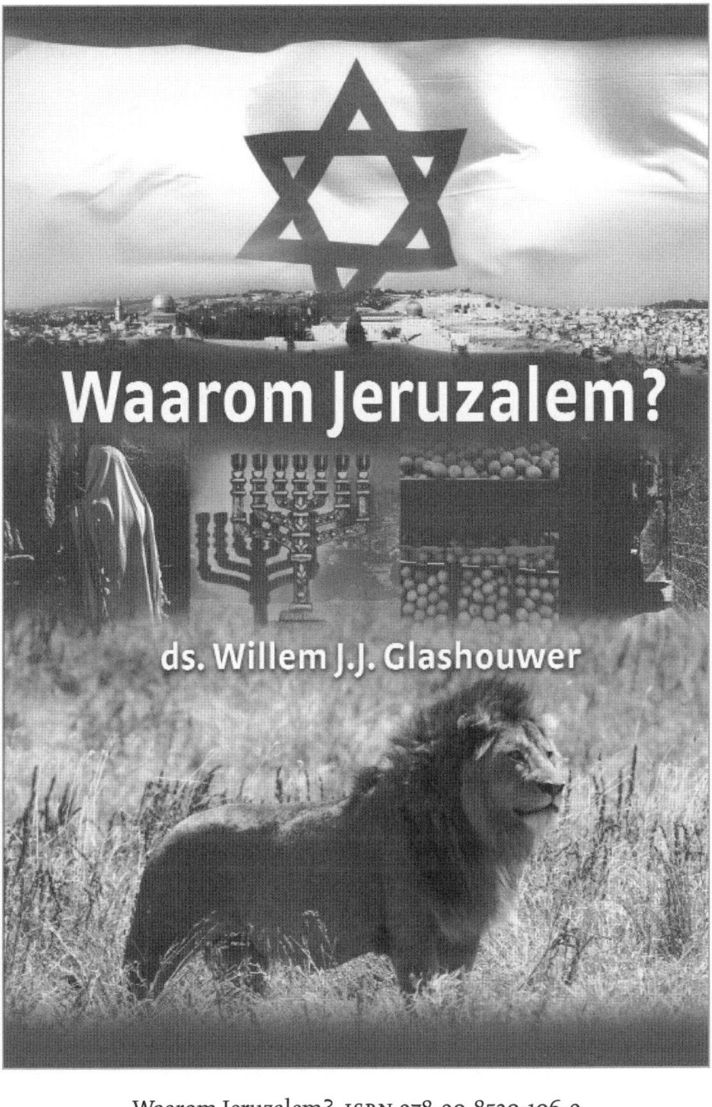

Waarom Jeruzalem? ISBN 978-90-8520-106-9
UITGEVERIJ BARNABAS - HEERENVEEN